KB021030

살게 해줘!

살게 해줘!

프레카리아트,
21세기 불안정한 청춘의 노동

아마미야 가린 지음 | 김미정 옮김

한국이 일본 이상의 격차 사회라는 것을 알게 된 것은, 이 책의 원고
를 끝낸 직후인 2006년이었다. 비정규 고용률은 일본의 두 배 가까
이인 데다 전체 고용률의 절반을 넘고, 또 좀처럼 취직하지 못하고
비정규직인 젊은이들은 그 평균 월급에 빗대 "88만원 세대"라는 기
분 나쁜 이름으로 불리고 있다는 게 아닌가.

그 말을 듣고 가끔 텔레비전에서 본 '장렬함이 극에 달한 한국의
입시 전쟁'이 생각났다. 화면 속의, 마치 자연재해라도 일어난 것 같
은 시험날 대소동 풍경이 묘하게도 이해되는 느낌이었다. 어머니들
의 걱정하는 얼굴빛이나 때때로 경찰차까지 출동하는 모습은, 과연
'목숨을 건' 입시 전쟁이라 할 만했다. 어딘가 우스꽝스럽게 다루어
지던 그 광경은 '실패가 허용되지 않는 사회'를 상징하는 듯했다.

지금 일본에서는 한국이라고 하면, 한류 스타나 케이팝K-pop의 박
진감만 전달될 뿐, '젊은이의 노동 실태'나 '살기 힘듦'이 이야기되는

일은 거의 없다.

한편 나는 이탈리아에서는 젊은이가 "1000유로 세대"로, 또 그리스에서는 "600유로 세대"로 불리는 것을 알게 되었다. 이 또한 일이 랬자 파견 일밖에 구할 수 없는 젊은이의 평균 월급에서 기인한 말이라고 한다. 마찬가지로 언제부턴가, 일본에서도 20대, 30대는 "로스트 제너레이션Lost Generation"이라고 불리게 되었다. 그 대다수가 파견 등으로 일하고, 한 번 쓰고 버려지는 노동을 반복하면서 빠듯한 생활을 유지하고 있다. 달리 말해 이것은 곧 홈리스이고, 실제로 일본 젊은이의 홈리스화는 요 몇 년 사이 급격하게 진행되었다.

일본뿐 아니라, 한국에서도 이탈리아에서도 그리스에서도 같은 일이 일어나고 있다. 이것은 나에게 엄청난 발견이었다. 그래서 2008년 나는 취재를 위해 한국을 찾았다(이와 관련된 내용은 『성난 서울』이라는 제목으로 한국에서 출판되었다).

내가 한국의 젊은이들과 이야기하며 놀란 것은, 일본과 한국의 상황이 아주 닮아 있다는 것이었다. 몇 안 되는 정규직 사원 자리를 놓고 벌어지는 극도로 치열한 경쟁. 모두가 적, 경쟁자가 되는 와중에 깊어가는 고독. 경쟁에서 이길 수 없으면 '자기 책임'이라고 스스로를 책망하며, 때로는 마음이 병들어가는 젊은이들.

'그렇다, 완전히 똑같다!' 국경을 넘어서 우리는 의기투합했고 2009년에 '일한日韓 연대 메이데이'를 감행했다. 나는 메이데이 때 서울을 찾아, 한국의 파견 노동자나 프리터나 니트족, 학생, 젊은이들과 함께했다. 그리고 "일하지 않는 사람들의 메이데이, 당신에게 일이란 무엇입니까?"라는 제목의 '한국 최초 인디즈indies 메이데이'를 열었다(인디즈 메이데이란 별 볼일 없는 가난뱅이들이 주최하는 메이데이로, 일본에서는 최근 전국적으로 널리 확산되고 있다). 이 일은 한국 미디어에서도 주목받았고, "한국의 백수, 일본의 프레카리아트와 만나다" 같은 특집으로 잡지에도 실렸으며, 나중에 알고 보니 『시사인』이라는 잡지의 표지에까지 등장했다. 이렇듯 인생이란 두고 봐야 아는 것이다. 그리고 이 원고를 쓰고 있는 2011년에는 일본의 인디즈 노조인 '프리터노조'의 〈자유와 생존의 메이데이〉에, 한국의 서부비정규노동센터 조합원을 초청해 여러 생각을 깊이 있게 공유하기도 했다.

대지진, 쓰나미, 원전 사고라는 삼중고에 부딪힌 일본에서는 '일하는 것', '사는 것'을 둘러싼 상황이 더욱더 악화되고 있다. 그러나 우리 일본의 프레카리아트는 이미 한국과도 연대를 시작하고 있다. 세계화의 문제점들이 은폐되고 약자가 부자의 부채를 지불하는 사회에서, 이제 우리 가난뱅이도 전 세계적으로 연대하며 '살게 해달라!'고 소리 높일 필요가 있는 것이다.

필요하다면 언제든 한국에 빨리 달려가고 싶으니 막걸리라도 준비해주시면 좋겠다.

2011년 7월
아마미야 가린

우리는 반격을 시작한다

우리는 반격을 시작한다.

젊은이들을 싼값의 일회용품처럼 쓰고 버리고, 또 그렇게 해서 이익을 얻으면서 도리어 젊은이들을 맹공격하는 모든 이에게.

우리는 반격을 시작한다.

'자기 책임'이라는 말로 사람들을 몰아세우는 분위기에 맞서서.

우리는 반격을 시작한다.

경제 지상주의, 시장 원리주의 아래 자기에게 투자하고 능력을 개발하여 치열한 생존 경쟁을 이겨내더라도 고작 '살아남을' 만큼의 자유만 허락되는 현실에 대해.

프리터freeter•는 200만 명, 파트타임과 파견, 청부(도급) 등 정규직

• 자유free와 아르바이터arbeiter를 합친 말. 일본의 경우, 15~34세의 아르바이터를 가리키며 남성은 취업 연수가 1~5년인 사람에 한해서, 여성은 미혼자에 한정하여 추산한다.

이외의 노동 방식으로 일하는 사람은 1600만 명. 이젠 일본에서 일하는 사람 3명 중 1명은 비정규 고용이며 24세 이하에서는 2명 중 1명이다. 왜 이렇게 되었을까? 이유는, 젊은이가 '하고자 하는 마음이 없어서'도 아니고 '끈기가 없어서'도 아니며 '능력이 없어서'도 아니다. 단지 기업이 돈 드는 정규직 사원을 고용하고 싶어 하지 않기 때문이다. 필요할 때는 부려먹고 필요 없어지면 폐기하고, 그렇게 인건비를 싸게 유지하고 이윤을 추구하고 싶어서다. 젊은이의 미래를 빼앗는 거 아니냐, 먹고살 정도의 임금도 안 된다, 불안정한 노동 방식 때문에 마음의 병이 생긴다, 사람들을 홈리스로 만든다 등등, 어떤 비난을 받아도 그들은 국제 경쟁에서 이기기 위해서라면 그런 말들은 상관없다는 식이다.

정규직 사원의 평균 연수입은 387만 엔인 데 비해 프리터의 평균 연수입은 106만 엔이다. 정규직 사원의 평생 임금이 2억 1500만 엔 정도라면, 프리터는 5200만 엔이다(UFJ종합연구소). 3배에서 4배에 이르는 격차다. 아니 그보다도, 연수입 106만 엔으로 대체 어떻게 자립해서 살아갈 수 있다는 것일까? 이쯤 되면 이건 이미 격차가 아니라 빈곤층에 대한 이야기다.

또, 프리터의 생활에 직접 관련되는 최저 임금은 전국 평균 시급 673엔이라는 낮은 수준에 머물러 있다.* 이런 수준의 임금을 받고 일하는 프리터 대부분은 그 수입으로 월세와 광열비**, 식비까지 모

* 2017년 현재 일본의 평균 시급은 823엔이다.
** 수도, 전기, 가스 요금.

든 비용을 대며 생활을 꾸린다. 그 결과 "워킹 푸어"라고 불리는, 즉 일은 하고 있지만 생활 보호 기준에도 미치지 못하는 삶을 강요당하는 계층이 급증하고 있다. 전국에서 가장 낮은 임금은 시급 610엔이다. 하루 8시간씩 한 달 22일을 일하더라도 월수입은 10만 7,360엔밖에 되지 않는다. 그리고 계속 비정규직인 한, 시급이 수 엔 단위로 오를지는 몰라도 그게 아니라면 수입은 평생 동안 거의 변하지 않는다.

어째서 이렇게 된 것일까? 이 책에서 자세하게 다루겠지만, 1995년, 일경련日經連이 분명하게 선언했기 때문이다. '이제부터는 일하는 사람을 세 계층으로 나누고, 많은 사람을 일회용 헐값 노동력으로 삼겠다. 그리고 죽지 않을 정도로만 먹고살게 하겠다.' 말하자면, 일본 내에서 '노예'를 만들겠다는 구상이었다. 그리고 이건 사실 아무것도 아니다. 이 상황은 십 년도 더 전부터 준비되어온 것이기 때문이나. 정말로, '도덕'이라든지 젊은이들의 '하고자 하는 마음' 같은 것과는 전혀 상관이 없다. 그들은 그저 젊은이들에게 현실을 외면하지 말라는 쉬운 말을 하고 있을 뿐이다.

잠시 주위를 둘러보자.

저임금 프리터 생활에 찌들어 미래가 보이지 않는 20대, 30대가 있다.

직장에서는, 당일 해고나 임금 체불 같은 일들이 버젓이 횡행한다.

시급 1,100엔짜리 공장에 파견되면 쉬는 날에도 파견 회사가 시키는 대로 기숙사에 있어야 하고, 도망 못 가게 감시당하는 감옥 같은 날들이 기다린다.

그리고 도시에는, 만화방에서 살면서 휴대전화로 다음 날 일용직 현장을 구하며 전전하는 집 없는 프리터가 있다. 만약 감기라도 걸려 일주일 정도 일을 쉰다면, 그는 곧장 홈리스로 전락할 것이 분명하다.

또, 과로사 직전까지 매일 15시간 이상 일하는, 이름뿐인 정규직 사원들이 있다.

혹 그런 가혹한 노동 조건이 싫어서 그렇게는 일하지 않겠다고 '현명한' 선택을 하는 사람이 있다면, 그는 '니트족'*으로 분류되어 이내 '쓸모없는 사람'으로 매도당한다.

주위에는, 월요일부터 금요일까지 풀타임으로 일하면서 월수입 10만 엔 이하인 파견 사원도 널려 있다.

기혼인 파견 사원이 임신을 하면 종종 중절을 종용당하고 아이를 지키겠다고 하면 해고되곤 한다(어떤 산부인과에서는 중절 수술하러 오는 사람의 다수가 파견 사원이라고 한다. 이들은 "현대의 난기류에 휘말린 사람들"이라고 불리기도 한다).

그리고 그런 그들 뒤에서 파견 회사가 막대한 이익을 얻고 있다.

젊은이들을 과로사하거나 과로 자살할 정도의 격무에 시달리게 하면서, 유족에게는 고작 10만 엔의 돈으로 사고를 무마하려는 기업이 '우량 기업'으로 명성을 얻고 있다.

파견·청부 사원은 기업의 '지상 최대의 이익'에 공헌하고 있지만, 그들의 시급은 한 푼도 오르지 않는다.

또한 부모가 세상을 떠나거나 경제적으로 기댈 곳이 없어져서 홈리스로 전락한 프리터가 있다. 부상을 입거나 병에 걸려 일주일이라도 일을 쉬면 금세 집세가 밀려 집에서 쫓겨나기 때문이다.

마음에 병이 생겨서 일할 수 없게 되더라도, 젊으면 젊을수록 생활 보호 같은 것은 받을 수가 없다. 2006년, 수면 장애가 있는 30대 남성은 생활 보호 신청이 기각된 것에 절망하여 시청 주차장에서 스스로 목숨을 끊었다. "내가 희생해서 복지가 나아지면 좋겠다"는 말이 그가 친구에게 남긴 마지막 말이었다.

우리는 이제 생존의 권리조차 박탈당하고 있다. 개인의 가치가 시장 원리로만 환원되고, 인간의 목숨보다 경제가 우선시되는 사회 속에서.

왜 지금 일본의 젊은이는 폭동을 일으키지 않느냐고들 한다.

그러나 폭동은 이미 일어나고 있다. 산발적이고 또 폭발적인 모습으로.

이미 히키코모리**라 불리는 100만여 명이 노동을 거부하고 집안에 틀어박혀 있다. 니트족이라 불리는 50만 명이 조용히 파업을 일으키고 있다. 보이지 않는가? 지도자 하나 없이, 누구의 지침도 없이, 젊은이들이 그냥 이렇게 이 사회를 포기하고 있다. 젊은이들을 둘러싸고 일어나는 이런 상황은 지금 일본에서 '평범하게 일한다'는 것의 의미가 붕괴된 것과 매우 밀접하게 관련되어 있다.

내겐 매일 독자들의 소리가 쇄도한다. "1백 개가 넘는 회사에 지원했지만 모두 떨어져서 죽고 싶다", "앞이 깜깜한 프리터 생활 때문에

• 니트NEET는 not in education, employment or training의 약어로, 학생도 아니고 직장도 없으며 취업을 위한 훈련도 받지 않는 젊은이를 가리킨다.

•• 이하에서는 '은둔형 외톨이'라고 옮긴다.

미래가 불안해서 살고 싶지가 않다" 등등.

그뿐 아니다. 일하는 것의 문제와는 직접 관계없이 일본을 뒤덮고 있는 공기는 젊은이를 계속 벼랑 끝으로 밀어붙이고 있다. 젊은이들은 항간에서 "자기 책임"이라는 말을 자주 마주친다. 그리고 이 말은 그들에게 상처를 준다. 자기 능력을 높이고 다른 사람을 밑바닥까지 추락시키는 경쟁 끝에 큰돈을 버는 것, 그것도 자기 책임이다. 또한 경쟁에서 밀려나 도태되고 홈리스로 전락해 굶어죽는 것, 그것도 자기 책임이다. 지금 젊은이들은 사회를 뒤덮고 있는 이런 공기를 미처 언어화할 겨를도 없이 매일 피부로 느끼고 있다.

그렇기 때문에 내 주위에서는 중고등학생들의 비탄도 들려온다. "왜 그런지 모르겠지만 사는 게 너무 괴롭다." "이런 세상에서 살고 싶지 않다." 이쯤 되면 이것은 압력이라기보다 이미 폭력이다. 그들은 자기 책임이란 말을 내면화하면서 '능력 없는' 스스로를 책망한다. 분노의 칼날을 자기 자신에게 돌린다. 거기에서 또다시 자기 책임론이 박차를 가한다. 지금 일본에서는 부모의 경제력에 따라 인생이 분명하게 결정되는데도, 부모는 '노력하면 상승할 수 있다'는 식의 시대착오적 거짓말로 아이를 닦달하고 아이에게 가혹한 경쟁을 부추기며 경쟁 속으로 떠민다.

무의미한 노력을 강요당하는 것만 한 고문은 없다. 자기만 잘못한 건 아닌 것 같기도 하지만 그러나 누가 잘못한 건지는 정확히 모른다. 그렇게 쌓인 분노는 자기를 향한다. 손목을 그어보거나 약을 먹어보거나 인터넷에서 동반 자살 상대를 찾는다. 혹은 무의미한 비방만 일삼거나 거짓말을 하거나 부모에게 폭력을 휘두르거나 하는 식으로 폭발한다. 산발적으로, 자기만의 방에서, 집 안에서, 인터넷에서.

그러나 잘못한 것은 결코 여러분이 아니다.

제어할 수 없이 폭주하는 자본주의가 사람을 사람으로 취급하지 않는 것에 대해 이젠 누구도 침묵하지 않는다.

싸움의 테마는 단지 '생존'이다. 살 수 있게 좀 해달라는 것이다. 살아갈 수 있을 만큼의 돈을 내놔라. 밥은 먹을 수 있게 해줘라. 사람을 바보로 만드는 일은 시키지 마라. 나는 인간이다.

슬로건은 단지 이것뿐이다. 21세기가 시작되자마자 생존권부터 요구해야 해서 무척 절망적이지만, 그렇기 때문에 이 싸움은 가능성으로 가득 차 있다. '살게 해줘!'라는 말만큼 강한 말을 나는 알지 못한다.

그리고 지금, 살아가는 것 자체가 현실적으로 위협받고 있다. 과로사도 과로 자살도, 실업이나 취직의 압박으로 인한 자살도, 당장에 그런 이유로 자기 목숨을 끊은 내 주위의 많은 사람들도, 이런 미친 사회의 희생양임이 명백하다. 그들은 자기 책임론 속에 마음의 병을 얻고, 자기 책임론 속에 억지로 자신을 밀어넣으며 죽어가고 있다. 그러는 동안 프리터를 '새로운 생존 방식'으로 받아들였던 예전의 젊은이들은 이젠 30대가 되었다. 그리고 노동력으로서의 그들의 가치가 폭락하는 와중에 2005년 30대의 자살률은 역대 최고를 기록했다.

이 책의 목적은 단 하나, 마땅히 해야 할 반격을 시작하는 것이다.

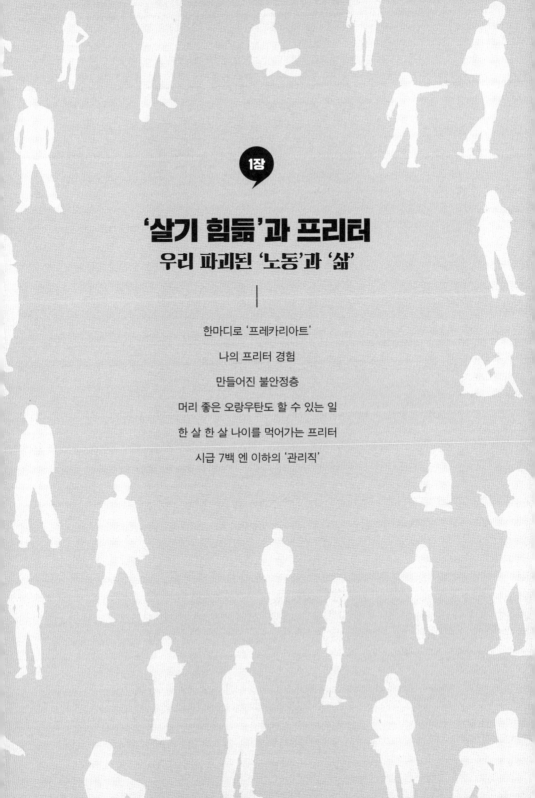

1장

'살기 힘듦'과 프리터
우리 파괴된 '노동'과 '삶'

한마디로 '프레카리아트'

처음 이 책을 쓰고자 한 것은 '프레카리아트'라는 말을 접하고부터다.

나는 오랫동안 젊은이의 살기 힘듦이나 자살 문제를 취재, 집필해 왔다. 나 스스로가 한때 자살을 시도한 적이 있기 때문이다. 나는 10대 때부터 20대 중반까지 자해 행위를 하곤 했고 약물도 습관적으로 복용했다. 언젠가는 구급차에 실려가 끔찍한 위세척을 받은 적도 있다.

자살 충동이 최고였을 때는 프리터가 되었을 무렵이다. 현재 32세인 나는 고등학교 졸업 후에 재수생 시절을 거쳐 프리터가 되었다. 마침 시급이 점점 낮아지는 불황이 시작됐다. 일이래 봤자 누구나 할 수 있는 시시한 것이었고 단순 작업을 하면 할수록 자기 부정으로 이어지는 악순환 속에 있었다. 그러나 사회가 나에게 요구하는 것은 딱 그 정도의 단순 노동뿐이었고, 거기에 의문을 품으면 바로 "너 대신

할 사람 얼마든지 있다"는 말과 함께 해고되어버렸다. 불안정한 생활은 불안정한 마음을 낳았고 사회가 날 필요로 하지 않는다는 느낌은 쉽게 자기 부정으로 연결되었다. 누구나 할 수 있는 일밖에 할 수 없는 자신을 마주하며 나는 어떻게 해야 자신감을 가질 수 있을지 도무지 알 수 없었다. 그리고 그런 프리터 생활을 1, 2년 지속하고 보니 사회로 향하는 입구는 딱 막혀버려서 거기에서 벗어날 길 같은 건 보이지 않았다.

나는 어디서부터 인생이 잘못된 것인지 알 수 없었다. 언제 이 수렁에 빠지게 된 건지도 몰랐다. 앞이 보이지 않는 나날과 미래를 생각하면 종종 극심하게 불안해졌다. 어느새 정규직 사원인 친구와의 사이에 생긴 엄연한 격차. 프리터로 살며 무한한 '자유'를 누리면서도, 점점 가장 자유롭지 못한 곳으로 내몰리고 있음을 어렴풋이 알아차리는 하루하루. 프리터의 노동 방식이 사람의 정신을 조금씩 갉아먹어간다는 것을 나는 그런 경험을 통해 너무도 절실히 깨달았다.

나는 결국 25살 되던 해에 책 한 권을 내고 프리터를 벗어난 셈이 되었는데, 그때부터 나의 관심은 프리터 일이 아니라 살기 힘듦이나 자살 문제 쪽에 계속 집중되었다.

그러나 출구는 좀처럼 보이지 않았고 그런 현실에 지쳐버리기도 했다.

지금 젊은이들은 모두가 살기 힘들다, 살고 싶지 않다고 호소한다. 이유는 여러 가지다. 이지메*나 부모와의 관계, 직장 문제, 스스로가

---

* 이하에서는 '집단 괴롭힘'이라고 옮긴다.

안고 있는 정신적인 병 등 셀 수 없을 정도다. 이런 식의 이유라도 있다면 그래도 괜찮은 편이다. 스스로도 이유를 모르고 그저 막연하게 살기 힘듦과 불안을 느끼는 사람이 매우 많다. 어떤 고등학생은 이렇게 말하기도 했다. "이익 같은 것만 우선시되는 이런 비인간적인 사회에서 살고 싶지 않아."

나는 많은 젊은이들의 이야기를 들으면서 여기엔 뭔가 구조적인 원인이 있다고 생각했다. 2000년 무렵부터 급격하게 증가한 정리 해고나, 습관적으로 약물을 복용하는 사람들, 뚜렷한 미래를 그릴 수 없게 된 세대. 인격이 부정되면서 치열한 취직 시험을 돌파해야만 사회로 나갈 출입증을 얻을 수 있는 젊은이들. 즉시 투입되어 일할 수 있는 능력만 요구하는 기업. 거기에다 이리저리 치이는 사람을 향한 끊임없는 비난들.

이런 생각을 할 무렵 나는 '프레카리아트'라는 말과 만났다.

프레카리아트라는 말은 '프레카리오Precario(불안정한)'와 '프롤레타리아토Proletariato(프롤레타리아트)'를 합친 조어다. 2003년, 이 말은 이탈리아 거리에 '낙서'로 등장했다고 한다. 그 후 이 말은 전 세계의 불안정한 프롤레타리아들에게 퍼졌고 유럽의 메이데이 때 널리 사용되었다.

프레카리아트를 한마디로 정의하면 '불안정함을 강요받는 사람들'이라고 할 수 있다.

경제가 글로벌화하고 국제 경쟁이 격화되면서, 일본을 비롯한 많은 나라의 젊은이들은 열악한 환경에서 일하다가 경기景氣의 조정 밸브로 사용된 후 폐기되는 일회용 노동력으로 취급받고 있다.

처음 프레카리아트라는 말을 본 곳은 어느 인터넷 게시판이었다. 그 말은 메이데이 시위의 고지문으로 등장했다(http://www.geocities. jp/precari5/main.html). 조금 길지만 인용해보겠다.

자유와 생존의 메이데이
2006년 프레카리아트의 기획을 위해

살아가는 것은 중요하다. 생존을 우습게 여기지 마라!
저임금·장시간 노동을 철폐하라. 제대로 살 수 있을 만큼의 임금과 사회
보장을!
사회적 배제와 차별을 허용치 마라. 당하고만 있지 말자!
죽일 필요는 없다. 전쟁 철폐!

지금 전체 피고용인 세 명 중 한 명은 비정규 고용(프레카리아트)이다. 고용주 측은 "노동 방식을 자유롭게 선택할 수 있습니다", "친구 같은 동료가 당신을 기다리고 있습니다" 같은 감언이설을 남발한다. 그리고 그 속에서 아무런 보장도 없이, 싼 시급으로 불평 없이 일해주길 원하고 때로는 기꺼이 무급으로 노동해주기를 바란다. 커뮤니케이션 서비스나 감정, 대인 서비스 같은 사람의 삶 자체와 관련된 일을 하는 경우, 잠시 착각하기도 한다. 직장에서 '자기실현'의 기회를 기대하고 하찮은 작업에서 '보람'을 발견하고 감동하기도 한다. 그러나 어쨌든 '직업인이 된 듯한 기분'도 '사이좋은 클럽'에 대한 기대도 곧 배신당한다. 일하는 장소는 수시로 바뀌고,

그때까지 손에 익은 기술은 곧 쓸모없어지기 때문이다.

오후에 낚시를 하고 밤에 토론을 하는 생활과는 거리가 멀고 집에 돌아가면 녹초가 된다. 그런데도, '일할 의욕이 없다, 엄살이다'와 같은 비난 세례를 받고 있다. 문제는 항상 이것이 개인의 자질 탓이라며 '인간력'을 높이라고 참견하는 설교가 지지를 얻고 있다는 것이다. 지금 비정규직인 사람들은 이런 적의나 조소와 겨루고 있다. 이 전망 없고 불안정한 생활 속에서 생존의 위협을 견뎌야 한다. 이게 자기 탓인가? 어딘가에는 착실하게 먹고살 수 있는 일이 있다고 말한다. 하지만 프리터를 환영하는 구인 잡지가 거리에 넘쳐나지만, 결국 사람을 사용하고 싶을 때 사용하고 해고하고 싶을 때 해고할 수 있는, 뒤탈 없는 상품으로 쓰다 버리겠다는 것 아닌가.

우리는 뿔뿔이 해체되면서 전쟁 상황을 강요받고 있다. 노숙 생활자는 차별과 배제 속에서 생존을 위협받으며 '자립'을 강요받고 시장에서 방출된다. 장애인들은 사회 보장 혜택도 받지 못하면서 '자립 지원법'이라는 명목 아래 자기 책임으로 일할 것을 강요받는다. 여성 파트타임 노동자는 자신의 권리는 주장하지도 못하고 정규직은 꿈도 못 꾸는 노동만 하고 있다. 이주 노동자는 인간성을 유린하는 지문 날인 따위의 치안 관리에 휘둘리면서 주변부 노동자로 혹사당한다. 이라크 파병 후의 이 전시하에서는, 죽임을 당할 때조차 당사자는 자기 책임이라는 말로 모욕당하고, 거리를 배회하는 것 자체도 위험시되어 감시받고 있다. '단지 살아가는 것'이 부정되고, 쓸모가 있는지 방치해도 좋은지 죽여도 되는지 같은 것만 음미되고 있는 것이다. (후략)

이 글을 읽었을 때, 나 역시 계속 겪어온 젊은이들의 '살기 힘듦'의 문제, 그리고 사회 문제가 된 지 오래인 프리터, 니트족, 은둔형 외톨이 현상에 대한 큰 실마리를 발견한 것 같았다. 왠지 엄청나게 커다란 돌파구를 찾은 기분이었다.

그리고 또 한 가지. '지금 일본에서 평범하게 일한다'는 것의 의미가 완전히 사라진 것을 개인적으로 절실하게 느끼게 된 탓도 있었다.

나중에 다시 자세히 이야기하겠지만, 내 남동생은 아주 가혹하게 일을 시키는 직장을 다니고 있었다. 남동생은 17시간을 예사로 넘는 장시간 노동에 식사도 못할 정도로 바빴다. '층별 책임자'란 직함을 달긴 했지만, 노동 기준법의 보호도 받지 못하는 이상한 시스템 속에서 일했고, 일을 시작하고는 금세 눈에 띄게 말라갔다. 걱정이 된 가족이 노동기준감독서˙나 변호사에게 상담했지만 할 수 있는 방법이 없었다. 동생은 2년 가까이 그런 가혹한 노동 상황을 버텼고, 결국 거듭되는 가족의 설득 끝에 직장을 그만두었다. 동생이 그런 끔찍한 직장에서 2년이나 붙어 있을 수밖에 없었던 것은, 어렵게 얻은 정규직 사원 자리를 절대로 잃고 싶지 않아서였고, 지금 그만두면 다시 정규직 사원이 될 수 없다는 것을 잘 알고 있었기 때문이다.

동생의 머리맡에 놓인 다섯 개의 알람시계를 떠올릴 때마다, 단지 '평범하게 일하며 살아가기'가 왜 이리도 힘들게 된 건지 등골이 서늘해질 지경이다. 뭔가 분수에 맞지 않는 꿈이라도 꿨다든지, 고액 연봉 같은 것을 바랐다면 차라리 이해라도 된다. 그러나 동생은 단지 '평범한 일자리'를 원했을 뿐이었다.

앞에서 나는, 많은 사람들이 살기 어려워지고 자살자라는 희생자를 낳고 있는 이 사회가 이미 전장이라고 썼다. 그만큼 지금은 괴롭지 않게, '평범하게 일하는 것' 자체가 어려운 상태가 되어버렸다.

"미래 없는 불안정한 상황을 자기 탓으로 돌리고, 머리와 몸과 감정을 소진하며 일하는 날들은 이제 필요 없다."

〈프레카리아트의 기획을 위해〉 집회에서 받은 유인물에는 이렇게 쓰여 있었다.

집회 후 150명 정도의 젊은이가 하라주쿠, 시부야의 거리 시위에 모였다. 선두에는 폭음 같은 음악 소리가 울려 퍼지는 음향 기기 트럭이 있었다.

"임금 올려줘!" "직장 내놔!" "제대로 살아갈 수 있을 돈과 보증을 내놔!" "월 12만 엔으로 어떻게 살아갈 수 있냐!" "우리는 먹고살 수가 없다고!"

시위에 참가한 젊은이들은 저마다 외친다. 길 양쪽에는 시위대와 매한가지로 가난한 젊은이들이 서서 지켜보고 있다. 골든위크**에 하라주쿠, 시부야에서 잠시잠깐의 휴일을 즐기는 젊은이들이다. 그들 대부분은, 골든위크에도 해외여행할 돈이 없고 맥도날드나 스타벅스에서 저예산 데이트를 하며 손가락만 빨면서 눈요기하는 젊은이들이다. 그들이 아무리 열심히 일해도 1천 엔 정도의 시급으로는 자신들의 물욕을 결코 충족할 수 없다. 그렇기는커녕, 시급 1천 엔은 월세

• 후생노동성 산하 기관으로, 노동 기준법의 준수를 감독하는 행정 기관.
•• 4월 29일 쇼와의 날부터 5월 5일 어린이날까지를 포함한, 일본에서 가장 긴 연휴.

와 광열비를 내고 나면 겨우 생존에 빠듯할 정도의 돈을 보장할 뿐이다.

한편, 기동대는 그런 상황에 분개하는 시위대를 에워싸고 폭력적으로 진압할 태세를 갖춘다. 이것은 물론 허가받은 시위였다. 그러나 기동대와 경찰들은 시위대의 양측을 철통같이 에워싸고 참가자에게 폭력을 행사하며 일부러 시위대를 교란시켰다. 이 혼란 속에서 3명이 체포되었다. 시위대는 난폭하게 굴지도 않았고 폭력을 쓰지도 않았다. 각자가 당연히 누려야 할 생존권을 주장했을 뿐인데, 현재 일본에서는 단지 그 이유로 체포되고 있는 것이다.

몇 년 전, 전쟁 중인 이라크에 갔던 한 지인이 이런 이야기를 했다. 이라크에서는 연일 시위를 하고 있었는데, 그 시위에서 이라크인들이 외쳤던 것은 "밥을 달라", "일을 달라", "살 곳을 달라"와 같은 최소한의 생존에 관한 요구였다고 한다. 이라크에서는 살 수 있게 해달라는 당연한 요구를 하면 최악의 경우 사살되고, 일본에서는 그 같은 요구를 하면 체포되는 차이가 있을 뿐이다. 그런 일본이 "평화"롭다니! 그러나 오늘도 많은 사람들이 홈리스로 전락하고 있고, 아무리 일해도 빈곤에서 벗어날 수 없는 젊은이들이 한숨만 내쉬고 있다. 지금 일본에서는 '경제·생활 문제'로 자살하는 사람이 전체 자살자의 24퍼센트다. 2005년에는 7,812명으로 늘어났고, 대충 계산해봐도 하루 21명이 생활고 때문에 자살하고 있다.

그렇다면, 이상한 것은 젊은이 쪽이 아니라 분명 사회 쪽이다.

프레카리아트라는 말에서 핵심은 '불안정함'이다. 지금 생활 자체, 사는 것 자체가 불안정함 속으로 내팽개쳐지고 있다. 생활과 매우 밀

착된 '노동한다'는 말의 의미가 완전히 무너지고 있다. 그리고 그것
은 우리의 정신까지 불안정하게 만들고 있다. 치열한 경쟁에서 계속
이기고 남을 짓밟고 올라서지 않으면 생존 자체가 허락되지 않는 세
상에서, 누가 과연 제대로 살아갈 수 있겠는가?

그러므로 프리터도 파견 사원도 계약 사원도 영세한 자영업자도,
그리고 일하며 사는 삶에서 도태되어버린 니트족도, 은둔형 외톨이
도, 상처받은 사람도, 자살을 꿈꾸는 사람도, 과로사 직전의 정규직
사원도, 모두 프레카리아트다.

3명이 체포된 것은, 오늘날 일본에서 그런 불안정한 생존 방식을
택할 수밖에 없던 사람들이 낸 목소리에 대한 '벌' 그리고 '본보기 징
계'처럼 보였다.

기동대에게 속수무책으로 연행되는 시위 참가자들을 보면서, 나는
형용할 수 없는 분노를 느꼈다. 치미는 분노를 걷잡을 수 없었다. 이
것이 이 책을 쓰게 된 동기다.

나의 프리터 경험

취직 빙하기 세대의 사례 하나

작가가 되기 전 19세부터 24세까지 나는 프리터였다.

프레카리아트 문제에 관심을 갖게 된 데에는, 내가 프리터였을 때
겪은 개인적인 일도 큰 동기가 되었다. 그것은 내가 우연히 운 나쁘
게 아르바이트를 잘못 구했다는 문제가 아니라, 불황이나 고용 정책

의 변화, 글로벌화한 경제 같은 문제와 관련된다.

현재 32세인 나는 1975년생이다. 우리 세대는 단카이 주니어*나, 빈곤 세대, 취직 빙하기 세대라든지, 로스트 제너레이션Lost Generation 같은 식으로 불려왔으나 모두 충분치는 않다. 학생 때는, 베이비붐으로 인해 또래가 많아서 가혹한 입시 전쟁을 치러야 했고, 관리 교육 속에서 학교 체벌 등을 당연한 양 겪었으며, 시대적으로 교내 폭력의 폭풍이 지나가고 집단 괴롭힘이 만연한, 그리 좋을 것 없는 세대다. 또한 우리가 사회에 나갈 무렵에는 호황기가 완전히 끝났고 긴 불황에 돌입했다. 우리는 꽤 열심히 공부했던 세대지만, 고등학교나 대학교를 나올 무렵에는 취직조차 불가능해졌다. 또한 거품 붕괴의 여파로 회사가 도산하거나 정리 해고된 아버지들도 많았고, 대학이나 전문학교 진학을 포기한 사람도 상당수 존재했다. 좋은 학교, 좋은 회사라는 환상에 고무되어 필사적으로 노력해왔지만 그런 노력을 전혀 보상받지 못한 세대라고도 할 수 있다.

그런 사정을 알 리 없던 나는, 홋카이도 벽촌에서 태어나서 고향의 초·중학교를 거쳐 같은 지역의 공립 고등학교에 입학했다. 그리고 1993년에 졸업하자마자 곧바로 혈혈단신 상경했고 도쿄에서 자취를 시작했다. 미대 입시 학원에 다녀야 했기 때문이다.

그해 시험에서 나는 지원했던 모든 미대에 떨어졌다. 절대적으로 준비가 부족했기 때문이다. 보통, 미대를 목표로 하는 사람은 고등

• 단카이団塊 세대의 자녀를 말하는데, 단카이 세대란 1947~1949년 1차 베이비붐 시기에 태어난 세대이자 일본 호황기의 주역이면서 현재 고령화 사회의 주요 구성원인 세대를 가리킨다.

학교 1, 2학년 무렵부터 미술 학원에 다니고 실기 시험용 데생이나 유화, 평면 구성 등을 배운다. 미대에서 실기 시험은 핵심이기 때문이다. 그러나 홋카이도의 시골에서 살았던 나는 그런 것을 전혀 몰랐다.

뒤늦게나마 진로를 정한 것이 고등학교 3학년 2학기 때였다. 그러나 학교 측은 미대 진학에 크게 반대했다. "우리 고등학교에서는 미대에 간 사람이 한 명도 없어서 진로 지도를 잘 못하겠다"는 이유였다. 나는 여기에서 처음, 지방과 도시 사이에 존재하는 엄연한 격차의 벽에 부딪혔다. 시골에서는 학교 측의 무지 때문에 진로마저 제한받곤 하는 것이다.

그러나 나는 삿포로의 미대 입시 학원을 발견하고 혼자 힘으로 그 학원에 다니기 시작했다. 그러나 거기엔 나처럼 고등학교 3학년 2학기부터 다니기 시작한 사람은 없었다. 모두 1, 2학년 때부터 학원에 다니며 시험을 준비했기 때문이다. 수준 차이가 컸다. 당연히 그런 아이들과는 상대가 안 됐고 시험은 완전히 실패했다. 그리고 나는 상경해서 도쿄의 미대 입시 전문 학원에 다니기 시작했다.

그러나 도쿄 학원의 수준은 더 높았다. 결국 나는 삼수를 했는데도 미대에 불합격했고, 미대 진학을 포기하게 되었다. 그리고 19세가 되었다.

고등학교를 졸업한 지 2년이나 된 처지인 데다가 혈혈단신 상경한 19세 청춘에게 남은 길은 프리터밖에 없었다. 취직하려 해도 진학을 목적으로 고등학교를 다녔기 때문에 취직에 관한 정보가 전혀 없었다. 도대체 어떻게 하면 '취직'이라는 게 가능한 건지 도무지 알 수가 없었다. 또한 당시 내 주위 친구들은 모두 프리터였기 때문에, 나 스스로도 프리터가 되는 것을 자연스럽게 여기기도 했다. 아직 지금처럼 프리터가 사회 문제화되지 않은 때였다. 아니 그렇기는커녕 프리터란 "자유롭게 일하는 새로운 방식"으로 이야기되고 있었다. 나는 먼저 공공직업안정소에 가서 웨이트리스 일을 찾았고, 그 순간 재수생에서 프리터 신분이 되었다.

시급 900엔 정도의 웨이트리스 일을 시작으로, 그 후 여러 가지 일을 전전했다. 게임 소프트웨어를 파는 가게의 점원, 잡화점 점원, 노래방 점원 등등. 모두 시급은 800엔에서 1,000엔 정도였고, 주 5일 정도 일했다. 이렇게 하루 6~8시간 일해도 월수 10만 엔이 될까 말까 했다. 월세와 광열비를 내면 바로 빈털터리가 되어버렸다. 당시 내가 살던 곳은 집세 7만 엔대의 아파트였는데, 이 수입으로는 수입, 지출 관계가 완전히 파탄 나버린다. 그래서 전기, 가스, 수도, 전화는 거의 매달 끊겼다. 나는 아무리 해도 안 되겠어서 부모님께 도움을 청했다.

그렇지 않아도 가난한 판국인데 말도 안 되는 지출도 있었다. 예를 들어 웨이트리스 일을 할 때였는데, 컵을 하나 깰 때마다 벌금으로 100엔을 낸다는 규칙이 있었다. 월급에서 공제되지는 않았지만 그 자리에서 벌금을 내야 했고, 한번에 여러 개 깨뜨리면 정말 많은 액수를 청구받았다. 게다가 유니폼 세탁비라든지, 나와는 전혀 관계없는 사원 여행을 위한 적립금 등 영문 모를 지출도 있었다.

적은 월급에서 돈을 갈취당하는 것도 싫었지만, 더 싫었던 것은 프리터라는 이유만으로 '신용할 수 없다'는 분위기였다. 내가 일한 어떤 찻집에는 "아르바이트생에게는 돈을 못 만지게 한다"는 규칙이 있었다. 계산대 접촉은 물론이고 가까이만 가도 의혹의 눈길을 보내는 등 위험인물 취급을 했다. 직원들이 여러 명의 아르바이트생을 감시하는 식이었다. 또, 게임 소프트웨어 가게에서 일할 때였는데, 한 번은 가게에 도둑이 들었다. 그런데 그 가게에서 아르바이트 경험이 가장 적었던 내가 제일 먼저 의심을 받았다. 말도 안 되는 일이었다. 그러나 나는 층별 책임자에게 집요하게 취조 같은 것을 받았다. 이런 일 말고도 또 있다. 일자리를 찾으며 전화를 걸었을 때인데, "프리터는 끈기가 없어서 안 된다"고 바로 거부당한 적도 있었다. 내가 무슨 나쁜 짓이라도 한 양, 예비 범죄자 취급을 하는 것이었다.

또한 프리터에게는 권리가 전혀 없었다. 아니, 실은 권리가 없는 게 아닌데도, 프리터 자신도 프리터를 고용하는 쪽도, 프리터를 보호하는 법 같은 것은 없다고 진심으로 믿는 분위기가 있었다.

예를 들어, 나는 당일 해고를 통보받고 그만둔 적이 있다. 앞서 말한 게임 소프트웨어 가게였는데, 일을 시작하고 3개월 정도 되었을 때 그만 감기에 걸려버렸다. 감기 때문에 결근하겠다고 가게에 전화를 했더니, "그럼 이제 내일부터 나오지 마"라고 잘라 말한 뒤 전화를 끊는 것이었다. 생활비 때문에 어쩔 수 없이 하던 일이었는데, 그 일자리마저 갑자기 잃고 나니 순식간에 거리로 쫓겨난 것 같아 아주 괴로웠다.

그 외에도 "다음 주에 일 나 접어" 같은 말을 들은 적도 여러 번 있다. "경영이 어렵다"는 이유였다. 그런 말을 들으면 대응할 말도 없다. '경영이 어렵다니 어쩔 수 없다'는 심정으로 저쪽을 원망하지도 않고 나는 그냥 포기했다. 나 자신의 '노력'이 부족했기 때문이라고 반성도 했다. 그러나 그때는 몰랐지만, 이런 해고들은 전형적인 노동 기준법 위반이다. 물론 아르바이터든 파트타이머든, 모든 일하는 사람은 노동 기준법에 의해 보호받는다. 해고하려면 원칙적으로 30일 전에 예고하든지, 30일 이상의 평균 임금(해고 예고 수당)을 지불해야만 한다. 즉, 내일부터 오지 말라는 얘기를 들으면 30일치의 임금을 요구할 수 있는 것이다. 또한 경영이 어렵다는 이유로 사람을 해고하는 것도 부당 해고다. 합리적인 이유가 없으면 해고할 수 없다. 원칙대로라면 다음 네 가지 조건을 만족시켜야 하는 것이다.

1. 인원을 삭감해야 할 필요가 있다.
2. 희망퇴직자 모집이나 전근 등 해고를 피하기 위한 노력을 했다.
3. 합리적인 인선 기준을 정해서 공평하게 적용했다.
4. 노동자나 노동조합에 설명하고 협의했다.

이상의 내용을 충족하지 못하면 부당 해고다. 경영이 어려운 것은 어디까지나 경영자 측의 사정이지 일하는 사람에게 책임이 있는 것이 아니다. 또한 '근무 태도가 나쁘다'는 식의 이유로 해고하는 것도 인정되지 않는다.

그리고 앞에서 이야기했듯, 가게의 물건을 망가뜨렸다는 등의 이유로 임금을 깎는 것도 노동 기준법 위반이다. 일부러 망가뜨렸거나 중대한 과실로 고가의 물건을 망가뜨린 경우 외에 회사는 일하는 사람에게 손해 배상을 청구할 수 없는 것이다.

그러나 이런 사실을 알고 있는 프리터는 거의 없다. 또한 고용자 측도 프리터는 아무 때나 잘라도 된다고 착각하는 경우가 많다. 덧붙이면 지금 나는 내가 겪은 일들이 노동 기준법 위반이라고 알고 있지만 당시에는 프리터에게 권리란 없고 어디에서도 보호받을 수 없다고만 믿고 있었다. 그 정도로 해고가 당연시되었기 때문이다.

그리고 그런 식으로 해고되고 나서도, 다시 그 직장에서 연락이 오면 나는 순진하게 기뻐하면서 전 직장으로 돌아가곤 했다. 그러나 냉정하게 생각하면 프리터는 단지 '경기의 조정 밸브'였을 뿐이다. 쓰고 싶을 때 쓰고, 필요 없어지면 폐기하고, 또 원하면 다시 사용한다. 이런 발상은 정규직 사원에게는 허용되지 않지만 아르바이터에게는 얼마든지 가능한 것이다.

이런 경험들 때문에 나는 아르바이트를 여러 개 동시에 하게 되었다. 두 가지 일을 할 경우 동시에 해고되는 일은 좀처럼 없기 때문이다. 언제 잘리고 언제 수입이 끊길지 모르는 생활 속에서 그것만이 스스로를 지키는 방어책이었다. 그러나 여기에는 큰 함정이 있다. 이런 식으로 일을 하면, 사회 보험을 적용받지 못하게 된다. 역시 잘 알려져 있지 않은 사실이지만, 아르바이트를 해도 사회 보험에 가입할 수 있다. 그러려면 일정 정도의 노동 시간 같은 조건을 충족해야 한다. 그러나 동시에 여러 개의 일을 하면 현실적으로 무리다. 게다가 어느 쪽을 주된 일로 정해놓은 것도 아니다. 아니 정할 수 없다. 불안정한 입장이므로 더 불안정하게 일할 수밖에 없는 것이다.

참고로, 보통 회사원이 가입하는 사회 보험은 후생 연금, 건강 보험, 고용 보험, 산재 보험 등이다. 프리터의 경우도 2개월 이상 일하고, 노동 시간이 정규직 사원 기준 정해진 노동 시간의 4분의 3 이상이면 건강 보험에 가입할 수 있다. 실직했을 때 실업 급여가 나오는 고용 보험은 1년 이상 계속 일하고 일주일에 30시간 이상 일하면 가입할 수 있다. 또한 일주일 노동 시간이 30시간 이내라고 해도 20시간 이상만 일하면, '단기 노동 피보험자'라는 자격으로 고용 보험에 가입할 수 있다. 산재 보험 역시 프리터에게도 당연히 적용된다. 여기에는 세부적인 조건은 필요 없다. 아르바이트를 하는 곳에서 상해를 입게 된다면 계속 '산재'를 외쳐야 한다. 혹시 회사가 산재 보험 가입 수속을 밟지 않았더라도 산재 보험은 적용된다. 산재 보험은 업무상 병이나 상해, 통근 중 재해로 인한 병이나 상해에 대해 보상받는 것이므로, 치료비나 입원비, 휴업 보상 등을 받을 수 있다. 아르바이트하는 곳에서 상해를 입었으면서 치료는 자비를 들여 하는 프리터가 많은데 꼭 산재 보험을 이용하도록 하자.

다시 내 얘기로 돌아오겠다. 내가 아르바이트를 했던 또 다른 곳은 술집이었다. 낮에는 잡화점에서 아침 11시부터 오후 6시까지 일했고, 오후 7시부터 밤 1, 2시까지는 스낵바로 출근하는 나날이었다. 매일은 아니지만, 일주일에 며칠 정도는 주간 아르바이트를 끝내고 곧바로 야간 아르바이트를 하러 가곤 했다. 그런 때는 낮부터 늦은 밤까지 종일 서 있어야 했고, 다음 날은 수면 부족 상태로 술 냄새를 풍기며 주간 아르바이트를 하러 가곤 했다.

스낵바 일을 시작한 것은 시급이 높을 거라고 생각해서였지만, 실제로는 그렇지도 않았다. 시급은 1,200엔. 게다가 손님이 병을 비우게 하려면 나도 계속 술을 마셔야 했다. 또한 가게가 끝나면 바로 잠들 수 있는 것도 아니었다. 새벽 4시, 5시, 때로는 7시 정도까지 주인과 손님들 뒷정리를 도와야 했던 것이다. 물론 여기엔 1엔도 없었다. 그러다가 체력이 받쳐주지 않아서 주간 아르바이트는 그만두고, 야간 아르바이트만 하게 되었다. 그러나 한번 밤의 세계를 알게 되자 스낵바의 시급이 너무 박하게 여겨졌고 바로 캬바쿠라*로 옮겼다.

캬바쿠라의 시급은 3,500엔 정도. 스낵바에서처럼 무리하게 술 마실 필요 없이 손님의 말상대가 되어주는 것만으로도 돈이 되었다. 근무 시간은 저녁 7시부터 새벽 4시까지. 손님에게 얼마만큼 지명되어야 한다는 할당량이 물론 있었지만, 한 칸짜리 가게일은 즐거웠다. 이유는, 가게일 때문이 아니라 손님이 별로 오지 않았기 때문이다. 그런 가게에서는 여자 동료 사이의 불화 같은 것도 없다.

그러나 마냥 편하기만 했던 것은 아니다. 지각이나 결근에는 엄청난 벌금이 부과되었던 것이다. 예를 들면 지각은 한 시간마다 5천 엔, 무단결근은 1만 5천 엔, 감기에 걸려 쉴 경우에도 하루 1만 엔의 벌금이 월급에서 차감됐다. 따라서 지각을 많이 하는 사람은 월급이 마이너스가 되는 일도 생겼다. 그러나 이런 벌금은 단지 징벌 의미의 감봉이므로 원래 취업 규칙에 명기되지 않으면 결코 허용될 수 없다. 그때 내가 그런 것을 알 리가 없었다.

그리고 시간 외 노동도 많았다. 스낵바와 마찬가지로 추가 수당 한 푼도 붙지 않는 가게 뒷정리 일도 해야 했고, 휴일이나 근무 시간 이

---

* 카바레와 클럽의 합성 조어로, 1980년대 후반에 등장한, 주로 남성들이 마음에 드는 여성을 지명해서 술을 마시는 클럽.

후일 때도 상관없이 손님에게서 걸려온 전화를 받았다. 마치 24시간 영업 같았다. 게다가 "내일 골프 약속이 있으니 아침 일찍 깨워달라"고 말하는, 그러니까 이쪽을 엄마라고 착각하는 손님도 있었다. 그러나 할당량을 채우기 위해서는 그런 일까지 해야 했다. 술집과 같이 인간관계를 상품화하는 일은, 어디까지가 일이고 어디서부터 일이 아닌지 선을 긋기가 어렵다. 또한 스토커 같은 손님이 집까지 찾아오거나 하는 위험한 일도 끊이지 않았다.

그러던 어느 날이었다. 출근을 하니 가게가 사라져버렸다. 주인이 수입과 우리의 임금까지 들고 도망친 것이다. 노동 기준법 위반 같은 수준의 이야기가 아니라 그건 명백히 범죄였다. 나는 다시 갑자기 완전히 무일푼으로 거리로 쫓겨난 셈이 되었다.

그 후에도 비슷한 곳에서 일했다. 그다음 가게는 할당량이 더 엄격했고, 어제까지 함께 일했던 사람들이 차례로 잘리곤 했다. 오늘 지명되지 않으면 내일 출근할 수 있을지 없을지 모르는 나날이었다. 게다가 24세가 된 나는 캬바쿠라 세계에서는 퇴물, '최고령'으로 분류되었다. 그러자 '도모호른링클'® 따위의 이름을 얻는 것도 시간문제였다. 게다가 밤낮이 바뀌는 생활과 술로 인해 몸도 망가지기 시작했다.

다시 캬바쿠라에서도 일할 수 없을 것 같았다. 그렇다고 평범한 아르바이트로 생활을 꾸려갈 수는 없다는 것을 나는 너무도 잘 알고 있었다.

너무도 초조해하던 무렵, 나는 한 권짜리 책을 출판할 기회를 얻으면서 프리터에서 벗어났다. 25세 때의 일이다.

이렇게 그럭저럭 프리터에서 벗어났지만, 사실 그것은 우연에 지나지 않는다. 거듭되는 우연 끝에 무언가 쓰는 것을 일로 하고 있지만, 기적 같은 우연이 없었다면 나는 지금도 프리터였을 거라고 단언할 수 있다. 프리터 생활에 늘 찌들어서 정규직 사원 같은 착실한 목표를 갖지는 못했을 것이다. 왜냐하면 이력서에 쓸 수 있는 자격증도, 직업 이력도 없었고, 그저 아무도 모르는 홋카이도 벽지의 고등학교 졸업장과 지금까지 프리터를 전전해온 이력만 갖고 있었기 때문이다. 프리터 이력이 길면 길수록 취직할 때 마이너스가 된다는 아이러니한 사실은 잘 알려져 있다. 일본경제단체연합** 조사에 의하면, 프리터를 적극적으로 채용하고 싶다는 기업은 1.6퍼센트에 불과했다. 대부분의 기업이 프리터를 고용하고 싶어 하지 않는다는 말이다. 프리터 등의 비정규직을 싸게 써서 이익을 얻는 그들이 앞뒤가 안 맞는 주장을 하고 있는 것이다.

그러나 현실은 그렇다.

이를 뒷받침하기라도 하듯, 당시 나처럼 프리터였던 사람들은 지금도 프리터로 살고 있다. 아니 프리터라면 그래도 괜찮은 편이다. 마음의 병을 얻거나 은둔형 외톨이가 된 사람도 많고, 심지어 자살자도 있다. 30대가 되어서 계속 프리터로 지낸다 해도, 시급은 20세 때와 같다. 10년 동안 한 번도 시급이 오르지 않아도 그건 당연하다. 오

• 주름 개선 화장품 브랜드.
•• 이하에서는 '일경련'으로 옮긴다.

르더라도 수십 엔에서 수백 엔 정도에 불과하다. 나이를 먹을수록 노동력으로서의 가치는 낮아지고, 연령 제한에도 걸리는 것이다. 또 나이 어린 정규직 사원 '상사'가 시키는 대로 일해야 한다. 그런 생활을 지속하면 몸뿐 아니라 정신도 쇠약해져서 젊을 때처럼 일할 수도 없다. 그리고 35세쯤 되면 '프리터'라는 테두리에서도 튕겨져 나가고, 단지 '나이 먹고 돈 못 버는 사람' 취급을 받는다. 물론 결혼 따위는 꿈이요, 아이를 낳는 것도 자살 행위가 된다.

내가 프리터였던 1994년부터 1999년 무렵까지는 프리터의 이미지가 지금만큼 나쁘지 않았다. 그때는 회사에 매여 매일 만원 전차에 오르고, 바뀔 기미가 보이지 않는 나날을 보내다가 일생을 마치는 '샐러리맨'의 삶에 대한 부정적인 분위기가 있었다. 그때 '프리터'라는 것이 주목받았고 많은 젊은이들에게 지지받았다. 당시 프리터 대상 구인 정보지에는 "아침에 못 일어나겠다", "만원 전차가 싫다", "평일에 쉬고 싶다", "자유롭고 싶다" 같은, 프리터 생활을 옹호하는 듯한 문구가 여기저기에 쓰여 있었다. 나는 그런 말에 어느 정도 공감하기도 했지만, 그보다는 그 말들이 단지 즉물적 욕망을 자극하는 것 같아서 싫었다. 또한 내게는 그런 시시한 이유로 프리터가 된 게 아니라는 자부심도 조금은 있었다. 프리터를 택한 것은 '하고 싶은 것이 있다'는 이유 때문이기도 했던 것이다. 그러나 실제로 프리터 생활을 하며 하고 싶은 일을 했느냐 하면 또 그런 건 아니었다. 하고 싶은 일은 좀처럼 찾을 수 없었고, 그저 아무 일에나 손을 댔다고 하는 게 맞는 말이었다. 그런 시기가 인생에 필요할지도 모른다. 하지만 보통은 곧 아르바이트 일에도 그런 생활에도 피곤해져버린다. '프리터'라는 말이 상징하는 것에 속고 있는지도 모른다고 생각했을 때는 이미 늦은 것이다.

그리고 실제로 수치상으로도 격차가 생겨버린다. 예를 들면 공장에서 파견직으로 일하는 사람의 경우, 10대도 30대도 시급은 대체로 1,000엔 정도. 30대 후반쯤에 이르면 같은 일을 하는 정규직 사원과의 임금 격차는 거의 두 배가 된다. 파견직의 연수입은 200만 엔대 초반이지만, 정규직 사원은 500만 엔 이상 버는 것이 당연하게 여겨진다. 보너스도 없고 퇴직금도 없는 데다가 계속 일할 수 있다는 보장도 처음부터 없다. 다음 계약에서 잘릴까 아니면 계속할 수 있을까. 늘 스스로의 운명은 누군가의 손에 달려 있다. 그래서 계약이 끝나면 또 다른 직장을 찾을 수밖에 없다. 그러다가 어느 시기가 되면 예외 없이 연령 제한에 걸려버린다. 이런 것을 알아차렸을 때에는 이미 돌이킬 수 없는 지점에 서 있는 것이다.

이런 생활은 정신을 파괴한다. 나도 그랬다. 한 치 앞도 내다볼 수 없는 미래. 시간과 노동력만 내다팔고 있으면서 속수무책으로 소모되어가는 자기 자신. 사람들은 '별것 아닌 일'을 반드시 필요로 하면서도 '별것 아닌 일'을 한다고 그 사람을 무시한다. 이런 사실은 그 사람으로 하여금 스스로 '살 가치조차 없다'고 여기게 하기에 충분하다. 그리고 바로 내가 그런 상태에 빠져든 것이다. 그러자 일조차 할 수 없게 되었다. 나아가 정신적으로도 피폐해지는 악순환.

당시에 나는 늘 일하고 있었던 것은 아니었다. 특히 하던 일을 잘리고 난 후에는 의기소침해져서 앞으로 또 그런 일이 생기는 것은 아닌가 하는 공포에 늘 시달렸다. 인간 불신과 대인 공포 그리고 나 자신을 부정하고 싶은 마음 때문에 아무것도 할 수 없게 되어버린 것이다.

그런데 일하지 않고는 살 수 없다. 먹어야만 하고 전기나 가스도 필요하다. 그러나 아무리 애써봐도 몸이 움직이지 않는 상태. 나는 초조한 나머지 강박 신경증 환자처럼 구인 정보지를 계속 사서 모았다. 그러고는 들추지도 않고 그냥 일주일을 보내곤 했다. 그리고 다시 다른 발매일의 구인 정보지를 샀고, 어떻게든 면접이라도 치러보고 싶었으나 이번엔 면접조차 허락되지 않았다. 간신히 면접까지 가더라도 모두 떨어졌다. 나에게 뭔가 중대한 결함이 있는 게 아닐까? 나는 보통 사람보다도 훨씬 열등한 존재인 걸까? 그런 생각 하나하나가 '너는 필요 없어'라는 메시지가 되어 내 가슴을 아프게 찔러왔다.

일부러 계획 없이 살 생각을 한 것도 아닌데, 어느새 보이지 않는 구렁텅이에 빠져버린 것 같았고 거기에서 빠져나올 수 없게 되었다. '취직'이라는 것에 대해 나는 나 스스로를 배제시키고 있었다. 이 말은 결국 이대로 계속 800엔에서 1,000엔 정도의 시급을 받으며 언제 잘릴지 모르는 불안 속에서 일해야만 한다는 의미였다. 여기까지 생각이 미치자 나는 내 상황이 정말로 너무도 공포스러웠다.

아르바이트를 잘리면 자해했고, 미래에 대한 불안으로 무너질 것 같은 기분이 되면 이를 잊기 위해 약을 먹곤 했다. 나이를 먹어갈수록 초조함은 커졌다. 계속 늘어나는 나이 어린 아르바이터, 정규직 사원, 들으면 화만 나는 '보너스'라는 말. 그러나 여기에서 탈출할 수 있는 방법을 몰랐다. 그러다가 정신을 차리고 보니 술집 면접을 보고 있는 내가 있었다. 어쨌든 돈이 필요해서였을 것이다. 혹은 누구라도 할 수 있는 아르바이트가 싫었고, 어딘가에 꼭 필요한 사람으로서의 '나'가 되고 싶었던 것인지도 모른다. 그러나 뿌연 가게 안에서 아시아계 외국인에게 열심히 서비스를 하는 반라의 여자들을 본 순간, 그녀들의 모습이 미래의 나인 것만 같았고 거기에서 도망칠 수밖에 없었다. 정신이 붕괴되기 직전이었다. 그런데 한편, 화류계 여자들의 이야기를 들으니, 그녀들도 대부분 그런 고민과 괴로움의 과정을 거쳐 화류계에 발을 담그게 되었다고 한다. 완전히 궁지에 몰려 냉정한 판단을 할 수 없게 되었을 때, 젊은 여자라면 정도의 차가 있을 뿐 거기까지 갈 수밖에 없을 것이다.

그리고 현재 상황은, 내가 프리터 시절에 생각한 최악의 시나리오와 그다지 다르지 않게 나타나고 있다. 30대에도 프리터라는 것은, 40대가 되어도 50대가 되어도 프리터일 것이라는 의미다. 25세에서 34세의 프리터는 97만 명이다. 35세 이상의 '나이 먹은 프리터'는 2001년에 46만 명, 2011년에는 132만 명으로 증가할 것으로 예상되고 있다(UFJ종합연구소의 조사 「증가하는 중노년 프리터」, 2005년). 그들의 부모 대다수는 모두 정년을 맞았고, 이후 몇 년이 지나면 많은 부모가 세상을 떠난다. 편안히 노후를 보내다가 죽는 게 아니라 오래도록 수발을 받아야 하는 부모도 늘어갈 것이다. 현재 많은 프리터들은 부모의 돈에 의존할 수 있어서 간신히 홈리스는 면하고 있다. 하지만 앞으로는 정말 어떻게 될까? 간단히 생각해도, 빈곤으로 인한 가족의 동반 자살이 늘어나지는 않을까?

내가 20대 때, 주위에는 소위 '유메오이 유형'*이라고 불리는 프리터가 많았다. 그들은 음악이라든지 자기가 하고 싶은 것을 하면서 아르바이트로 생활하고 있었다. 그런 그들이 30대에 이르렀을 때, 그 가운데 몇 명은 스스로 목숨을 끊었다. 나는 그때 알았다. 지금 일본에서 우리는 20대에 꿈을 좇다가 30대가 되면 꿈을 포기한다는 것을. 그리고 그때부터 '평범하게' 여겨지는 삶을 살고자 해도, 이 사회는 그들을 받아들일 준비가 어디에도 되어 있지 않다는 것을 말이다. 그들은 아무리 원해도 취직 같은 것은 할 수 없다. 오히려 그때까지 자유롭게 살아온 것에 대해 '벌'을 받기라도 하는 양, 사회에서 배제되며 극단적으로는 자살에까지 내몰리게 된다. 얼마 전, 유학 갔다가 몇 년 만에 귀국한 여성에게 이런 얘기를 들었다. "정말, 할 수 있는 일이 아무것도 없어요. 마치 일본 사회에서 벗어나서 자유롭게 살다 온 벌을 지금 받고 있는 것 같아요."

어떤 의미에서 프리터를 택한 사람들은 혹독하게 시행착오를 겪은 사람이기도 하다. 물론 고용 상황이 호전될 때까지만 정규직이 아닌 프리터를 하겠다고 한 사람도 많다. 그러나 스스로 프리터를 택한 사람들 중에는, 학교 졸업 후 바로 취직하는 것보다 유학이나 봉사 활동 같은 일을 경험한 후에 취직하고 싶다고 생각한 사람도 많다. 그들에게 그런 기간은 꼭 필요하다. 그리고 외국의 많은 나라에서는 그것을 당연하게 여긴다. 그러나 일본의 경우 졸업한 직후에 취직하지 않으면 좀처럼 소위 정상적인 코스로 다시 돌아가지 못한다. 나는 프리터였을 때 '하고 싶은 것'을 찾으며 여러 일을 해본 덕분에 지금 내가 무언가 쓰는 일을 하고 있다고 생각한다. 그리고 젊은 세대에게

• (앞쪽) 이하에서는 '꿈을 좇는 유형'이라 옮긴다.

그 정도의 시행착오는 허용되어야 한다. 그러나 이 사회는 정상이라고 여겨지는 코스에서 한번 밀려난 사람에게 아주 냉정하다. 그리고 지금 대부분의 사람들에게는 그 '정상적인 코스'에 들어가는 기회조차 봉쇄되어 있다. 그러므로 이제 '일한다'는 것이 무엇인가, '산다'는 것이 무엇인가, 다시 이런 질문을 근본부터 해야 하는 것이다.

지금까지 말해왔듯, 나는 지금까지 한 번도 정식으로 취직한 적이 없다. 따라서 보너스를 받은 적도 없고 유급 휴가를 받은 적도 없다. 사회 보험에 가입한 적도 없다. 이렇게 말하면 30대 후반을 넘어선 사람들에게는 놀랍게 들리겠지만, 나와 같은 세대 이하의 사람들은 이 말이 무슨 말인지 금방 알아들을 것이다.

앞으로는 한 번도 취직하지 않고 일생을 마치는 사람이 늘어갈 것이다. 그러므로 이제 근본적 대책이 필요한 것이다.

만들어진 불안정층

왜 일하는 것과 관련된 상황이 이렇게도 이상해진 것일까?

예전에는 학교를 졸업하면 대부분이 취직할 수 있었다. 회사도 갓 졸업한 사람을 대거 채용했고 처음부터 일을 가르쳐주었다. 지금같이 '현장에 투입되어 즉시 일할 수 있는 능력'만 필요로 했던 것은 아니었고, 취직하면 종신 고용제하에서 연령에 따라 급료도 올라갔으며, 장래 설계도 가능했다. 그런데 이게 언젠가부터 엉망진창이 되었다.

먼저 반드시 언급해두어야 할 것이, 1995년 일경련이 정리한 『새로운 시대의 '일본식 경영'』이다.

불황에 직면해서 일경련은 일하는 사람을 다음과 같이 셋으로 분류할 것을 제언했다.

　　1. 장기 축적 능력 활용형

　　2. 고도 전문 능력 활용형

　　3. 고용 유연형

의미만으로도 알 수 있듯, 1은 기업의 중핵이 되는 사원에 해당하는 말이다. 그들은 기존의 정규직 사원같이 장기 고용에 승급, 승진도 있다. 2는 전문적인 기능을 가지는 계약 사원이라고 생각하면 된다. 장기 고용이 아니라서 연봉제나 성과급이 적용된다. 그리고 3은 한시적 고용, 시급제로서 승급 같은 것은 없다. 이 3이 지금 매우 급증하고 있는 일회용 노동력이다.

히라이 겐平井玄 씨는 이 일회용 계층을, 일경련에 대한 조소를 섞어 "고용 유연형"이 아니라 "생사 유연형 개生死柔軟型犬"라고 부른다.

"축사가 요구하는 견종은 영업견이나 사무견, 경비용 맹견에서부터 간병견, 오퍼레이터견이나 단순 작업견까지 다양하다. 그리고 울타리를 들락날락하는 잡종 들개, 유기견 등을 끌어모으는 방법도 여러 가지다. 맛이 없으니 식용은 안 되고 수명도 짧지만, 어쨌든 수가 많으니까 얼마든지 보충할 수 있다. 그러므로 먹이는 금방 죽지 않을 정도로만 주면 된다."(『미키 마우스의 프롤레타리아 선언』)

'개'에 비유하고 있지만, 이것은 인간 이야기다. 그리고 이것은 분명 일경련의 속내다. 그의 지적대로 프리터 같은 비정규 고용층은 하는 일뿐만 아니라 생사마저도 불안정하고, "금방 죽지 않을 정도의 먹이", 곧 겨우 생존할 수 있을 만큼의 저임금으로 일하고 있다.

종신 고용이나 연공서열 임금 같은 것까지, 일본의 기존 노동 방식을 근본부터 부정한 일경련의 제언은 1995년에 정리되었고 소리 없이 일본의 기업 사회에 침투했다. 뒤늦게 그걸 깨닫고 보니, 이미 세 명 중 한 명이 비정규 고용이라는 현재 상황을 맞게 된 것이다. 불황 속에서 살아남기 위해 대기업은 갓 졸업한 사원을 대거 채용해서 육성한다는 여유를 버려야 한다, 따라서 많은 사람을 해고하는 것은 불가피하고, 그들에 대해서는 편하게 '고용 유연형'으로 분류하자는 것이다.

이것은 노동 법제의 규제 완화로도 이어졌다.

목표는 노동자 파견법이었다. 노동자 파견법은 소프트웨어 개발이나 비서, 번역, 통역, 여행 가이드 등 전문성 높은 직종에 한해 인재 파견을 인정하는 것으로 1986년에 처음 시행되었다. 그때까지 민간의 직업 소개업이나 노동자 공급업은 원칙적으로 금지되어 있었고, '인부 공급업'이라는 것은 떳떳하지 못한 이미지가 늘 붙어 다녔다. 그러나 노동자 파견법 적용 이래, 그것이 당당하게 합법화되어 활개를 치게 되었다.

일경련의 제언이 있고 난 다음 해인 1996년, 노동자 파견법은 개정되어 그때까지 16종이었던 허용 업종에 텔레마케팅이나 판매 전문 기술자 등 10개 직종이 새롭게 추가되었다. 이 노동자 파견법은

1999년에 다시 개정된다. 인재 파견을 대상으로 하는 업무가 원칙적으로 자유화되어 거의 전 직종으로 확대되었다. 그리고 2004년, 현장으로의 파견도 해금된다. 이 배경에는 2001년에 집권한 고이즈미 정권이 어이없게도 '규제 완화'를 반복한 사정이 놓여 있다.

정부에서는, 경기가 회복되면 파견 같은 정규직 이외의 노동 방식이 줄어들 것이라고 보고 있었다. 그런데 그사이에 기업은 비정규라는 말의 취지를 간파했다. 그들에게 '비정규'라는 말은 헐값에 고용해서 언제든지 해고해도 되는 노동력이란 의미였다. 기업 측이 자기들에게 이토록 유리한 일꾼을 그냥 포기할 리 없었다.

결과적으로는 어떻게 되었는가? 근 10년 사이에 사회에 나온 사람들 대부분은 제대로 직장을 잡을 수 없었다. 또, 아무리 일해도 저임금에 머무를 수밖에 없고 정규직 사원이 될 전망은 없는 상황에 직면하게 되었다.

제조업 현장에서는 기업이 정규직 사원을 직접 채용하지 않는다. 파견 회사나 업무 청부 회사 같은 인재 중개업자가 전국 방방곡곡에서 젊은이들을 모아서, 그들을 대기업 공장으로 투입하는 시스템이 만들어졌다. 지금도 홋카이도에서 오키나와까지, 전국의 젊은이가 아이치, 효고, 미타네 등의 대공장으로 이송되고 있다. 시급은 1,000엔 정도다. 그럼에도 600엔대의 아르바이트밖에 없는 도호쿠나 홋카이도, 오키나와의 젊은이들에게 1,000엔의 시급은 매력적이다. 구인 광고에는 "월수입 30만 엔 가능"이라는 말이 남발된다. 그러나 실제로는 기숙사비나 광열비, 심지어 기숙사 텔레비전 '대여료' 명목으로 수백 엔 단위를 뜯긴다. 남는 것은 십수만 엔 정도. 광고에서처럼 월수입이 30만 엔이 되려면 야근을 포함해 엄청난 잔업을 해야 하고, 늘 잔업이 가능한 부서에 배치되는 것도 아니다. 이런 처사에 많은 젊은이들은 속았다고 느끼겠지만 그러나 달리 할 수 있는 일도 없다. 아니 그러기는커녕, 지금 하고 있는 일을 계속할 수 있다는 보장도 없다. 그들은 3개월, 반년 단위로 단기 고용될 뿐이다. 시급이 오를 때쯤이면 쫓겨나기 때문이다. 그리고 또 다른 공장으로 옮겨가야 한다. 이렇게 3개월마다, 반년마다 전국을 돌아다니는 프리터가 무수히 많다. 청부업자에 의해 공업 지대에 파견되어 공장 라인 작업 등 단위 작업을 하는 프리터는 이미 1백만 명 이상이라고 한다.

머리 좋은 오랑우탄도 할 수 있는 일

시급 1,050엔, 캐논에서 일하는 젊은이의 경우

그런 제조업 현장에서 비정규직으로 일하는 한 젊은이를 소개하고자 한다.

요시다吉田 군(가명), 23세. 현재 캐논 공장에서 일하고 있다.

다음은 요시다 군이 한 행사장에서 낭독한 글이다.

"나는 현재 파견 사원으로 사이타마 현의 캐논 공장에서 일하고 있습니다. 파견 사원이라고 하지만, 보너스는 당연히 없고 편의점 아르바이드 같은 시급세입니다. 잔업을 할 수밖에 없는 시스템입니다. 일은 프린터 잉크탱크에 뚜껑을 씌우는 것뿐입니다. 하루 몇백 개나 만듭니다. 보람 없는 일이지만 어이없게도 익숙해집니다. 그저 버튼을 누르고 씌우는 일은 머리 좋은 오랑우탄도 가능하지 않을까 싶습니다.

이런 일을 몇 년이고 계속할 생각은 없습니다. 그러나 달리 어떤 일을 하면 좋을지도 모르겠습니다. 그래선지 일하기 싫습니다. 왜 일을 해야 하는지, 그 이유를 모르겠다는 것이 가장 큰 문제인 것 같습니다. 일을 해야 하는 이유. 이것을 지금 가장 알고 싶습니다."

그가 일하고 있는 캐논의 순이익은 2005년도에 3800억 엔이었다. 파견 등 비정규직 노동자를 싸게 부리면서 이익을 얻고 있는 캐논의 슬로건은 "다른 회사보다 한 발 두 발 앞서가는 비용 절감 전략."

그런 제조업 현장의 말단에서 일하는 요시다 군에게 직접 이야기를 들어보았다.

요시다 군은 1983년, 센다이에서 태어났다. 서브컬처*를 좋아하는 그는 매우 솔직하고 개방적인 성격이다. 고향에서 고등학교를 졸업한 후, 도호쿠의 예술계 대학 영상학과에 진학했다. 부모님은 대학 진학을 환영하지 않았다. 반대는 하지 않았지만 대학에 간다면 학자금을 대출받아 가라는 입장이었다. 아버지는 술집을 경영했다. 입학금은 할아버지가 내주었지만, 학비는 반년에 56만 엔이나 되었다. 요시다 군은 반년에 48만 엔 정도의 학자금을 대출받았다. 이것이 두고두고 그를 괴롭히게 되지만……

학생 때는 각종 아르바이트를 했다. 고등학교 때는 시급 630엔을 받고 맥도날드에서 일했다. 대학에 들어가자마자 시급 700엔짜리 목욕탕 아르바이트를 시작했고, 3학년부터는 로손LAWSON 편의점에서 일하기 시작했다. 로손은 야간 시급이 850엔이었다. 그는 두 개의 아르바이트로 월 15만 엔 정도 모았지만, 2학년 무렵부터는 그것도 원활하지 않게 되었다. 가장 큰 이유는 역시 학비였다.

"학비는 없는데 액수가 너무 커서 누구한테도 빌릴 수 없었어요. 부모님께도 학비 얘기는 하지 않았고요. 아니, 할 수 없었어요."

그때, 요시다 군이 도움을 청한 곳은 로손카드사였다. 그는 로손 편의점에서 아르바이트를 할 때 로손카드를 만든 적이 있었다. 로손 카드에는 현금 서비스 기능도 있었다. 아르바이트하는 곳에서 "이것도 일하는 현장에서 받는 공부나 교육이야"라며 아르바이터들에게 자기네 카드를 만들고 쓰게 하는 시스템은 드물지 않은데, 요시다 군도 현금 서비스에 손을 대버린다. 그리고 그 후 사채에도 손을 대게 되었다.

"처음에는 학교 과제와 관련한 촬영을 하기 위해 돈이 어떻게든 필요했어요. 학비로 모은 돈을 거기에 썼는데 10만 엔 정도가 부족했죠. 그래서 프로미스 사**만 믿고."

그렇게 해서 한번 사채에 손을 댄 그는 더욱 거기에 의존해갔다.

"역시 학비가 문제였어요. 처음 찾아간 사채 접수처에서 대학생이라고 하니 거부당했는데 저는 마음이 조급해져서 다른 곳을 찾아갔죠. 그곳에서는 프리터로 일하고 있다고 했더니 아무런 확인도 없이

• 일본에서 1980년대 뉴아카데미즘의 대두와 함께 등장한 망가, 아니메, SF, 게임 등의 비주류 문화 전반을 가리킨다.
•• 일본의 대표적 대부업체.

곧바로 빌려주더군요. 신분 증명은 면허증으로 했고요. 그런데 이런 확인이라도 하면 다행인 거죠. 집으로 확인 전화가 오지만, 그것도 부모님 없을 때를 잘 고르면 되는 거고요."

가장 돈을 많이 빌렸을 때는 JACC에 30만 엔, 로손에 40만 엔, 프로미스에 20만 엔, 아이플aiful에 50만 엔의 빚이 있었다. 빚을 상환할 수 없으니, 한탕 심리로 돈도 없이 파칭코에 갔고 그곳에서 더욱 빚이 늘어가는 악순환에 빠진 적도 있었다. 그래도 다행히 대학 4학년 때는 센다이의 한 출판사에 취직이 되었다. 그대로 졸업하고 취직하면 빌린 돈도 갚을 수 있을 것이었다. 그런데 정말 운 나쁘게도 딱 1학점이 부족해서 졸업을 못하게 되었다. 당연히 출판사에 내정된 자리도 취소되었다. 유급되지 않으려고 교수에게도 사정사정했다. 어쨌든 돈 문제가 걸려 있었던 것이다. 그러나 유급되고 만다. 이때 그의 인생은 망했다고 해도 좋았다.

"그 1학점 때문에 반년간 학비가 56만 엔이라니요!"

요시다 군은 분개하면서 이야기한다. 그를 유급시킨 대학 교수에게 56만 엔 따위는 별것 아니겠지만, 그에게는 인생을 좌우하는 큰 돈이다. 게다가 그는 부모에게 돈을 빌릴 수도 없는 형편이었다.

로손 편의점 일은 더 이상 하지 않았다. 목욕탕 아르바이트만으로는 돈이 되지 않아서 그는 또다시 일을 찾았다. 그리고 아버지 연줄로 파견 아르바이트를 구하게 된다. 오전 8시부터 오후 5시까지이고 시급은 1,500엔. 사무 보는 일이었다. 월요일부터 목요일까지 일하고 금요일에는 학교에 가고 토요일에는 목욕탕에서 일했다. 그렇게 벌었지만, 매월 빌린 돈을 갚는 데 써야 했다. 그리고 10월에 겨우 대학을 졸업하자마자 학자금 상환이 시작되었다. 빌린 학자금 총액은 400만 엔 정도였고, 원금에 매달 1만 7천 엔씩 붙여 상환을 해야 했다.

그대로 파견 일을 계속하면 어쨌든 빚은 갚을 수 있을 것 같았다. 그러나 요시다 군에게는 꿈이 있었다.

"도쿄에 가고 싶었어요. 왠지 운명이라 여겨지는 무언가가 있었거든요. 센다이에서 취직하는 게 물 건너간 것도, 꼭 도쿄에 가야 할 이유처럼 생각됐고요."

그래서 그는 파견 일을 그만두었다. 센다이를 떠나기 위해, 먼저 구인 잡지에서 자동차 공장 일을 찾았고 친구도 같이 가게 되었다. 그러나 그 공장에서는 친구에게 문신이 있는 것을 문제 삼아 채용을 거부했다.

"스즈키에 있는 공장이었는데 문신을 새긴 사람은 들일 수 없다고 하는 거예요. 그래서 문신이 있어도 괜찮다고 할 만한 공장을 찾아다녔죠. 면접하러 간 곳은 공장 같은 곳에 사람을 보내는 회사였습니다. 그래서 도쿄에서 가장 가까운 공장이라는 점 때문에 이곳을 택한 거예요."

그 회사는 제조업 쪽에 사람을 보내는 N이라는 파견·청부 대기업이었다. 사업소가 전국에 있고, 젊은이들을 여러 공장에 보내는 곳이다. 앞서 이야기한, 제조업 현장을 전전하는 젊은이를 양산하는 회사이기도 하다. 요시다 군이 공장에 가기까지의 과정은 다음과 같다.

"일 시작하기 한 날 정도 전에 전화를 하니, 삼 주쯤 후에 면접하러 오라고 하더군요. 그래서 그때 가서 일 시작할 날짜를 정했는데, 당일에 짐을 갖고 사업소에 오래요. 약속한 날 짐을 갖고 갔더니 신칸센 열차표를 주더라고요. 다카자키^{高崎} 역에 마중 나올 사람이 있을 거라고 했어요. 우리는 그대로 신칸센을 탔죠. 도착해보니까 역 앞에 우리 같은 몇 명이 짐을 들고 서 있었습니다. 좀 있으니까 어떤 차가 와서 우리를 연수원으로 신고 갔어요. 우린 꼭 전파 소년* 같았죠(웃음)."

그렇게 해서 다카자키의 연수원에서 2박 3일 연수가 시작되었다. 연수는 마치 자기 계발 세미나 같았다. 그들의 담당은 인재 회사 N 소속으로 "능력 개발 트레이너"라는 정체불명의 직함을 가진 아저씨였다. 첫째 날도 둘째 날도 오로지 인사 연습뿐이었다. "기립", "잘 부탁드립니다", "착석" 등을 몇십 번이나 시켰다. 아침 인사인 "오하요 고자이마스", 뭔가 실수했을 때의 "스미마셍" 같은 말들을 쓸 때 미묘한 차이들을 주의하라고 교육받았다.

"굴욕적"이었다고 요시다 군은 반복해서 말했다.

자기 결의를 한 글자의 한자^{漢字}로 쓰는 수업도 있었다. "그동안 보면 '학^學'이라고 쓰는 사람이 많더군요"라고 트레이너가 말했는데, 같이 있던 이들 중 절반 정도가 진짜로 '학'을 썼다고 한다.

"그리고 나머지 절반이 쓴 말은 '돈'이었고요(웃음)."

그렇게 쓴 종이는 연수받는 3일 동안 계속 바깥에 게시되었다.

연수원에서 같이 연수를 받은 사람은 30명 정도였다. 연수원에는 주 2회, 매회 2박 3일 일정의 연수를 받기 위해 20~30명이 들어온다. 일주일에 60명이니 한 달이면 240명이다. 연수만 받고 그만두는 사람도 많았을 것이다. 연수가 끝나면 여기저기의 자동차 공장이나 화학 공장에 보내진다. 요시다 군은 하루 종일 연수를 받고 밤에는 기숙사에 묵었다. 기숙사라고 하지만 평범한 아파트다. 조립식 욕실에 텔레비전과 2층 침대가 있을 뿐인 6조** 정도의 방에서, 그날 만난 모르는 사람과 같이 묵는다. 연수 3일째에는 캐논의 사훈을 주입받았다.

연수원에 왔다간 사람들 얘기를 들어보니 대단했다.

"회사가 부도나서 애인과 헤어지고 왔다는 30대 아저씨, 자살 일보 직전에 있는 사람, 피골이 상접한 사람 그리고 돈이 한 푼도 없는 사람도 있었어요(웃음). 그리고 또 4일 정도 홈리스 생활을 하다가 '여기 오면 돈을 받을 수 있다고 들어서' 온 사람도 있었고요. 회사와 직접 담판을 해서 돈을 빌린 사람도 있었어요. 그 사람은 20대 후반이었죠."

면접에서는 서류만 썼고 이력서를 내긴 했지만 돌려받았다. 어쨌든 일할 사람이기만 하면 된다는 것처럼.

"그러니 홈리스가 들어와도 괜찮은 거죠. 그런데 바로 도망쳐버리는 사람도 많습니다. 도착한 날 수업을 받고 저녁 6시쯤 기숙사로 갔는데, 기숙사에 도착하자마자 곧바로 잠들어버린 사람이 있었어요(웃음). 전날 야근하고 그때까지 한숨도 못 잔 거예요. 그렇다면 어쩔 수 없겠구나 생각했죠. 그 사람은 30대였고요."

요시다 군과 함께 간 친구는 하필 '한 푼도 없는 사람'과 같은 방에

• 1992년부터 2003년까지 방송된 TV 인기 버라이어티 쇼. 무명의 젊은 연예인 콤비가 전투원 복장을 한 제작진에게 납치되어 황당한 미션을 수행하는 컨셉이었다.
•• 1조는 0.5평, 즉 1.65제곱미터 정도의 넓이.

서 지냈다. 친구는 내내 긴장해서 잘 때에도 가방을 안고 잤고 한 시간밖에 못 잤다고 했다.

이렇게 그럭저럭 2박 3일의 연수를 끝내고 그들은 모두 전국의 공장으로 흩어졌다.

연수로 받은 돈은 2박 3일에 단 8천 엔. 요시다 군은 인재 회사 직원의 차를 타고 사이타마 현의 아파트로 이동했다. 그 인재 회사가 숙소로 빌린 아파트였다. 방 2개에 거실, 부엌이 있는 집을 친구와 같이 썼다. 방에 있는 것은 프라이팬, 칼, 도마, 고타쓰*, 이불, 텔레비전, 냉장고, 세탁기, 주전자 등이었다. 인간이 살아가는 데 필요한 최소한의 것들이 얼추 갖추어져 있었다. 방세는 한 사람당 월 3만 3천 엔이었고 광열비는 월 3,300엔. 방세와 광열비는 먼저 월급에서 빠져나갔다. 그러나 악질적인 파견, 청부 회사에서는 방세나 광열비를 부풀려 청구하는 경우가 있다. 또한 텔레비전이나 이불에 일일이 월 500엔 정도의 '대여료'를 붙이는 경우도 있다. 이 회사는 가구 대여료까지 뜯지는 않았지만, 광열비를 부풀려서 청구했다고 한다. 또 일하는 것과 관련된 작업복은 자기 돈으로 사게 했다. 숙소와 공장을 오가는 자전거는 무상 지급이었지만 분실하면 1만 6천 엔을 배상해야 했다.

드디어 공장 생활이 시작되었다. 신체검사나 건강 검진, 여타 테스트 같은 것은 전혀 없이 금세 배속처를 지정받았다. 컴퓨터의 프린터 잉크탱크에 뚜껑을 씌우는 일이었다. 일은 서서 했다. 처음에는 서 있는 것이 너무 힘들었다. 아침 8시부터 오후 5시 15분까지 일했다. 클리닝룸이라는 방에서 온몸을 감싸는 방진복을 입고 작업했다. 방의 조명은 묘한 오렌지빛이었고 시야 전체가 노란색으로 물들었다. 작업에는 알칼리 원액을 사용했다. 원액이 눈에 들어가면 안구가 녹기 때문에 조심해야 한다는 말을 들었지만, 아무렇게나 놓여 있는 고글은 귀찮아서 쓰지 않았다.

시급은 1,050엔에 잔업비는 1,250엔. 그리고 잔업은 기본적으로 3시간. 야근을 한다면 시급은 1,250엔이고, 잔업이 붙으면 시급이 100엔 올라간다. 구인 정보지에는 "평균 27만 엔"이라고 쓰여 있었다. 그러나 월세나 광열비 등 여러 가지를 제하고 손에 남는 것은 월 12만~13만 엔 정도였다. 무엇보다 죽을 정도로 야근 같은 걸 하지 않으면 절대로 27만 엔까지 벌 수 없었다. 그런데 그보다 더 근본적인 문제는, 요시다 군의 부서에는 야근 개념이 없었다. 잔업 수당에 대해서 그들은 잘 몰랐다고 한다.

"'수당이 있지만 그날은 급료가 나오지 않아요'라는 말을 들었습니다."

그런 건 '수당'이 아니다.

매일 7시경에 일어나 밥에 후리카케**를 뿌려 먹는다. 그리고 도시락 통에 밥만 담고, 끓여둔 보리차를 페트병에 넣어서 나간다. 오전 10시와 오후 3시에 15분간 휴식 시간이 있지만, 방진복을 갈아입는 데 5분 정도가 걸리기 때문에 담배 한 개비 피울 정도의 시간밖에 없다. 그리고 낮에는 40분간 휴식 시간이 있다. 이때 식당에 간다. 가

● 일본식 난방 기구.
●● 마른 새우, 잔 멸치 등을 재료로 만든 뿌려서 비벼 먹는 마른 양념.

져온 밥을 레인지에 데우고 후리카케를 뿌린다. 그리고 식당에서 무료로 제공하는 단무지와 생강 초절임을 가져와 먹는다. 쌀은 부모님께서 주시기 때문에 돈이 들지 않는다. 집에서 보내준 통조림이 있을 때는 고등어나 꽁치 통조림을 반찬으로 곁들여 먹기도 한다. 사원 식당 정식은 500엔, 라멘이나 소바는 350엔이다.

"가장 싼 게 350엔인데 저한테는 비싸서 먹을 수 없어요." 요시다 군의 말이다.

정시 퇴근이라면 오후 5시가 좀 지나서 일이 끝난다. 그러나 잔업이 있는 경우 귀가는 오후 8시다. 그때부터 볶음밥을 만들거나 레토르트 카레나 규동*을 만들어 먹는다. 한 달 식비는 5천 엔 이하다.

그렇게 지내던 중, 연수원에서 같이 있었던 '한 푼도 없는 사람'은 일주일이 채 못 되어 도망쳐버렸다.

"일하고 돌아와 봐도 2인실에 모르는 사람이랑 있으니 안정된 기분도 아니었을 거고, 그래서 파칭코에 간 것 같아요. 그러니 돈이 모일 리도 없었을 거고. 그 사람은 지금도 공장과 홈리스를 오가고 있을 거예요."

공장 가까이에 있는 것은 파칭코 정도다. 근처 역 가까이에는 100엔 숍과 파칭코와 게임센터만 입주해 있는 빌딩이 있다. 그리고 그 주위 슈퍼에는 공장에서 일하는 사람을 위한 즉석 쌀밥이나 3,000엔 정도의 밥솥, 30엔짜리 소면, 299엔짜리 티셔츠 등 독신자용 싸구려 상품만 잔뜩 있다. '단지 살아가는' 것만은 가능케 해주는 물건들이

• 소고기덮밥.

다. 숙소에 있던 '최저 생존에 필요한 가전제품류'와 동급인 생활 필수품들. 거기에 '생활을 즐긴다'는 개념은 애초부터 존재하지 않는다.

이런 상황에서 일하는 요시다 군인데 힘든 점이 또 있다.

"사회 보험에 들지 않은 거요. 저는 2개월 가까이 사회 보험도 연금도 가입하지 못하고 있어요. 3개월 정도 일하지 않으면 사회 보험에 가입시켜주지 않아요. 그래서 지금 보험이 없어서 병원에 갈 수 없는 게 힘들어요. N사 직원에게 병원에 갈 수 없으니 도와달라고 한 적이 있어요. 그랬더니 그쪽에선 그저 잘 모르니까 내일 다시 물어봐 달라고만 하더군요."

또, 요시다 군은 자기가 파견 사원인지 청부 사원인지도 모른다.

"그게 확실치 않아요. 파견 계약서라는 것을 갖고 있어야 하는데 처음부터 갖고 있지 않았으니 모르는 거죠. 그런데 캐논 쪽 사람 얘기로는 '전부 청부'라더군요. 그래서 청부구나라고 생각하긴 하는데……. 소문으로는 파견은 반년마다 계약을 갱신한다고 하던데 실제로는 어떤 건지도 모르겠어요. 아무 말도 못 들었으니까."

여기에 큰 문제가 있다. 이것이 바로 최근 화제가 되고 있는 '위장 청부'다. 캐논에서 위장 청부가 횡행한다는 것은 보도에서도 많이 지적된 바 있다.

위장 청부란 무엇인가? 그것은 실제로는 파견인데 명목상으로는 청부로 일을 시키는 것을 의미한다. 지금 제조업에서는 위장 청부를 하지 않는 공장을 거의 찾아볼 수 없다고 한다.

이때 희생이 되는 것은 주로 청부로 일을 하는 프리터들이다.

그럼 왜 기업은 파견보다 청부를 쓰고 싶어 하는 것일까? 이유는 파견보다 청부 쪽이 고용 비용이 싸고 감독관청도 없으며 노동자 파견법에 구속받지 않고 자유롭게 해고할 수도 있기 때문이다. 또 제조업의 경우, 파견직인 사람이 1년 이상 일하면 직접 고용으로 바뀌어야 하지만(2007년부터는 3년), 청부의 경우에는 몇 년을 일해도 직접 고용할 의무는 없고, 안전 책임에 관해서도 책임이 애매하기 때문이다. 어쨌든 청부는 파견보다 훨씬 주장할 권리가 없고 이로울 게 없으나, 반대로 기업에게는 너무도 편리한 것이다.

본래, 청부란 업무의 일부를 청부하는 것을 의미한다. 그리고 청부 노동자에게 지시·명령을 하는 것은 청부 회사다. 그러나 현재 청부 사원과 원청 정규직 사원이 서로 섞여 일하는 현장은 얼마든지 있다. 파견의 경우, 지시·명령하는 것은 파견 노동자들을 쓰고 있는 기업이지만, 청부의 경우에는 청부한 기업 쪽에서 지시·명령을 하지 않는다. 만일 그 기업으로부터 지시·명령을 받는다면 위장 청부에 해당한다고 볼 수 있다. 후생노동성 집계에 의하면, 청부로 일하는 사람은 2004년 시점에 제조업에서만 87만 명으로 증가할 것이라고 예측되었다. 그들 대다수는 20대, 30대다. 그러나 실제로 그들은 일하기 전에 아무 설명도 듣지 못했기 때문에, 자신들이 파견 사원인지 청부 사원인지조차 모른다. 대부분은 그저 자기를 파견 사원이겠거니 생각한다.

만약 현실이 이렇다면 무슨 일이 일어나겠는가? 가장 끔찍한 것은 산재가 일어났을 때다. 고용자 책임이 애매하기 때문에 슬쩍 없던 일로 묻어버리는 '산재 은폐'가 횡행한다. 그래서 부상을 입거나 장애를 얻어도 산재 취급을 못 받을 뿐 아니라, 자비로 치료해야 하고 쉬는 기간에 대한 보상도 전혀 받을 수 없다. 청부 회사는 파견처인 기업으로부터 '평가'를 받기 때문에 눈치를 볼 수밖에 없다. 청부 회사가 산재 처리를 꺼리는 것도 그런 이유다. 어이없지만 이것이 현실이다. 청부 회사가 일일이 산재로 삼아버리면 '중요한 거래처'인 상대기업에 누가 되는 것이고, 그러면 계약 관계가 끊길지도 모른다. 그래서 이로 인한 불이익은 고스란히 노동자의 몫이 되는 것이다. 믿기어려운 이야기지만, 손가락 하나가 잘렸는데도 산재 처리를 받지 못하고 2만 엔 받는 것으로 끝난 사례도 있다.

게다가 그런 현장에서는 사망 사고도 일어나고 있다. 2004년 9월, 히타치제작소에서 발전기 사고가 있었다. 이 사고로 38세 남성이 화상으로 사망했고 23세의 남성도 전치 10개월의 화상을 입었다. 또한 2004년 6월에는, 야이즈焼津냉동에서 지게차를 무면허로 운전·작업하던 24세 남성이 짐에 깔려 사망한 일도 있었다.

산재도 문제지만, 요시다 군처럼 사회 보험 미가입자가 많은 것도 문제다. 실제로, 청부 회사가 만든 이런 끔찍한 구조는 사회 보험 때문이라는 설명도 있다. 청부 대금에는 사회 보험료도 포함되기 때문에, 노동자가 가입하지 않으면 그 몫이 그대로 청부 회사의 이익이 된다. 더 나아가 당당하게 "2개월마다 계약 갱신"을 내거는 청부 회사도 있다. 후생 연금은 "2개월 이내에 사용되는 자"가 제외되기 때문에, 이것을 악용하여 2개월마다 갱신을 반복하고 있는 것이다. 어떤 청부 회사에서는 "이익을 위해 사회 보험 가입을 억제하라"는 지침까지 내놓았다. 도대체 이들은 어디까지 사람을 바보로 만들려는 것일까?

건강 검진 관련해서도 문제가 있다. 예를 들면, 신체에 악영향을 끼칠지도 모르는 직장에서 일해도, 청부라는 이유로 건강 검진 대상자에서 제외되곤 한다. 『동양 경제』 2006년 9월 16일호에는 마쓰시타플라즈마디스플레이(이하 '마쓰시타')의 이바라키 공장에서 일하던 요시오카 쓰토무吉岡力 씨의 믿을 수 없는 체험이 게재되었다. 잡지에 의하면, 그는 납의 점도 조정을 하는 봉착封着 공정을 담당했는데, 같은 일을 하던 정규직 사원은 특수 건강 검진을 받고는 그 공정 일에서 빠졌다. 혈중 납 농도가 상승해서 위험하다는 진단을 받았기 때문이다. 그러나 같은 일을 했던 요시오카 씨는 특수 건강 검진 안내조차 받지 못했다고 한다. 정규직 사원이 아니라 청부 사원이었기 때문이다. 목숨이 걸린 문제인데, 단지 청부라는 이유만으로 방치되고 있는 것이다. 이런 일이 허용된다는 게 말이 되는가?

또한 요시오카 씨는 부친상을 당해 한번은 일을 쉬어야 했는데 이때 시급이 100엔 차감되기도 했다. 3일 이상 쉬면 그 달 시급이 100엔 깎인다는 계약 때문이라지만, 사실 청부 사원에게는 쉬는 기간에 대한 배려 같은 것은 해당 사항이 없다. 그뿐 아니라, 회사 형편 때문이라며 맘대로 시급을 깎는 일이 빈번하고 이런 식의 불합리한 방식이 당연시되며 널리 퍼져 있다. 요시오카 씨는 2005년 5월, 마쓰시타에 직접 고용을 요구하며 교섭했고, 위장 청부에 대해서도 내부 고발을 했다. 그래서 그해 8월 요시오카 씨는 직접 고용이 되었지만, 그저 하나의 '기간제 노동자' 자리를 쟁취한 것뿐이었다. 새 일터는 분리된 좁은 작업장으로 외부와 단절되었고 그는 혼자서 폐기 처분된 불량 패널을 재생하는 일을 하게 되었다. 이때 집단 괴롭힘 수준은

코흘리개 어린애들보다도 유치했는데, 어른들이 그런 걸 진심으로 하고 있다는 것이 경악스러울 정도였다. 그리고 5개월 후 마쓰시타는 요시오카 씨를 해고했다(유기 계약 기간 만료 후 계약을 갱신하지 않음). 현재 그는 회사에 손해 배상 청구 소송 중이다.

마쓰시타의 이바라키 공장이 무법 지대라는 증거는 이뿐만이 아니다. 2005년 7월, 이 공장은 위장 청부 문제 때문에 오사카 노동국의 행정 지도를 받았고, 그 결과 700~800명의 청부 노동자를 파견직으로 돌렸다. 여기까지는 좋다. 그런데 파견으로 일하면 1년이 지난 뒤 해당 노동자를 직접 고용해야만 한다. 회사 입장에선 그런 결과를 피하고 싶었을 것이다. 그래서 직접 고용의 의무가 생기기 2개월 전에, 파견을 다시 청부로 되돌렸다. 세상 참 쉽게 사는 사람들이다. 그러나 그렇게 하니 다시 위장 청부로 걸릴 터였다. 그래서 마쓰시타는, 자기네들이 지휘·명령하는 사원 약 200명을 그냥 청부 회사로 보냈다. 우선, 외견상으로 그들의 가슴에 달고 있던 명찰이 변했을 것이다. 그리고 그들은 명찰을 달아줬으니 어쨌든 위장 청부는 아니라고 여겼을 것이다……. 왠지 안타까운 이야기다. 물론 이런 편법은 세간에서 비난받았고 후생노동성은 '위법'이라고 결정 내렸다.

그 밖에도 마쓰시타에 대해서는 할 얘기가 더 있다. 다음은 아마가사키尼崎 공장 이야기다. 이 공장은 현의 보조금 2억 454만 엔을 받은 것이 여론의 빈축을 샀다. 공장이 있는 효고 현은 고용 지원 제도를 실시했다. 지역 사람을 새롭게 채용하면 진출 기업에 한 사람당 60만~120만 엔씩 지원하겠다는 것이었는데, 실제로 이 공장이 채용한 정규직 사원은 겨우 6명이었다. 그렇다면 대체 2억 엔 이상의 돈은 어디서 나온 것인가? 일단 보조금은 파견 사원에게도 해당되었지만, 어째서인지 이 이야기는 마쓰시타를 제외한 다른 회사에는 거의 알려지지 않았다고 한다. 그러니까 효고 현의 보조금 중 파견 사원 채용과 관련해 지불한 금액은 '파견업체'의 존재를 가정하면 어이없게도 99퍼센트를 마쓰시타가 독점한 상태였던 것이다. 그러나 일단 파견도 대상이라는 것은 괜찮은 것이었다. 결국 채용하긴 했다는 것이고, 일 년이 지나면 직접 고용의 의무도 있으니까. 그러나 사정은 그렇게 녹록지 않았다. 마쓰시타는 그 후 몇 개월이 지나서, 이미 채용했던 파견 사원을 청부 사원으로 변경했다. 당연히 보조금 대상자는 거의 없어진 셈이 되었다.

이렇다 보니 불안정한 위치에서 일하는 젊은이들은 기업 입장에서 정말 너무도 구미가 당기는 존재가 아닐 수 없다. 저임금에 쓰고 사회 보험료까지 착복할 수 있으면서, 현으로부터는 지원금을 따낼 수 있는 수단이기도 하니까 말이다.

이런 치외법권적 상황은 오랫동안 방치되었지만, 2006년 7월 말 『아사히신문』에서 위장 청부 일소 캠페인을 시작하면서부터 상황은 많이 바뀌었다.

『아사히신문』으로부터 위장 청부 의혹을 받은 기업은, 요시다 군이 일하는 캐논을 비롯해서 히타치, 니콘, 마쓰시타, 도시바, 도요타, 후지중공업, 이스즈Isuzu, 고마츠 등 유수의 대기업뿐이다. 그런 대기업의 말단에서, 프리터들에게 권리가 없는 것을 버젓이 이용하는 위법 행위가 빈번한 상황이고, 우린 결국 경영자의 도덕성을 묻지 않을 수 없는 것이다. 그리고 대부분의 기업은 그런 식으로 프리터를 일회용으로 쓰면서 정작 제조 현장에서 물건을 만드는 이가 프리터라는 사실을 숨긴다. 이유는 "프리터가 만든다고 알려지면 이미지가 나빠진다"고 생각하기 때문이다.

이런 와중에, 일경련 회장인 미타라이 후지오御手洗富士夫 씨는, 8월 13일 위장 청부 해소를 목표로 대책을 검토하겠다는 방침을 내놓았다. 그런데 바로 이 일경련 회장 미타라이 씨는 위장 청부를 일삼는 캐논의 회장이기도 하다. 당사자가 위장 청부를 해소한다니, 이제 와서 뭘 말하려는 건지 묻고 싶어지는 것은 나만이 아닐 것이다.

9월 4일에는 드디어 후생노동성이 어렵게 나서서 위장 청부 해소를 위해 움직였다. 2005년에만 전국의 노동국이 청부업자 616건, 사업자 측 358건을 적발·지도했고, 이에 대한 감독 강화, 악질 사업자의 행정 처분 등을 호소한 것이다.

9월 30일, 사태는 더욱 커졌다. 후생노동성이 결국 위장 청부에 대해 첫 사업 정지 명령을 내린 것이다. 사업 정지 명령을 받은 업체는, 최대의 청부·파견 기업인 크리스탈그룹의 중핵 회사 콜라보레이트Collaborate였다. 콜라보레이트의 2004년 매출은 1560억 엔. 참고로 크리스탈그룹의 전체 매출이 5000억 엔이다.

이 숫자는 인재 파견 회사가 불법 착복으로 어느 정도로 돈을 버는지 잘 알려준다. 『경제』 2006년 7월호에는 크리스탈그룹의 내부 문서가 공개되어 실렸는데 거기에는 다음과 같은 구절이 있다. "무한 경쟁에서 살아남는 업계 최고가 되기 위해서 프로는 규제의 위법 행위가 허용되는 경계선에서 승부한다", "제3자에게 폐를 끼치지 않는 위법이나 거짓말은 허용할 수 있다." 이건 정말 악질 아닌가?

크리스탈그룹 계열사는 이전부터 업무 개선 명령을 받고 있었다. 앞서 말한, 지게차를 무면허로 운전하다가 사망한 이는 크리스탈그룹 계열사가 보낸 사람인데, 이 사고로 크리스탈그룹 계열사는 1개월의 사업 정지 명령과 개선 명령을 받았다. 또 히타치의 큰 화재로 죽은 두 사람도 크리스탈그룹 계열사의 청부 노동자였다.

위장 청부 처지에서 사고 등으로 죽으면 청부 회사와 기업 측 모두 "우리에게는 책임이 없다"며 단 수십만 엔의 위자료로 끝낸다는 이야기도 있다.

덧붙이면 2006년 크리스탈그룹은 굿월그룹에 1300억 엔에 매각되었다. 따라서 이제 굿월그룹은 매출 7000억 엔에 14만 명의 노동자를 거느리는, 일본 최대의 인재 관련 기업이 되었다. 왠지 끔찍한 숫자다.

이런 현장에서 일하면서 침묵하고 있어서는 안 된다.

실제로 위장 청부 해소에 관한 일련의 새로운 흐름에는, 현장에서 일하는 사람들이 목소리를 내기 시작한 것이 큰 힘이 되었다.

앞서 말한 요시오카 씨의 고발과 제소도 큰 힘이 됐지만, 도쿠시마 현에 있는 도요타그룹 계열사인 고요실링테크노에서 위장 청부로 일하는 사람들이 목소리를 낸 것도 큰 계기가 되었다. 40여 명이 노동조합을 결성하고 후생노동성 등에 위장 청부에 관한 지도를 요구하는 신고서를 제출한 것이다. 그 결과 고요실링테크노는 2005년 8월에 59명의 청부 노동자를 직접 고용하기로 결정했다.

사람들이 자기 목소리를 내기 시작하고부터 2년이 걸렸지만 이것은 미래에 대한 전망 없이 파견·청부로 일하는 사람들에게는 큰 희망을 준 것이다. 직접 고용이 되면, 언제 계약이 끝날지 불안해하지 않아도 되고 급료도 두 배는 된다. 늘 언제 잘릴지 모른다는 불안감이 있었지만, 이제 정규직 사원 이상으로 일할 수 있게 된 것이다. '노력하는 사람이 보상받는 사회'라지만, 이런 사람들의 노력은 전혀 보상받지 못해왔다. 그러나 이제 그들의 싸움 방식은 모델이 되고 있다.

요시다 군의 이야기로 돌아가보자.

그가 일하는 캐논에서도 청부 노동자들의 노동조합이 결성되었다.

그러나 요시다 군의 작업장에서는 노동 조건에 대해 나서는 사람이 없었다.

그러다가 갑자기 딱 한 사람, 일어선 사람이 있었다. 요시다 군과 같은 회사를 통해 캐논으로 온 30대 후반의 A씨. A씨는 위장 청부를 이야기하지는 않았지만, 어쨌든 노동 조건 자체에 분개했다. 그때는 A씨나 요시다 군이나 모두 자기들이 파견인지 청부인지 모르는 상태이기도 했다. 오히려 A씨는 자기를 파견이라고 생각하고 있었다.

"갑자기 A씨가 'N(인재 회사)하고 싸우고 싶다'고 하더군요. 노동기준국에 가서 파견이라든지 여러 가지를 알아본 모양이던데. '서른 넘어서 가만히 있을 수만은 없다'고 하더라고요. 그 사람은 혼자서 이불 가게 일을 하고 있었는데 그걸로 먹고살 수 없어서 공장에 들어왔다고 합니다. 지금은 공장에서 일하면서 토요일과 일요일엔 이불 가게의 도매상 영업 아르바이트를 하고 있어요."

요시다 군은 A씨와 함께 N측에 협상을 요구했다. 협상 테이블을 마련하고 현장 책임자 두 명과 영업소에 있는 두 명을 불러낸 것이다. A씨가 이야기한 것은 다음 3가지다.

— 파견 사원 통지서와 위탁서를 반드시 교부해야 하는데, 우린 아무것도 갖고 있지 않다.

— 근무 개시와 동시에 사회 보험에 가입해야 하는데, 2개월이 지나도 가입되어 있지 않다.

— 현장 책임자가 누구인지 파견 노동자에게 통지되어야 하는데, 전혀 고지되지 않고 있다.

A씨는 노동기준국에서 받았다고 하는 「파견 노동자로 일하는 법을 위해」라는 책자를 바탕으로 법적인 문제를 N측 사원들에게 제기해갔다.

이 얘기를 할 때 요시다 군은 조금 어이없었다는 표정을 지었다.

"그랬더니 그 사람들은 전부 알고 있더군요. 알고 있어서 하지 않았던 겁니다. 아무도 그런 수속을 밟지 않은 이유를 말하지 않았고요. 사회 보험에 관한 것도, 가입하고 바로 그만두거나 하면 번거롭다는 점이 있었겠지만 우리는 아무것도 듣지 못했거든요. 사과 같은 것도 없고 그냥 이것은 자기네 쪽 태만이라고만 하더군요. 양심은 있는 건지, 그런 것을 개선하는 데에 시간이 걸린다는 거예요."

협상이 마무리될 무렵 A씨가 한 말이 요시다 군의 가슴을 울렸다고 한다. A씨는 분노를 감추지 못하고 이렇게 말했다고 한다.

"우리는 기계가 아닌데 일은 기계같이 합니다. 그런데 감정이 있기 때문에 인간인 거잖아요. 인간이기 때문에 분노하는 거라고요. 심하게 말하기 싫지만 우리 너무 깔보지 말라고 하고 싶네요."

요시다 군은 이날 일을 인터넷 일기에 다음과 같이 쓰고 있다.

협상 테이블 위에, A씨가 노동기준국에서 받아온 「파견 노동자로 일하는 법을 위해」라는 책자가 놓여 있었는데, 그 "파견 노동자"라는 단어가 눈에 들어올 때마다 마음이 무거워졌다.

파견 노동자의 사회적 지위가 낮은 것은 설명도 해명도 할 필요 없이 당연한 것으로 여겨지고 있다. 그래서 파견 노동자인 사람들은 그런 결정적인 사실에 허무함을 느낀다. 게다가 한 술 더 뜨는 사회적 시선이란!

"우리는 기계가 아니라 인간이다." 왜 이런 당연한 사실에 부러 목소리 높일 필요가 있는 것일까.

이렇게 협상은 끝났다.

나중에 N쪽 사원에게 이런 협상이 자주 있느냐고 물어보니 처음이라고 했다. A씨는 요시다 군 이외에도 여러 사람에게 호소했다. 그러나 요시다 군 말고는 아무도 호응하지 않았다고 한다.

그러나 이 협상은 생각지 못한 파문을 불러일으켰다.

우선, 그날 중으로 다른 부서에 현장 책임자가 나타났다. 그때까지 현장에 온 적 없던 N쪽의 사원이 일부러 찾아온 것이다. 그로부터 며칠 후 요시다 군은 사회 보험 신청서를 썼다. 아무리 보험증을 요청해도 무시당하고만 있었는데 이제 드디어 신청서를 쓸 수 있게 된 것이다. 그리고 또 한 가지 큰 진전이 있었다. 오랫동안 불확실했던 N쪽 파견 노동자의 현장 책임자가 마침내 정해져서 공지된 것이다. 그렇게 A씨와 함께 문제 제기한 것들이 하나하나 해결되어갔다. 고작 종이 한 장짜리 공지문이었지만 그는 크게 기뻐했다고 한다.

그리고 얼마 지나지 않아 그에게 파견 사원 통지서가 도착했다. 그는 그제야 비로소 자기가 '파견' 신분인 것을 알게 된 것이다.

그러나 사실 일이 그렇게까지 진전되기 전에 N쪽에서는 보험증이나 통지서를 교부해야 했고, 현장 책임자가 누군지 정도는 알려줘야 옳았다. 당연한 것인데도 왜 그런 힘든 '싸움'까지 하게 하는가?

N의 횡포는 이 밖에도 많았다.

"여벌 열쇠로 숙소 문을 따고는 방에도 제멋대로 들어왔습니다. 지각했더니 깨우러 온 일도 있었어요. 언젠가 골든위크 마지막 날이었는데 숙소에서 잠을 자고 있었어요. 딩동 하는 소리가 들렸지만 귀찮아서 그냥 자고 있었죠. 그런데 철컥하고 문이 열리는 거예요. 놀라서 현관에 가보니까 N사의 직원이었어요. '이탈한 사람이 있나 없나 확인하러 왔다'고 하더군요. 휴가가 끝날 때쯤에는 늘 이런 식으로 확인했습니다."

이건 거의 강제 수용소가 아닌가? 도대체 방값을 꼬박꼬박 내며 살고 있는 사람의 집에 들어올 수 있는 권한이란 대체 어떤 것인가?

산재도 문제다. 인터뷰하기 몇 주 전, 요시다 군은 일하다가 손가락을 다쳤다.

"기계에 손가락이 끼었어요. 10초 정도 긴 채로 있었어요. 비명을 지르면서 곧 비상 정지 버튼을 눌렀지만 빼낼 때까지 10초 정도 걸렸죠. 커다랗게 혹이 생겼고요. 정규직 사원이 무슨 일이냐고, 의무실에는 갔느냐고 해서 바로 의무실로 갔습니다. 그러고는 찜질을 하고 바로 돌아와서 일을 했고요. 그때 산재 이야기가 나왔는데 상처가 그렇게 심하지 않아 괜찮다고 했더니, '그럼 산재로 하지는 않을 거고 과장 선에서 끝낼 거니까 다른 사람에겐 말하지 마'라고 하더군요."

부상이 심하지 않아서 다행이었지만, 운이 나빴다면 뼈가 부러지거나 손가락을 절단하는 일이 생겼을지도 모른다. 게다가 이때 요시다 군은 아직 보험증조차 갖고 있지 않은 상태였다. 파견 노동이든 아르바이트든 산재 보험은 당연히 적용된다. 또 회사가 산재로 인정하지 않더라도 산재 여부를 판단하는 것은 노동기준감독서다. 이 경우, 노동자가 끝까지 '산재'라고 주장하면 치료비나 휴업 보상을 받을 수 있을 것이다. 그렇게 말하는 시점에 해고될지도 모르지만…….

작업 중에 일어난 사고는 아니지만 귀가하다가 차에 치인 파견 노동자도 있었다.

"그 친구는 부딪힐 때의 충격으로 2주간 일을 쉬고 복귀했는데, 계속 목이 눌리고 도저히 일을 할 수 없어서 결국 그만두었다더군요."

이 경우에도 통근 산재 보상을 받을 수 있다. 파견 노동이든 아르바이트든 상관없이 물론 보상받을 수 있다. 그러나 실제 현장에서 혼자서 그런 요구를 관철하기란 매우 어려울 것이다. 또한 2주 이상이나 쉬니 생활이 될 리도 없다. 쉬는 농안에는 벌이가 전혀 없기 때문이다. 정규직 사원이라면 별문제 없이 보상을 받을 수 있을 텐데 파견이라는 자격 때문에 그것은 불가능하다. 매일 그런 현실에 부딪힐 때마다 요시다 군은 정규직 사원과의 격차를 새삼 느낀다고 한다.

"한번은 정규직 사원들만 따로 옆 회의실에 모여달라고 한 적이 있어요. 그 자리에는 파견 사원만 남아 있었죠. 나중에 정규직 사원들에게 무슨 일이냐고 물으니, 아주 신이 나서 '보너스 나온대요!'라고 하더군요. 아, 역시 나랑은 상관없는 얘기였죠. 정규직 사원들은 급료도 오르는데."

이런 사정에 비해서 파견으로 일하는 요시다 군의 급료는 절망스러우리만치 그대로였다. N사의 경우 반년간 일하면 월급에 1천 엔을 보태주는 '월 보너스'라는 제도가 있을 뿐이다. '보너스'라는 이름이 붙지만 반년 동안 고작 1천 엔만 더 받는 것이다. 예를 들어 요시다 군이 매월 18만 엔을 받고 있다고 하면, 반년 후 월급은 그저 18만 1천 엔이 되는 것이다. 딱히 기뻐할 것 없는, 말하자면 사람을 바보로 여기는 제도다. 1년 계속 일하면 고작 2천 엔이 오른다. 그리고 2년 일하면 3천 엔. "오래 일한 사람일수록 이득!" 젊은이의 의욕을 북돋으려는 모토라는데, 이런 것은 오히려 노동 의욕을 떨어뜨리기만 할 뿐이다.

지금 요시다 군은 월 5만 엔 정도씩 융자받은 학자금을 갚고 있다. 돈을 모아 도쿄에서 자취를 하고 싶지만 도무지 돈이 모이지 않는다.

공장에는 그처럼 빚을 안고 있는 사람이 많다. 임금이 오를 전망도 없는 시스템 속에서 그들은 빚에 허덕이며 살고 있다.

요시다 군에게 지금의 직장에서 가장 싫은 것이 무엇인지 들어보았다.

"똑같이 파견 입장인 사람들인데도 자꾸 그들을 차별하고 싶어지네요. 그런 사람과 제가 같은 입장이라는 것이 싫은 거예요. 보면 나이는 30대나 40대인데, 수상하게도 눈을 마주치지 않는 사람들이나, 그만하라는 말을 들을 때까지 계속 같은 곳을 청소하는 사람이 있어요. 그런 사람을 보면 평범한 일은 할 수 없겠다는 생각이 들죠. 또 나이는 40대에 아이도 있는데 계속 파견직을 전전하거나, 혹은 무일푼으로 온 아저씨를 봐도 그렇고."

그는 지금 하는 일에서 공허감도 느낀다. 일을 하면 할수록 그저 파견 회사에만 득이 되기 때문이다.

"아무것도 하지 않고 회사는 이득을 얻고 있어요. 한 사람을 모집하는 데 광고비만 10만 엔 정도 든다고 들었습니다. 신칸센 요금을 받았는데 만약 3개월 이내에 그만두게 되면 처음에 받은 그 돈을 반납해야 해요. 이것도 웃기는 이야기인데, 반납할 돈이 없어서 못 돌아가는 사람들이 있대요. 그래서 그냥 꼼짝없이 일하는 사람도 많다고 하고요."

장래를 생각하면 더 불안하다. 그러나 뭔가를 계획하면서 사는 것은 상상할 수 없다.

"정규직 사원 친구 이야기를 들어도 불안하긴 매한가지더라고요. 실수입이 13만 엔이라는 얘기, 보너스가 나오지 않는다, 잔업이 끔찍하다는 얘기만 하고 있으니. 정규직 사원이 되어도 힘들다는 이야기밖에 없어요."

그러나 그래도 그는 취직하고 싶어 한다. 결혼을 하고 싶기 때문이다. 현재 딱히 여자 친구가 있는 것은 아니지만 훗날 가정은 꾸리고 싶기 때문이다. 그러려면 취직을 해야만 한다고 생각하고 있다. 그러나 캐논의 정규직 사원은 되고 싶지 않다고 한다.

"캐논 정규직 사원이 말이죠, 저하고 같은 작업을 하는 거예요. 20년간 캐논에서 정규직 사원으로 일하던 사람이 있었는데, 무슨 특별한 직무도 없고 그냥 저하고 같은 일을 하고 있더라고요. 그런 걸 보면 정말 싫어요. 저는 그냥 저만의 일, 저만 할 수 있는 일을 하고 싶어요. 그러면 잔업 같은 건 상관없죠. 제가 담당할 일이 있으면서 야근을 해야 한다면 잔업 같은 건 상관없어요. 일에서 중요한 건 보람이라고 생각하거든요. 돈이나 시간과는 관계없이 말이죠. 그래서 꼭 내년엔 취직하고 싶어요. 구체적으로는 잡지 같은 걸 만드는 편집자가 되고 싶고요."

앞에서 잠시 얘기한, 요시다 군이 낭독한 글 이야기로 돌아가본다. 요시다 군이 쓴 글을 읽는 행사가 끝난 뒤 어떤 아저씨가 요시다 군에게 연락을 해왔다.

"지금 젊은이들은 속고 있다. 프리터는 그저 노예일 뿐이다. 당신은 노예다. 프리터의 프리free라는 것은 기업의 자유인 거다. 젊은이들을 마음껏 일회용으로 취급해도 되는 기업 쪽 자유인 것이다. 어떤 젊은이들은 그런 식으로 취급당하고도 가만히 있는다. 사람이 너무 좋아서 문제다!"

"사람이 너무 좋아서" 질책받는 프리터라니!

요시다 군은 오늘도 캐논 공장에서 프린터 잉크탱크에 뚜껑을 씌우고 있다.

여름에는 열흘간의 추석 휴가가 있었다.

정규직 사원이었다면 더없이 좋았을 이 긴 휴가 기간에 그는 휴가 동안 할 만한 일자리를 찾았다. 시급제로 일하는 그에게 열흘의 휴가는 생사가 걸린 문제였기 때문이다. 편의점이나 스키야°에서 야간 근무 일 등을 했고, 그토록 동경하던 도쿄에서 등록형 파견으로 일용직 일을 했다. 그의 23세 여름은 그렇게 끝났다.

그는 자기 처지를 "얕은 물에 빠져 허우적거리는 나날"이라고 표현한다.

정부의 프리터 대책에 대해 요시다 군은 전혀 실감하지 못한다.

그는 아베 수상이 내걸었던 "재도전"이라는 말에도 꽤 위화감을 갖고 있었다. "재도전"이란 말에는, 프리터란 뭔가 결정적인 실패를 경험한 사람들이라는 어감이 담겨 있기 때문이다. 그러나 요시다 군은 대부분의 프리터들은 그런 사람이 아니라고 생각한다.

적어도 요시다 군 스스로가 도쿄에 가고 싶었기 때문에 캐논 공장에서 일한 것이다. 그에게는 스스로가 선택했다는 자부심이 있다. 지금은 아직 도쿄 근처인 사이타마에 있지만 말이다.

이런 요시다 군은 2005년 선거 때 고이즈미를 지지한 적이 있었다.

° 덮밥 체인점.

한 살 한 살 나이를 먹어가는 프리터

아이를 데리고 공장을 전전하는 커플들

많은 젊은이들이 지금 요시다 군과 같은 상황에서 일하고 있다.

그의 바람대로 훗날 편집자가 되면 좋을 것이다. 그러나 그렇게 될 수 없다면, 어떻게 될까? 단순 작업을 반복하면서 어떤 기술도 익히지 못한 젊은이들은 살아가기 위해서 그저 공장을 전전할 수밖에 없다. 그리고 자연스레 '젊은이'라 불리는 나이가 지난 뒤에도 여러 공장을 전전하게 될 것이다.

지금 그런 사람들이 30대에 돌입했고, 소위 "아이 동반 청부" 노동자가 늘어나고 있다. 『신문 아카하타赤旗 일요판』 2006년 8월 27일자는 "아이 동반 청부"를 특집으로 다뤘는데, 결혼해서 아이를 데리고 직장이나 살 곳을 찾아 전전하는 사람들 얘기가 소개되었다. 그들은 사회 보험도 없이 몇 개월마다 국내 공장을 옮겨가며 떠돈다. 파견 회사나 청부 회사는 그런 사람들에게 필요한 것을 알아차리고는 "탁아소 있음", "가족 숙소 완비" 같은 문구로 구인 광고를 낸다. 『신문 아카하타 일요판』에는 4세 된 딸과 32세의 실업자 남편을 둔, 구직 중인 41세의 여성 이야기가 나온다. 그때까지 그녀의 월급은 잔업 수당을 포함해서 15만 엔이었다. 이것으로 3인 생활을 유지해왔다고 하는데, 청부 회사 직영의 탁아소 보육료는 열흘에 5만 7천 엔이었다고 한다. 이건 거의 가족에게 동반 자살하라는 의미 아닌가?

이와 관련해서 부모의 학대로 아이가 죽는 사건도 일어나고 있다. 2006년 5월, 아이치 현 도요카와豊川 시에서 9개월 된 여자아이가 부모에게 벌을 받다가 욕실에서 죽은 사건이 일어났다. 부부는 둘 다 20대로, 청부로 일하고 있었고, 살고 있던 곳은 기숙사였다. 저임금, 고된 밤낮 교대 근무, 전망 없는 미래, 아이를 데리고 공장이나 주거지를 전전하는 나날. 학대 문제는 젊은 부부의 도덕 차원의 이야기가 아니라, 가족이 있어도 그런 식으로 살 수밖에 없는 상황에 대한 이야기다. 그럼 왜 기업은 3개월이나 반년 등 단기로만 사람을 고용하는 것일까? 그것은 생산 조정을 위해 필요할 때만 노동자를 고용해서 인건비를 아끼고 싶기 때문이다. 일본의 많은 대기업이 "사상 최대의 이익" 따위를 외치고 있지만, 그 배경에는 이런 사람들의 무수한 희생이 있는 것이다. 자동차, 전기 분야 등에서 기업은 유례없이 이익을 올리지만, 그곳에서 일하는 사람들은 생활비조차 부족한 상태로 전락하는 현실. 이게 모순이 아니라면 무엇인가?

또 제조업에서 파견이나 청부로 일하는 노동 방식은, 일자리를 잃으면 집도 같이 잃는다는 의미를 만들어냈다. 해고되면 숙소에서도 쫓겨나기 때문이다. 그래서 일자리를 잃는 동시에 홈리스가 되어버리는 젊은이가 존재한다. 임금이 낮으니 집을 다시 빌릴 돈 같은 것은 그사이에 모으지도 못한다. 한번 홈리스가 되어버리면 거기에서 빠져나오기란 아주 어려운 일이다.

3개월, 반년 혹은 그보다 더 짧은 기간의 일용직 아르바이트도 늘고 있다. 파견 회사에 등록을 해서 일하기 전날에야 어디서 일할지를 알고, 하루 일하면 일당 6천 엔 정도를 받는 아르바이트다. 일하는 현장도, 함께 일하는 사람도 매일 달라진다. 매일 바뀌고 단순 작업이기 때문에 어떤 기술도 몸에 익히지 못한다. 일을 하고 싶은 날에 일이 있다는 보장도 없다. 이런 식으로 젊은이들을 돌리면서 파견 회사는 막대한 이익을 올린다. 그렇게 형성된 인재 파견 사업은 3조 엔 산업이라고도 한다.

그 결과, 홈리스 바로 직전이라 할 수 있는 워킹 푸어층도 급증하고 있다. OECD(경제협력개발기구)의 조사에 따르면 일본의 빈곤층 비율은 선진국 중 2위이고 빈곤율은 15.3퍼센트다. 구체적 수치로 보면 일본의 빈곤층은 1800만 명이다. 이 조사를 기준으로 하면, 소득이 전 국민의 가처분 소득 중앙값 절반 이하인 사람들은 빈곤층이다. 이것에 근거하면 세대 연수입 238만 엔 이하는 빈곤층이고, 혼자 사는 프리터의 대다수는 '빈곤'의 범주에 들 것이다.

생활 보호 세대는 1백만 세대를 넘었고, 국민 건강 보험료의 체납으로 보험증을 반납하는 사람도 증가하고 있다. 보험증을 반납한 사람에게 교부되는 '피보험자 자격 증명서'를 갖고 있는 세대는 2005년에 32만 세대다. 그러나 이것으로 진찰을 받으면 의료비 전액을 자기가 부담해야 하기 때문에, 병에 걸려도 병원에 가지 않는 사람이 늘고 있다. 『아사히신문』의 조사에 의하면 진찰을 늦게 받아 사망한 사람은 2000년 이후 적어도 21명이다. 말기 암 환자였는데 병원에 가지 않고 있다가 구급차로 이송된 다음 날 사망한 사람도 있었다.

후생노동성이 발표한 2005년 국민 생활 기초 조사에서 "생활이 힘들다"고 대답한 세대는 56.2퍼센트로 과거 대비 가장 많았다. 또 20대이면서 연수입이 150만 엔 미만인 사람은 전체의 20퍼센트였다. 아마 이들 대부분의 연수입은 이후 평생토록 변하지 않을 것이다. 그렇다면 도대체 어디를 봐서 이 나라가 "전후 최장기 호황"이란 말인가?

그래서 젊은이들 사이에서 정규직 사원을 희망하는 분위기가 압도적인 것이다. 프리터의 70퍼센트는 정규직 사원이 되고 싶다고 말한다. 초등학생의 장래 희망 1위는 예전처럼 야구선수 같은 뜬구름 잡는 꿈 얘기 대신 그냥 '공무원'이 되었다. 이마저도 현실은 녹록지 않다. 1998년부터 8년간 정규직 사원은 454만 명 감소했고 비정규 고용은 490만 명 증가했다.

고이즈미가 '노동 시장의 구조 개혁'을 밀어붙이면서 가난하고 불안정하며 미래 없는 젊은이들만 양산된 것이다. 그리고 지금 문제는, 그들이 이젠 더 이상 젊은이가 아니라는 점이다.

모든 직종에서 이해할 수 없는 일들이 벌어지고 있다.

예를 들면 어떤 사무직 파견 사원은, 어느 날 갑자기 파견 노동자에서 개인 사업자로 계약이 변경되었다. 표면상 급료는 이전보다 좋았지만, 뚜껑을 열어보니 기존의 교통비도 잔업 수당도 이젠 나오지 않았다. 결과적으로 파견 사원 때보다도 수입이 적어진 것이다.

또 정규직 사원 대부분이 파견으로 바뀐 회사도 있다. 자기네 회사에서 계속 일하려면 특정 파견 회사로부터 파견되어야 한다며 종업원 다수를 파견 사원으로 전환했다. 이렇게 파견으로 전환된 사람들은 수입은 수입대로 줄고, 언제 계약이 종료될지 모르는 공포 때문에 정규직 사원일 때보다 더 필사적으로 일한다고 한다. 그러나 이들은 전직해서 갈 곳도 없다.

그렇다면, 파견, 청부 등은 단지 정규직 사원과 고용 형태가 다를

뿐인데 왜 그렇게 차별 대우를 받는 것일까?

외국 사정은 일본과는 전혀 다르다.

예를 들면 유럽에서는 '동일 노동, 동일 임금' 원칙이 철저하게 지켜진다. 정규직 사원이든 아르바이터든 파견 사원이든, 같은 직종이거나 같은 일이라면 임금이나 대우에서 차이가 없다. 물론 유급 휴가도 있고 사회 보험에도 가입된다. 냉정하게 생각하면 같은 일을 하고 있는데 정규직 사원이라든지 파견 사원이라든지 하는 차이만으로 임금이 두 배 가까이 차이 나는 것은 분명히 이상한 일이다. 또, 같은 일을 하면 같은 임금을 받는 것이 당연한데 일본에서는 이것이 통용되지 않는다.

유럽에서는 오히려 파견 등의 '간접 고용'은 일정 기간 일하면 자동으로 직접 고용으로 간주되고, 임금 역시 정규직 사원과 동일하다. 아니 정규직 사원보다 높을 때도 있다. 즉, 비정규직 사원에 대한 시각차가 있는 것이다. 보통, 비정규직 사원은 정규직 사원에 비해 권리가 없다고 여겨지곤 한다. 그래서 유럽에서는 하다못해 임금이라도 높게 책정하는 것이다. 그러나 일본에서는 그 반대다. 권리도 없으면서 저임금이라니. 좋은 구석이라곤 하나도 없지 않은가?

시급 7백 엔 이하의 '관리직'

어느 정규직 사원의 경우

이처럼 프리터 같은 비정규직 노동자로 살기란 아주 힘들다.

그럼, 정규직 사원이 되면 괜찮을까?

사정은 그렇게 간단치 않다. 지금 '정규직 사원'이라는 말은 '과로사, 과로 자살'이라는 말과 동의어처럼 여겨질 정도로, 정규직으로 일하는 사람들의 사정도 안 좋아지고 있다. 2005년 산재 인정을 받은 과로사는 157건(신청 336건), 자살 미수를 포함하는 과로 자살은 42건(신청 147건)이었고, 신청 건수는 과거 대비 최대이다. 또한 우울증 등의 정신 장애로 인한 산재 신청은 656건이다. 이쪽은 100건 단위로 늘어났고, 역시 과거 대비 최대이다. 또한 과로사를 포함해 뇌출혈이나 심근경색 등으로 산재 인정을 받은 사람은 330건인데, 이쪽도 과거 대비 최대다. 그런데 일 때문에 죽음에 이르거나 병에 걸리더라도 모든 사람이 '산재 신청'을 하는 것은 아니다. 그러므로 실제로는 알려진 수치의 수십 배, 수백 배의 사람들이 과로사, 과로 자살, 과로에 의한 정신 장애에 이르고 있다고 할 수 있다.

정리 해고된 동료들 대신 떠맡은 과중한 노동에 죽을 정도로 쫓기고 있는 정규직 사원들. 그들은 할당량을 채우지 않으면 현재 위치에서 밀려나거나 추락할지도 모른다는 공포 때문에 격무에 쫓기고 있다. 그리고 그런 상황을 충분히 알고 있기 때문에 많은 젊은이들이 프리터 같은 비정규 노동 방식을 택하기도 한다.

그럼 정규직 사원은 얼마만큼 힘든 것일까? 이쯤에서 내 동생의 경우를 잠시 보자.

동생은 프리터로 있다가 25세였던 2001년에 Y 전기의 계약 사원이 되었다.

당시 염가 판매로 한창 성장한 Y전기가 새 점포 오픈을 즈음해서 직원을 모집했다. 계약 사원으로 채용된 동생은 점포의 개점 준비에 쫓겼고, 개점한 점포를 궤도에 올리기 위해 첫 달에는 100시간 넘는 잔업을 했다. 당시 동생은 취직한 지 얼마 안 되었기 때문에 열의가 넘쳤고 그때까지는 잔업 수당도 제대로 나왔다.

두 달째. 잔업은 계속되었지만 두 달째의 잔업 수당은 첫 달에 비해 꽤 줄었다.

석 달째. 이때부터 동생은 아무리 잔업을 해도 수당이 거의 나오지 않았다. 그러나 개점하고 시간도 꽤 흘렀고 급한 일들도 일단락되었기 때문에, 이 무렵부터는 밤 10시 30분쯤에는 퇴근할 수 있게 되었다. 그렇다 해도 아침 8시 20분부터 밤 10시 30분까지 일하면 14시간 동안 노동하는 것이다. 연말 같은 경우에는 새벽 3시까지 잔업하고 다음 날 아침 7시에 일어나 일하러 간 적도 있었다.

1년 후 동생은 관리직인 층별 책임자로 승진했다. 층별 책임자가 되면서 정규직 사원으로 전환되었지만, 그 계약 내용은 다음과 같았다. 우선 보너스는 없고 연봉제로 변경한다. 정해진 근무 시간은 없으며(이 말은 자유롭게 시간을 쓸 수 있다는 게 아니라 아무리 잔업을 해도 수당은 없다는 얘기다), 휴가는 회사가 지정한 날만 써야 하고, 노동조합에는 가입할 수 없다는 조건이었다. 동생은 입사 1년이 못 되어 층별 책임자가 된 것을 행운이라고 생각하며 기꺼이 받아들였다. 그리고 곧바로 그런 조건으로 변경하는 '계약서'에 서명을 했다.

그러나 이것은 지옥의 시작이었다.

층별 책임자가 되고부터의 하루는 이런 식이었다. 아침 8시 20분 출근. 8시 반부터 화상 전화로 전체 회의가 있다. 사장의 인사라든지, 상품 정보를 전 점포에 알리는 전체 회의다. 9시부터는 점포 내부 회의. 전날 판매나 전년 판매와 비교하고, 부진한 부문에 대해 대책을 논의하는 것이 회의의 화제다. 그리고 9시 30분부터 준비를 하기 시작해서 10시에 개점한다. 일손이 절대적으로 부족하기 때문에 개점 때부터 폐점 때까지 손님 응대에 쫓기다가 밤 9시에 폐점한다. 그때부터 층별 책임자는 일일 판매고를 집계하고, 다음 날 회의 자료를 작성하거나 신문에 끼워넣는 전단지를 만들거나 가격 카드를 만들거나 한다. 또 계속 판매가 부진하면 상품의 배치를 바꾸거나 진열을 바꾼다. 그뿐 아니라, 컴퓨터나 디지털 카메라 등 도난 위험이 있는 상품은 매일 재고 조사를 하고 이상이 없는지 확인해야 한다. 층별 책임자가 되고부터 동생은 한 번도 밤 12시 30분 이전에 퇴근하지 못했다. 수당이 나오지 않는 잔업은 계속되었다. 점장도 일이 너무 많아서 귀가할 수 없었는데, 층별 책임자는 점장이 귀가할 때까지 남아 있어야 했다.

그러면 혹자는 '그래도 층별 책임자 정도면 적당히 봐가면서 휴식도 취할 수 있지 않나?' 하는 생각이 들기도 할 것이다. 나도 그렇게 생각했다. 그래도 관리직이니까, 시간을 쓰는 데서 자유가 조금은 있지 않을까. 그러나 그건 큰 착각이었다. 휴식 시간은 낮에 40분뿐이었다. 저녁에 15분 정도 휴식 시간이 있기는 하지만 매일 누릴 수 있는 것은 아니었다. 그래서 아침 8시 20분부터 밤 1시경까지 거의 서서 쉴 새 없이 일하는 셈이었다.

여기에 결정적으로 심각한 문제가 있다. 이 회사에서는 밤 1시경까지 일을 시키지만 '저녁 식사 시간'이란 건 존재하지 않는 것이었다. 이 가게에서는 모두가 낮에만 식사를 하고, 밤까지 아무것도 먹지 않고 일했다. 도대체 종업원은 밥도 먹지 않고 일해야 한다는 말인가? 게다가 동생은 아침밥을 항상 걸렀다. 일찍 귀가한다고 해도 매일 밤 1시경이었다. 동생은 혼자 살았는데, 집에 돌아와서 늦은 저녁밥을 먹고 세탁을 하거나 목욕 등을 하면 어느새 2시, 3시였다. 기상은 매일 7시, 수면 시간은 4시간 정도. 아침에는 단 1초라도 더 자고 싶기 때문에 식사 같은 건 챙길 수도 없었다. 그래서인지 잠자리에서 일어났을 때에는 식욕도 없어서 그냥 부리나케 출근했다. 그러니까 출근하더라도 낮까지는 아무것도 먹지 못하는 셈이다. 그리고 밤까지 일했다. 다시 녹초가 되어 집에 도착하면 저녁도 못 먹고 기절하듯 잠들어버리는 경우도 많았다. 그런 날은 하루에 한 끼 먹고 17시간이나 일하는 셈이었다. 이것은 거의 나치의 강제수용소 수준의 이야기 아닌가. 겨우겨우 죽지 않을 정도의 식사와 수면만을 취하고, 죽을 정도로 혹사당한다는 점에서 말이다.

층별 책임자가 되고 여러 달 지나고 나니 동생은 점점 피골이 상접해갔다. 과로사 같은 말을 넘어, 얼굴에는 아예 죽은 사람의 기운이 감돌았다.

이것은 포부가 대단해서 '일을 통해 자기실현'하겠다는 목표를 가진 젊은이의 이야기가 아니다. 단지 취직해서 평범하게 일하며 평범하게 살고 싶어 한 젊은이의 이야기다.

이런 회사가 어떻게 노동기준감독서의 지도도 받지 않았는가라고 생각할 수도 있을 것이다. 거기에는 그럴 만한 이유가 있었다. 알고보니 이 회사는 교묘한 수법을 사용하고 있었던 것이다. 즉, 사실 종업원들은 모두 이처럼 장시간 노동에 쫓기고 있었지만, 데이터상으로는 오후 10시 30분에 전원 퇴근한 것으로 처리되고 있었던 것이다.

구체적으로는 이런 수법을 썼다. 밤 10시 30분이 되면 종업원들에게 무선 연락이 간다. 시간이 되었으니 타임카드를 한 번 누르라고 말이다. 이 회사의 타임카드는 컴퓨터로 관리되고 있었고 그 데이터는 밤 10시 30분이 지나면 본부에 전달되지 않는다. 따라서 모든 사람들이 10시 30분에는 퇴근했다고 타임카드를 누르고, 그 후 몇 시간이든 무급으로 일을 한다. 그래서 이 회사의 종업원은 데이터상으로 아무리 늦어도 10시 30분에는 퇴근한 셈이 된다. 따라서 노동기준감독서의 조사가 들어와도, 그들의 장시간 노동을 증명할 수단이 하나도 없었던 것이다. 아주 악질적 수법이다.

층별 책임자라는 직책을 갖고 있으면서 잔업 수당은 나오지 않았던 동생의 실수령액은 약 32만 엔이었다. 얼핏 괜찮게 여겨지지만, 하루에 적어도 17시간 노동에, 쉬는 날은 일주일에 하루, 휴일에조차 몇 시간에 한 번은 가게에서 걸려온 전화를 받은 데 대한 대가였다. 시급으로 환산하면 고작 700엔 이하다. 아쉬울 것 없는 회사는, 아르바이트 이하의 임금에도 불평 없이 일하는 사람을 층별 책임자로 원했을 뿐이다.

이렇게 '헐값'을 캐치프레이즈로 한 기업들이 전국적으로 널리 퍼져서 이익을 얻고 있다. 기업은 종업원을 그야말로 '헐값'의 임금으로 사용하고 버리고 있다. 그러나 한편으로 1엔이라도 더 싼 것을 찾고 거기에 달려드는 것도, 헐값 받고 일하는 불안정 고용층이다. 슬픈 궁핍의 순환이 이미 시작된 것이다. 그리고 가진 자들은 그런 것과 상관없고 아무렇지도 않다. 가난뱅이끼리 치열하게 헐값 경쟁을 하면 할수록 부자가 득을 보는 시스템. 어찌 화가 나지 않겠는가? 우리가 조금이라도 싼 것을 찾는 행위 자체가 한편으로는 많은 사람을 죽을 정도의 과로로 몰아넣고 있는데 말이다.

그런데 초주검이 된 동생에게 우리 가족은 아무 말도 할 수 없었다. 특히 나는 과로사와 과로 자살을 취재한 경험이 있어서, 이렇게 가면 동생이 곧 죽고 말 거라는 확신이 들었다. 왜냐하면 동생은 그때까지 내가 취재했던 어느 과로사 희생자, 과로 자살자보다 훨씬 더 열심히 최선을 다해 일하고 있었기 때문이다. 게다가 동생은 몸도 건강한 편이 아니었다. 대학 때는 병 때문에 일 년 동안 휴학하고 치료받은 적도 있었다.

우선 우리 가족은 동생에게 일을 그만두라고 설득했다. 그러나 이 설득이 어려운 것이다. 층별 책임자라는 자리는, 대학 졸업 후 프리터로만 일하던 동생이 간신히 얻은 정규직 사원 자리였다. 지금 그만두면 프리터로 돌아가는 길밖에는 없었다. 이것이 바로 취직 빙하기 세대의 절박함인 것이다.

그리고 그만둘 수 없는 데에는 또 한 가지 이유가 있었다. 지금 자기가 일을 그만두면 파김치가 되어 일하는 동료들이 자기 빈자리를 메우기 위해 더욱 장시간 노동에 쫓길 것이기 때문이었다. 너무도 가혹한 노동 현장은, 보통의 동료를 '전우'로 생각하게 하는 이상한 결속을 만들어냈고, 거기에서 이탈하는 것을 심리적으로 어렵게 만들었던 것이다. 이것은 정말 끔찍한 것이다. 우리가 그만두라고 해도 동생은 그만두지 않겠다고 고개만 저었다. 그러나 그 일을 계속하면 동생은 어쨌든 과로사해버리거나 아니면 상황이 나아진다 해도 쓰러질 것이다. 동생과 가족 사이에서 문자 그대로 목숨을 건 공방전이 벌어졌다. 이미 우리는 옴진리교에 빠진 가족을 빼내려는 '피해자 모임' 같은 기분이었다. 그러나 옴진리교라면 그래도 괜찮다. 그들은 엄연한 범죄 집단이고 사람까지 죽였으니까. 일반 사람 기준으로 봐도, 옴진리교에서 가족을 빼낸다는 것은 지극히 당연한 것이었다. 그러나 동생의 경우, 단지 '일하고 있을' 뿐이었다. 그런데 그 행위가 생명의 위험마저 느끼게 만드는 것이 문제였다. 당시에 나는 '옴진리교에서 빼내는 것은 차라리 납득할 이유라도 있으니 낫다'라는 생각이었다.

일을 그만두지 않겠다는 동생의 의지는 확고했다. 위기감을 느낀 가족은 노동기준감독서에 상담을 청했다. 동생 회사의 장시간 노동 문제를 어떻게 좀 해달라고 호소한 것이다. 그러나 노동기준감독서는 귀찮았는지 성의 없는 대응을 할 뿐이었다. "먼저 본인이 와서 이야기를 해야 합니다." 그러나 동생은 너무 바빠서 노동기준감독서에 갈 시간 같은 것이 없었다. 그들은 이렇게 말하기도 했다. "우리가 갑자기 조사하러 간다 해도 큰 기업은 이미 꼬리가 잡히지 않게 대책을 마련해 둔 상태라서 의미가 없습니다." 이건 대체 무엇을 위한 노동기준감독서란 말인가? "처음부터 아드님은 관리직이었고 회사 측 사람이니까 회사를 고소하는 것은 어떨까요?" 이런 맙소사, 이게 진짜 노동기준감독서 사람 맞는 건가? 그리고 그들은 쐐기를 박는다. "게다가 말이죠. 노동기준감독서가 들어가면 누가 고발한 건지 범인을 찾는 게 되어버리니까 그냥 그만두는 편이 어떨지……." 이쯤 되면 정말 할 말을 잃을 수밖에 없다.

이건 정말로 노동기준감독서의 존재 의의를 스스로 근본부터 부정하는 셈이다. 노동기준감독서는 과로사 직전의 노동자를 이렇게밖에 대하지 못하는 것이다.

노동기준감독서에 가봐도 아무 소용이 없다고 깨달은 가족은, 비록 동생이 아직 죽진 않았지만 과로사 전문 변호사에게 상담을 청하러 갔다. 그러나 여기에서도 '내부 고발자를 찾는 게 될 뿐'이라는 벽에 다시 부딪히고 말았다. 변호사에게 의뢰하는 경우 당연히 누구의 의뢰인지 알려진다. 그것을 각오하면 좋았을 텐데, 동생은 계속 일하고 싶어 했고 장시간 노동을 어떻게든 감수하고자 했다. 그래서 그렇게 변호사에게 상담을 했는데도 상황은 전혀 바뀌지 않았던 것이다.

가족은 난감해졌다. 그리고 동생도 스스로의 한계를 알아차리기 시작했다. "확실히 잠자는 시간이 부족해. 아침에 일어날 때 매일 죽을 것 같아." 동생은 친한 사촌이 세상을 떠날 때도 일이 끝나지 않아서 바로 달려올 수 없었다. 도착한 것은 밤 11시가 지나서였다. 가족이나 친척들 중에서 임종을 지키지 못한 이는 동생뿐이었다. 가까운 사람이 위독해도 귀가할 수 없는 직장이란 무엇이란 말인가? 그런 일을 몇 년이나 계속할 수는 없다. 나이가 30대였던 점장은 동생 이상으로 일하고 있었다. 또한 그 회사에서는 나이에 따른 승진 등은 전혀 없었고, 층별 책임자면 그가 25세든 40세든 상관없이 일률적으로 급료가 약 32만 엔으로 정해져 있었다. 물론 보너스도 없이 말이다.

또 전근이 많은 것도 문제였다. 동생은 그때까지 전근된 적이 없었지만 영업 성적이 좋지 않은 사람은 공공연히 다른 현으로 옮겨야 했다. 전근은 대략 6개월 전에 통보되었다. 하지만 통보받은 사람 중에는 겨우 3일 전에 급작스레 아오모리행을 통보받은 사람도 있었다.

안정되게 일할 조건은 아무리 눈 씻고 찾아봐도 없었다.

결국 동생은 일하기 시작한 지 1년 10개월이 지났을 때 그만둘 결심을 하게 되었다. 가족들은 당장 그만두길 바랐지만, 이후 한 달은 더 일한다는 조건으로 퇴사하게 되었다. 그리고 근무 마지막 날도 동생은 새벽 4시까지 일을 해야 했다.

그런 식으로 종업원을 혹사시키다가 버리는 그 회사는, 불황에도 불구하고 주가가 몇 배나 뛰는 쾌거를 올렸다. 대단한 근성이다. 2002년에 이 회사의 사장 딸이 교통사고로 죽었는데, 사장은 교통사고를 일으킨 상대에게 7억 엔 이상의 손해 배상을 청구하는 소송을 냈다. 이 액수는, 딸이 장래에 사장 자리를 승계한다는 가정하에 나온 것이었다. 사장이 되어 벌게 될 생애 임금으로 생활비를 환산한 액수만 6억 엔, 그리고 위자료 등을 더한 액수가 그것이었다. 종업원을 시급 700엔 정도로 부리는 것에 비해, 경영자는 아무렇지 않게 자기 인생의 가치를 부풀리고 있는 셈이다. 이 회사에서는 만성적인 수면 부족으로 교통사고가 나서 죽은 직원이 많다고 하는데 그런 직원에게는 어떤 보상이 주어지고 있을까? 사장 딸의 죽음에 대해서는 7억 엔 이상을 청구했는데, 회사 직원들의 사정은 어떻느냐는 것이다. 우리 가족노 동생이 수면 부족으로 졸음 운전을 하다가 교통사고나 당하지 않을까 늘 두려워했다.

아무리 생각해도 도덕이 땅에 떨어진 것은 기업 쪽이다.

또한 동생은 노동 시간을 스스로 관리하는 입장이었는데, 과로사하거나 과로 자살하는 사람들의 60퍼센트 이상이 노동 시간을 자기가 관리하는 사람들이다. 거기에는 점장, 공장장 등의 관리직이 많고 또한 영업직도 많다. '일하는 시간을 스스로 관리할 수 있다'는 말은 '일이 끝날 때까지 잔업 수당도 없이 죽도록 일해야 한다'는 말과 같은 것이다.

동생은 현재 아버지가 경영하는 사무실에서 일하면서 세무사 자격시험 공부에 전념하고 있다.

부모님이 자영업자여서 간신히 다시 프리터가 되지 않을 수 있었지만, 그렇지 않았다면 동생은 정규직 사원으로 혹사당하다가 완전히 지쳐서 프리터로 돌아갈 수밖에 없는 30대 프리터의 전형을 보여주었을 것이다.

동생은 일회용 취급을 하는 고용주를 진절머리 나게 경험한 탓인지 자격증 취득을 목표로 하게 되었다. 그러나 여기에도 함정이 있다. 프리터도 지옥, 정규직 사원도 지옥이라는 현 상황에서 자격증을 따고자 분투하는 젊은이는 정말 많다. 나아가 자격시험의 무한 지옥이라고 할 만한 상황에 빠지는 사람도 많다.

특히 동생이 목표로 하는 세무사 시험은 국가시험이고 대단히 어렵다. 한 과목만 붙으면 되는 게 아니라, 5개 과목 모두 붙어야만 한다. 몇십 년에 걸쳐 시험을 치르면서 하나도 통과하지 못한 사람도 부지기수다. 동생은 시험 두 개를 통과했다. 부디 그런 자격시험의 무한 지옥에 빠지지 않기를 빌 뿐이다.

그렇다 해도 시대가 조금이라도 달랐다면 대졸인 동생에게 직장은 얼마든지 있었을 것이다. 2007년도 신규 졸업자를 두고 판매자 시장*이라고들 한다. 부조리하다는 느낌만 점점 커져간다.

* 노동력을 파는 구직자 수가 일자리를 주는 측의 수요보다 훨씬 많은 상황.

2장

온갖 모습을 한 프리터들

한 프리터의 평범한 이야기

나라를 걱정하는 프리터

처자가 있지만 꿈은 영화입니다

프리터와 '꿈'

지금 실제로 프리터로 일하는 젊은이들은 어떤 생활을 하고 또 무슨
생각을 하고 있을까? 또한 장래에 대한 불안이나 사회에 대한 분노
등은 어떤 것일까? 프리터들에게 이야기를 들어보았다.

한 프리터의 평범한 이야기

고노 군(가명), 27세

고노河野 군은 등에 문신을 새겼고 피어싱도 많이 한 딱 요즘 젊은이
다. 벌써 8년 정도 프리터 생활을 하고 있는 그는 여자들에게 인기도
많고, 한마디로 잘 나가는 사람이다. 성격은 시원시원하다. 현재 도
쿄의 나카노中野 구에서 월 6만 4천 엔짜리 원룸에서 혼자 살면서 파
견으로 일하고 있다. 여러 직종을 전전하며 도시에 살고 있는 그는

프리터 쪽 전문가라고 해도 될 것이다.

고노 군은 1979년 이바라키 현에서 태어났다. 그 지역의 공립 중학교를 나온 후 공업고등학교에 진학했다. 고등학교에서는 일주일에 6시간씩 용접이나 선반旋盤 등의 수업을 받았다. 그곳에서 10분 전 집합이라든지 점호 등 공장에서 일하는 데 필요한 기본적인 것도 완전히 습득했다.

"우리 고등학교는 졸업 즉시 90퍼센트가 취직해요. 공장이나 자동차 정비로."

원래 고노 군은 취업 활동을 하지 않았지만, 취직률이 내려간다는 이유로 학교 측으로부터 취직을 권유받고 100명 이상 채용하는 토스템TOSTEM에 들어갔다. 입사 당일 채용되어 바로 지바 현에 있는 공장에 배정되었다. 숙소는 6조 정도 넓이의 일인실. 식당, 공동 세탁기와 목욕탕은 옵션. 회사 보험도 완비. 임금에는 기숙사비 정도가 붙었고 실수령액은 18만 엔 정도였다. 여름에는 5만 엔의 보너스도 나왔다. 숙소에 사는 남자는 45명. 고등학교를 나온 18세 젊은이들이 한곳에 모여 있는 셈이었다.

매일 아침 8시에 일어나서, 출퇴근 버스로 공장에 도착해서는 작업복으로 갈아입고 조례를 했다. 그러고 나서 라디오 체조와 점호를 하고, "오늘 하루도 안전하게" 같은 표어를 복창하면서 9시에 작업을 개시했다. 고노 군은 용접 일을 했다. 낮에는 사원 식당에서 180엔짜리 소바와 120엔짜리 유부초밥을 먹었다. 5시 반까지가 정시 근무였다. 일이 끝나면 버스를 타고 다시 숙소로 이동했다. 저녁 식사 후에는 다른 사람 방에서 게임을 하거나 텔레비전을 봤다. 그는 그런 날들을 "꽤 즐거웠다"고 회상한다.

그러나 그런 생활은 3개월이 한계였다.

"그만둔 이유는 너무너무 더워서였어요. 용접 일이라 위험하기도 했고. 손가락이 없는 아저씨들이 많았는데 그걸 보면 나도 손가락이 잘리는 것 아닌가 생각되곤 했죠. 게다가 덥고 위험하고 지겹고 배고 팠고요."

같은 시기에 입사한 사람들도 점차 일을 그만두었다. 그런 와중에 회사 측은 고노 군을 집요하게 만류했다. 그가 용접 일에 능숙했기 때문이다. 그렇지만 그는 일을 그만두었다.

이바라키의 부모님 집으로 돌아간 그는 도쿄에서 낼 방세를 벌기 위해 밤에는 편의점, 낮에는 우체국에서 일했다. 편의점 야근 시급은 1천 엔, 우체국의 시급은 7백 엔이었다. 몇 달 후 무사히 보증금, 사례금 정도가 모였고 19세가 되던 해 봄에 상경했다. 7만 4천 엔 정도의 아파트를 빌렸다. 하루 빨리 아르바이트를 찾고 일을 해야만 했다. 교통 정리 일, 가벼운 날품팔이 등으로 하루에 7천 엔 정도 벌었다. 그 밖에 슈퍼 상품 진열, 건설 현장에서 일하는 사람에게 재료를 갖다 주는 일 등 하루 벌어 하루 먹고사는 일을 예사로 했다. 그 후 하루 8천5백 엔 정도의 경비원 일도 했다. 파견 회사에 등록해서 그 날 일이 있으면 바로 갔는데, 현장은 매일 바뀌었다. 그 후에 한 것은 텔레비전 통신 판매의 전화 응대 아르바이트였다. 시급은 1,100엔. 밤 10시부터 이침 5시까지는 25퍼센트 추가. 고노 군은 밤 10시부터 아침 7시까지 일했다.

텔레비전 통신 판매 아르바이트를 그만두고부터는 사쿠라야*에서 전화 받는 일을 하게 되었다. 그와 병행해서 고급 아르바이트로 유명한 '신약 시험'에도 자주 나갔다. 아직 인가받지 않은 약을 먹고 부작용이 있는지 없는지 시험하는, 자기 몸을 담보로 하는 인체 실험이었다.

"그건, 일이 있으면 지금도 또 가고 싶을 정도로 좋은 점이 있었어요. 일정표가 있고 괜찮은 날을 정해서 건강 검진을 하고 통과되면 하는 거죠. 급료는 하루에 대략 2만 엔이 최저였고요. 3박 4일 하면 8만 엔 정도가 돼요. 그래서 일이 없을 때는 거기에 나갔습니다. 이후에 4년간 했던 전화 응대 일은 아르바이트지만 일 년에 열흘이나 휴일이 나왔고, 저는 휴일을 이용해서 신약 시험 아르바이트를 하러 갔죠. 약을 먹거나 주사를 맞거나 링거액을 맞거나 했고요. 약을 먹고 5분 후, 10분 후, 1시간 후, 3시간 후에 채혈합니다. 늘 같았어요. 10명 정도 수용하는 일반 병실에서 한가하게 만화나 텔레비전을 볼 수 있었고 밥도 세 끼가 괜찮은 정식으로 나왔어요."

그러나 그런 생활로는 안정된 수입을 얻을 수 없었다. 일자리가 좀처럼 나지 않거나 여러 달 일할 수 없는 기간도 있었다. 그러나 집세, 광열비 등 매월 10만 엔 가까이 정해진 액수가 나갔다. 그래서 고노 군은 사채업자에게 돈을 빌리기도 했다. 정신을 차리고 보니 빌린 돈의 총액이 130만 엔 정도 되었다고 한다.

"마지막에는 가벼운 기분으로 10만 엔 정도 빌렸고 보통 내 돈이라고 착각해서는 계속 20만 엔 정도 빚지고 있었어요. 그런데 그게

• (앞쪽) 전자제품을 전문으로 하는 프랜차이즈 판매점. 2010년에 폐점했다.

어느새……. 빚이 제일 많을 때는 월 4만 엔 정도씩 상환했어요. 빚이 사채 회사 세 군데하고 신용 회사 한 군데에 걸쳐 있었어요. 지금은 간신히 10만 엔 정도로 줄였고, 아마 다음 급료는 없겠죠."

프리터 생활로 130만 엔의 빚을 완전히 갚는다는 것은 거의 기적에 가까운 얘기다. 『프리터 표류』라는 책에는 대학 시절에 빌린 10만 엔의 빚이 불어나 거의 20년이 지났어도 매월 상환에 쫓기는 36세 프리터의 이야기가 실려 있다. 빌린 돈의 총액은 150만 엔. 이자만 월 4만 엔. 그것 때문에 그는 기간제 노동자로 일했는데 일 때문이었는지 원인 불명의 병에 걸려 입원도 했다. 입원비는 30만 엔. 전액 자기 부담이었고 역시 사채를 쓰지 않을 수 없었다. 그런 상태가 계속되면 20년이 지나도 원금은 거의 줄지 않는 것이다.

사채에 관한 이런 퀴즈도 잘 알려져 있다.

'연이율 29.2퍼센트로 100만 엔 빌리고 매달 2만 4천 엔씩 갚으면 언제 상환이 끝날까?' 이 퀴즈의 답은 '평생 가도 끝나지 않는다'이다. 이처럼 프리터가 사채에 손을 대는 것은 거의 자살 행위이다. 그러나 한편으로 프리터이기 때문에 사채에 손을 대는 것이다.

나아가 파견 회사 중에서는 아예 사채와 손을 잡고 있는 곳도 있다. 파견으로 일하는 사람에게 돈을 대부하는데, 월 15일 이상 일하면 금리를 5퍼센트 할인해주는 캠페인도 있다. 그런 걸 "충실한 지원"이라고 자처하다니……. 프리터는 프리터라서 약점이 노출되고 있고, 지금 그들의 불안정한 생활 자체가 일종의 '시장'으로서 타깃이 되고 있는 것이다.

지금 고노 군은 시급 1,500엔의 파견 일을 하고 있다. 아침 9시부터 오후 5시 반까지 근무이고, 잔업을 하면 시급보다 25퍼센트 높은 수당이 붙는다. 바쁠 때는 거의 밤 12시까지 잔업을 한다. 일하고 있는 곳은 KDDI*의 지사. 이번 일은 구인지와 구인 사이트에서 찾았다. 파견 회사에 등록한 후 파견 회사 쪽 사람과 만나고 무슨 일이 가능한지 확인하는 순서를 밟았다. 엑셀, 워드, 블라인드터치** 가능 여부 등을 확인받고, 상대 회사에 면접하러 가서 그쪽이 좋다 하면 채용된다.

그가 한 일의 내용은 기업에 광회선을 까는 사무직이었다. 직장에 파견 사원은 6, 7명. 정규직 사원은 30명 정도. 그중에서 남자 파견 사원은 극히 소수였다. 파견직에 대한 부정적 시선은 직장에서도 지독했다.

"단카이 세대 아저씨가 있었는데 정규직 지상주의라고나 할까, '파견이든 위탁이든 일만 할 수 있으면 뭐든 장땡이지'라고 모두에게 들리도록 이야기하곤 했죠. 또 남자가 파견 일을 하거나 아르바이트인 게 맘에 안 드는지 제가 먼저 매일 아침 인사를 해도 한 번도 그에 응답하는 인사를 받은 적이 없어요(웃음). 그리고 저만 간식 같은 것도 없었어요(웃음). 처음에는 정규직 사원에게 가고 다음에는 파견직 여성들. 저에게만 오지 않았죠(웃음)."

고노 군은 이 일을 7개월 하고 그만두었다. 현장에서 정규직 사원과 같은 일을 했고, 무지각 무결근으로 일했다. 그러나 항상 열심히

---

* 일본의 통신 회사.
** 자판을 보지 않고 능숙하게 치는 것.

해도 파견이라는 입장에서 얻을 것은 시급 이외에는 없었다. 정규직 사원들이 그를 좋아할 리도 없었다.

그럼 고노 군은 정규직 사원이 되고 싶었을까?

"고용 형태는 어떻든 좋아요. 아르바이터도 정규직 사원도 잔업 같은 게 없으면 상관없었고, 그러니까 정규직 사원이라도 좋긴 했어요. 그런데 자기 희망사항을 말하거나 잔업에 대해 불평하는 정규직 사원은 거의 없었고, 역시 제일 싫은 조건은 시간이었죠."

알려져 있다시피 정규직 사원들 사이에서는 믿기 어려울 정도의 장시간 노동이 자연스레 받아들여지고 있었다. 그런 상황을 알아차린 많은 파견직 프리터에게는 이미 정규직 사원에 대한 소망조차 없는 것 아닐까?

그렇다면 고노 군은 이후에도 계속 프리터로 남을 생각인 걸까?

"음, 아마도요. 10년 후랄까 그런 막연한 미래의 일보다는 오늘 먹을 밥 쪽이 현실감이 있는 거죠. 결혼 같은 것도 하고 싶지 않고."

세상에는 소위 '꿈을 좇는 유형'이라는, 하고 싶은 것을 하기 위해 프리터를 선택하는 사람들이 있다. 그러나 고노 군에게는 특별히 하고 싶은 일도 없는 것 같았다.

"없어요. 꿈이라든지 하는 관점에서 보기 안 좋을지 모르겠지만. 하고 싶은 것이 있다는 게 싫어요. 무언가를 위해 열심히 하는 기분 같은 게 말이죠."

고노 군은 아무것도 믿지 않는 것 같았다. '꿈'이라든지 '희망'이라든지 '일을 통해서 자기실현'을 한다든지 하는 옛날 말은 그에게는 아무 감흥도 없는 것이다. 그런 그는 후생 연금도 물론 내지 않는다.

그러나 확정 신고는 매년 하고 있다. 국세청 홈페이지에 입력하고, 원천 징수된 세금 중 환급분을 꼬박꼬박 챙기는, 성실하다고 해야 할지 실리적이라고 해야 할지 그런 면은 가지고 있다.

그럼 '안정'은 원하지 않는 것일까?

"음, 별로요. 안정되고 돈이 많다는 거 말이죠? 전 무엇보다도 살아갈 정도의 돈만 있으면 될 것 같아요. 그러고는 도서관에 가서 책 읽으면서 살면 좋겠다는 생각이에요. 식생활 쪽이라면, 슈퍼에서 특매품이나 계란 같은 게 토요일엔 90엔 정도 한다든지 하는, 저가 제품 정보는 다 알고 있어요."

살아갈 정도의 돈만 있으면 좋다니. 하류층으로 묘사될 만한 고노 군에게 프리터 생활 중 가장 궁핍했던 체험을 들어보았다.

"휴지를 먹으려고 해본 적이 있어요(웃음). 텔레비전에서 돈 없는 사람이 휴지를 간장에 찍어 먹는 걸 보고 따라해 보았는데 제겐 무리더라고요(웃음). 나중에 정말 심각했을 때는 신주쿠 어느 전신주에서 '모델 모집 일당 2만 엔' 광고를 보고 전화도 했죠. 남자가 받았는데 가슴, 허리, 엉덩이 사이즈를 묻더니 내일 와달라고 하더라고요. 무서웠어요. 그래서 안 갔어요(웃음)."

가난이나 앞을 내다보지 못하는 불안함 때문에 정신적으로 내몰린 일은 딱히 없다고 한다. 그러나 그의 주위에는 도둑질을 하다가 붙잡힌 사람도 있다.

"컴퓨터를 훔친 사람이 있었어요. 돈이 없어서였다는데. 어느 사무실에 들어가 훔친 걸 갖고 중고상에 갔는데 시리얼 넘버 때문에 딱 걸려버렸죠. 경찰 조회로 체포되었어요."

너무 담담한 태도여서 흘려 넘기기 쉬운 얘기지만 역시 그것은 빈곤에 의한 범죄다. 그렇다면 혹시 그는 먹고살 수 없게 되면 부모님에게 돌아갈 생각도 하고 있을까?

"그럴 생각은 별로 없어요. 본가에 간다 해도 하고 싶은 일도 없고 할 일도 없고."

본가에는 일정치 않게 이따금 차 수리 일을 하는 아버지와 공무원인 어머니가 있다. 고노 군은 5년 넘게 부모님 집에 간 적이 없다.

고노 군이 다음 아르바이트로 하고 싶은 것은 '시급 1,300엔 이상에 잔업은 없고 복장이 자유로우며 희망하는 날에 쉴 수 있는 일'이다. 정부는 프리터 정책에 몇억 엔이나 쏟아붓고 있지만 당사자인 고노 군은 그것을 전혀 실감할 수 없다.

"잡^{job} 카페 같은 데에는 안 가봤고, 공공직업안정소는 옛날에 갔던 적이 있지만 아무래도 구인지 쪽이 좋아요. 아무리 대책을 떠들어대도 별 소용이 없더라고요. 프리터 일을 그만두고 싶은 사람은 그걸로 뭔가를 찾을 수 있겠지만 그런 건 별로……. 그냥 프리터로 만족해야죠."

그런 고노 군은 사회에 대해서는 별로 분노하지 않는다고 한다.

"어떻게 되든, 사회든 뭐든 남 탓을 하는 것은 별로 좋지 않다고 생각해요. 프리터 임금이 적다고 불평하려면 돈 많이 주는 곳에 들어가도록 자기가 뭐라도 하면 좋은데, 그런 것도 안 하면서 불평만 하는 건 소용없다고 생각해요."

나라를 걱정하는 프리터

고노 군의 이야기를 들으면서 몇 번이나 어쩔 수 없는 안타까움을 느꼈다.

"사회 탓은 하고 싶지 않다." 이것은 많은 프리터들에게서 들은 말이다. 이 말을 들을 때마다 나는 사태의 복잡함에 어느새 갑갑해진다. 아니, 그의 말은 어떤 의미에서는 맞는 말이다. 자기 책임론이 공공연하게 활개를 치는 와중에, 자기 상황에 대한 책임이 사회에도 있다고 하려면 대단한 용기가 필요하다.

나 역시 프리터였을 때, 이 상황은 완전히 내 책임이라고 생각했다. 사회가 어떻다라고 말하는 것은 자기의 무능함으로부터 '도피'하는 것이거나 '책임 전가'라고 생각했다. 그런데 그때나 지금이나 상황은 전혀 달라지지 않았다.

했던 얘기를 반복하지 않는 고노 군이었는데, 이 문제에 대해서는 "사회 탓 하고 싶지 않다"고 분명하게 말하는 것이 대단히 인상적이었다. 스스로가 '착취당하는 쪽'에 있다는 것을 인정하기 싫은 것이다. 그런 측면이 분명 있는데도 당사자는 자존심 때문에 그렇게 인식하길 거부하는 것이다. 프리터 문제의 가장 큰 어려움이 바로 여기에 있다.

그리고 고노 군이 사회에 분노하지 않는 이유는, 자기가 소리를 높인다고 해서 뭐가 달라질까 할 정도로, 사회에 대한 최소한의 신뢰조차 갖고 있지 않기 때문이었다.

또 한 가지 인상적이었던 구절이 있다. 그는 인터뷰 중 "우리보다

가난한 나라를 생각하면 이런 상황조차도 너무 고마운 것"이라고 했다. 그 말에서 나는 과거의 기억을 떠올렸다.

나 역시도 똑같은 생각을 한 적이 있기 때문이다. 가난하거나 불안정해도 아프리카 같은 곳의 굶어죽어가는 사람에 비하면 나는 정말 상황이 훨씬 낫다고 생각했다. 그렇게 생각하지 않으면 스스로의 상황을 긍정할 수 없으니까. 스스로에 대해 행복하다고 여기는 이유가 고작 '선진국인 일본에서 태어났다'는 정도밖에 없는 것이다. 그의 이야기를 들으며 왠지 많이 안타까웠다. 그런데 한편으로 막연한 그 감각은 '애국'에 완전히 갇혀버리곤 한다. 나 자신도 그것에 속박된 적 있던 사람 중 하나다. 지금으로부터 10여 년 전 프리터 생활을 할 무렵, 나는 2년 정도 우익 단체에 소속된 적이 있었으니까……. 그 일은 그 당시 내가 프리터였던 사실과 대단히 깊은 관련이 있다. 당시에 나와 같은 단체에 소속되어 있던 젊은이들도 거의가 프리터였다.

젊은이의 우경화 이야기는 꽤 오래되었다. 이런 우경화의 배경에는 고용 불안정 문제가 있다고 최근 지적된 바 있는데, 고노 군의 말이야말로 그것을 응축적으로 보여주는 것 같았다.

그리고 또 한 가지 문제가 있다. 프리터 같은 삶의 방식으로는 사회와의 접속감을 얻기 힘들다는 것이다. 이전에는 사회와의 접속감을 기업을 통해 상당 부분 얻을 수 있었지만, 지금은 그런 상황이 아니어서 많은 젊은이들이 방황하며 부유하고 있다. 사회에 조금이라도 참여하고 있다는 의식이 아주 희박한 나날들이 이어진다. 어디와도 연결되어 있다는 인식 없이 그저 표류하고 있는 것에 불안을 느끼기 때문에, 그들은 아주 손쉽게 국가라는 공동체와 접속하게 된다. 나 역시 그랬다. 야스쿠니 신사도 그런 감정을 강화하는 데 기여한다. 최근 야스쿠니에 다니는 젊은이를 만난 일이 있다. "특공대에 있었거나 전사한 사람에 비하면, 평화로운 시대에 태어난 나의 고민 따위는 소소한 것이라고 생각한다." 그는 고작 혹독한 취업 전선 한가운데에 있을 뿐이었다. 그에게는 전사자들이야말로 "내 상황은 그래도 낫다"고 위안하게 해주는 존재였다. 거기에 엄연히 존재하는 치유감. 나 역시 한때 그런 치유감에 신세를 져서 잘 안다. 그러고 보니 고노 군도 한때 고바야시 요시노리*에게 빠진 적이 있다.

더 직접적인 동기로 애국적인 마인드를 갖게 된 사람도 있다. 예를 들어, 전에 만난 어떤 자칭 애국자는 고향의 공장에서 일하고 있었는데, 그 공장이 중국으로 이전하면서 반중 의식이 생겼다고 한다. 중국인에게 일을 빼앗겼다는 생각이 이내 애국 의식으로 이어진 것이다. 약자가 자기보다 더 약자인 사람들을 증오하게 만드는 구조의 사회. 이런 곳에서는 아무도 구출되지 못할 것이다.

취재하고 나서 몇 달 후 고노 군에게 근황을 물어보았다. 그는 KDDI 지사를 그만둔 후 여러 개의 아르바이트를 했지만 오래 한 것은 없었고 현재도 구직 중이라고 했다.

그럼 그는 언제부터 지금의 불안정한 상황에 처하게 된 것일까? 그 토스템 공장에서 손가락 하나가 잘리더라도 계속 일했다면 '안정된' 삶을 누릴 수 있었을까? 그는 그렇게 살기 위해 공장에서 일하고 싶지는 않다고 말했었다. 혹 이런 이들에게 끈기가 부족하다고 비난하는 사람이 있다면 오늘부터 공장에서 일해보길 권유한다. 처음부터 이런 척박한 환경의 공장에서 일하고 싶어서 일하는 사람이 일본에 몇 명이나 있을까?

일전에 어느 토론 프로그램에서 나는 가타야마 사쓰키片山さつき●● 씨와 이야기할 기회가 있었다. 내가 젊은이의 상황을 이야기하자 그녀는 "니트족이나 프리터를 공장에서 일하게 해도 그들은 힘들면 곧 그만둬버린다"고 어이없어 하며 말했다. 이어서 이런 말도 했다. "그런데 그 밑에는 훨씬 열악한 환경에서 일하는 외국인 노동자가 있어요. 그들은 불평도 하지 않고 일하고 있는데 말이죠." 그 말에 나는 아연실색했다. 적어도 그녀 같은 입장에 있는 사람이 그런 발언을 하면 안 되는 것이었다. 니트족 같은 이들을 가장 밑바닥에서 일하게 하기 위해서 외국인 노동자를 구실로 들먹이는 것이니까. 외국인 노동자는 그런 사고를 합리화하라고 있는 것도 아니다. 그런 가타야마 사쓰키 씨를 비롯하여 "재도전" 따위의 말을 하는 사람들은 공장에서 일한 적이 한 번도 없을 것이다. 가령 아베●●● 같은 사람은 태어나면서부터 일본에서 제일가는 특권 계급 아닌가?

그런 정부의 무책임에는 생각이 미치지 못한 채 고노 군은 오늘도 탈진해가고 있다.

●『전쟁론』, 『고마니즘(거만주의) 선언』으로 유명한 일본의 대표적인 우익 만화가.
●● 미스 도쿄대 출신으로 최초의 여성 재무성 과장이 되어 화제가 된 적이 있다.
●●● 일본 총리 아베 신조는 친가와 외가 모두 유력 정치인 집안이고, 일본의 정통 엘리트 코스를 밟았다.

그런데 그에게는 무력감뿐만 아니라 그 속에서 이미 많은 것을 무의식적으로 포기해가는 모습이 엿보인다. 또 다른 28세의 프리터에게서 이런 이야기를 들은 적이 있다. 일을 찾으러 공공직업안정소에 갔는데, "28세가 되도록 프리터인 사람에게 소개할 일은 없다"는 이유로 퇴짜를 맞았다는 것이다. 공공직업안정소에서도 거절당한 그가 순진하게 '정규직 사원이 되고 싶다'는 말을 입 밖에 낼 수 있을까? 여기에서 그들을 좌지우지하는 배후가 무엇인지 그 규모가 얼마나 되는지 가늠이 된다. 계속 프리터로 지내는 오늘의 한순간 한순간이 미래에는 그저 마이너스밖에 되지 않는다는 역설. 그래서 그들은 결코 상승 지향 욕구를 드러내지 않고, '정규직 사원이 되고 싶다'는 말 같은 것은 절대로 입 밖에 내지 않을 것이다. 이미 일종의 희망을 박탈당하고 있는 고노 군은 그래서 "희망이 있는 느낌을 혐오"하는지도 모른다.

　　그러나 그런 그는 항상 멋진 구제 옷으로 치장하고 싸구려 재료로 요리도 하면서, 삶을 즐기며 살고 있다. 같은 세대 정규직 사원이 자기 시간은 고사하고 간신히 살아갈 만큼만 자면서 일에 쫓기는 것에 비하면 무척 행복할 것이다. 미래의 사소한 안정을 위해 현재를 극한까지 희생시키거나, 그렇지 않으면 지금 조금이라도 인간답게 살기 위해 미래의 비전을 포기해야 하는 그런 양자택일밖에 없는 현실은 너무도 슬프지만.

　　별로 사치스럽지 않은 생활을 하고 있는 고노 군이지만 그의 등에는 100만 엔을 들여 새긴 문신이 있다.

처자가 있지만 꿈은 영화입니다

미하라 군(가명), 29세

아주 재미없는 말로 분류하자면 미하라三浦 군은 소위 '꿈을 좇는 유형'의 프리터이면서 '처자가 있는' 프리터이기도 하다. 2년쯤 전에, 사귀던 여자 친구와의 사이에서 아이가 생겨서 결혼했다. 지금 한 아이의 아빠다.

미하라 군의 꿈은 영화 쪽이다. 이미 감독한 단편 작품이 몇 편이나 있고 도쿄의 작은 극장에서 개봉한 적도 있다. 또한 조감독으로 여러 촬영 현장에서 활약 중이다. 그러나 일본 영화계의 상황에서는 역시 먹고살기 어렵다. 그래서 그는 아르바이트를 하고 있다.

그런 미하라 군은 대단히 터프한 청년이다. 항상 구제 옷을 멋지게 입고 니트 모자를 쓰고 있는 모습은 별로 '애기 아빠'같이 보이지 않는다.

미하라 군은 1977년, 가나가와 현에서 태어났다. 그 지역 공립 중학교를 졸업한 후 도쿄도립고등학교에 입학했다. 고교 졸업 후에는 반년 정도 재수 생활을 했고 그 후 프리터가 되었다.

"스노보드를 타면서 그곳에서 입주 아르바이트 생활을 했습니다. 야마가타山形의 자오藏王스키장에서요. 거기에서 아침 식사 준비를 하거나 욕실 청소, 방 청소 등을 했고요, 낮 동안에는 스노보드를 탔습니다. 식사와 방이 제공되었고 시급은 7백 엔 정도. 8인실이었고요. 스노보드 타고 싶어 하는 사람들만 하는 아르바이트 같았습니다. 사람들은 그걸로 돈을 모아서 태국이나 인도, 네팔 같은 곳에 가곤 했죠."

그는 2년 정도 그런 생활을 계속하다가 20세 때 영화 관련 전문학교에 입학했다. 2년제 전문학교를 졸업한 후, 단기로 청소 아르바이트를 했다. 그 후 지금까지 하고 있는 아르바이트를 시작했다. 사무실 이사 관련 일인데, 사무실 가구를 해체, 조립하는 일이다. 일하는 현장은 이삿짐센터와 가깝지만 매일 다른 장소다. 그는 이 아르바이트를 시작한 지 6년 되었다. 오전 9시부터 오후 5시까지 일하고 일당은 1만 2천 엔. 장점은, 일이 일찍 끝나도 일당은 똑같다는 점이다. 회사는 개인이 경영했고 사장은 예전 아르바이트 동료였다. 가까운 관계이기 때문에 자유롭기도 하다. 보통은 일주일에 4, 5일 출근하고 바쁠 때는 매일 나가지만, 일이 한가한 시기에는 일주일에 2, 3일만 나가기도 한다.

"그런 때는 수입이 적지만 저도 개인적으로 하고 싶은 일이 있으니까 뭐 괜찮아요."

지금 아르바이트의 회사 보험 등에 관해서는 잘 모른다고 한다. 후생 연금은 내지 않는다.

그러다가 2003년, 미하라 군은 동거하고 있던 여자 친구와 결혼했다. 처자를 거느린 프리터 생활이 시작된 것이다. 다행인지 불행인지 부친이 수년 전에 자기 파산˚을 했다. 그 과정에서 집 명의는 아들인 미하라 군으로 바뀌었고 그래서 지금 4LDK˚˚ 집에서 살고 있다. 부모님은 가까운 임대 맨션으로 이사했다. 여러 사정이 있지만 저당 잡힌 집을 산 할아버지에게 월 7만 엔씩 드린다.

매달 지불할 돈이 있다고는 해도, 20대 나이에 도쿄 근처에 집을 갖는 것은 특권 계급에게나 가능한 일이다. 또한 미하라 군은 운 좋게 보육원비가 아주 싼 곳에 아이를 보낸다. 처음에는 월 7천 엔, 지금은 좀 올라서 2만 엔을 낸다. 수입에 따라 보육원비가 달라지지만, 앞에서 말했듯 아이를 데리고 있는 청부 사원에게 청부 회사 직영의 탁아소 요금은 천양지차다. 보육원비가 비싸진 것은 부인이 일을 시작해서 수입이 증가했기 때문이다. 그녀는 지금 의료 사무 일을 하고 있다. 오전 9시~오후 5시의 아르바이트지만 월 20만 엔 정도. "저보다 잘 벌죠."

할아버지에게 드리는 집세가 7만 엔인데, 부인이 20만 엔을 벌고 미하라 군의 수입도 그 정도라면 살아가는 게 어렵지는 않다. 그러나 아이를 가진 프리터가 미하라 군만큼 좋은 경제적 여건과 주거 환경을 갖춘 경우를 나는 본 적이 없다.

그런 미하라 군에게 결혼이나 아이가 생긴 것 때문에 '꿈을 좇는' 프리터 생활에 변화가 생긴 것은 아닌지 들어보았다.

"그래도 이게 하고 싶은 건지 아닌지 하는 질문이나 각오 같은 것은 생겼습니다. 아이가 태어나지 않았으면, 하고 싶은 게 진짜 하고 싶은 건지에 대해 묻지 않고 계속 갔을지도 모르죠. 아무튼, 그래도 하고 싶은 건 해야겠다고 생각했어요."

미하라 군은 취직할 생각이 전혀 없다. '꿈을 좇고 싶기 때문'이다.

• 채권자가 신청하는 파산 절차와 달리 채무자가 스스로 신청하는 파산.

•• 방 4개에 거실Living room, 식당Dining room, 부엌Kitchen이 붙어 있는, 일본의 중산층 이상이 선호하는 집 형태.

그러나 그는 지금 많은 젊은이가 각오도 없이 '하고 싶은 것을 위해' 안이하게 프리터를 선택하는 것에는 위화감을 가지고 있다.

"뭐랄까, 다들 꿈을 좇으면서 프리터 생활을 하고 있는 것 같아요. 꿈을 좇으면서 지금의 프리터 생활이 자기의 모든 것은 아니라고 여기는 거죠. 당연히 제 자신도 아르바이트를 평생 할 거라고 생각하지 않고요. 아마도 '난 달라'라는 생각을 누구나 할 거예요. 그런데 지금은 오히려 생존 경쟁이 없는 것 같습니다. 누구라도 꿈을 좇는 사람이 될 수 있고 위험 부담이 없죠. 정신력으로 혹독한 상황을 돌파해 가거나, 그런 혹독함을 빠져나오고자 하는 강한 씨앗 같은 건 더 이상 싹트지 않는 것 같아요. 실제로 해보니 돈이 안 된다고 빠지는 사람도 많고, 뭐 그래도 남는 사람이 있지만, 옛날에는 직업 없이도 하고 싶은 일을 한다는 것에는 훨씬 엄격했고 그 나름의 결의가 필요했죠. 그런데 지금은 아르바이트라는 게 있으니까 누구나 꿈을 좇을 수 있어요. 저도 전형적으로 그런 사람 중 하나지만요."

미하라 군은 '프리터'라는 처지에 대해 고마움 같은 걸 느끼고 있다.

"감사하달까, 이해관계가 일치하는 것 같아요. '너네는 속아서 이용되고 있다'라든지 '회사 좋은 일만 시킨다'는 얘기를 자주 듣게 되는데요, 그것도 일리 있는 얘기일지 모르지만, 이용 방법은 우리 쪽의 문제지, 기업 측에만 책임을 묻는 건 좀 아닌 것 같습니다. 영화 찍고 있을 때에도 최소한의 돈은 필요해요. 그래서 아르바이트라는 돈벌이가 있었던 것은 그나마 다행이었어요. 목소리 높이는 것도 중요하지만, 자기 나름대로 하고 싶은 것을 향유하는 부분도 인정하면서 목소리를 내야 한다고 생각합니다. 저는 일단 그런 이해관계가 일치하고 있는 것 같아요. 완전히는 아니지만."

미하라 군에게 이후 영화로 먹고살 계획인지 들어보았다.

"음. 솔직히, 영화로 먹고살 생각은 없어요. 나중에 영화로 뭔가 하고 싶은 생각이 막연하게는 있지만, 감독을 직업으로 하는 게 제겐 좀 무리라고 생각하거든요."

그럼 미하라 군은 10년 후에 무엇을 하고 있을까요? 그는 난처한 얼굴로 크게 소리 내어 웃는다. 10년 후 미하라 군은 39세다.

"음. 꿈은, 아내와, 하하하, 술집을 차려서……. 이거 왠지 꿈을 좇는 사람의 막장 같은 발언이네요(웃음). 그래서 프리터에게 큰 문제는 앞으로 '어떻게든 될 거다'라고 여기는 이런 느낌인지도 몰라요……. 근거도 없이 어떻게든 될 것이다. 그런데 언젠가 반드시 걸러지고, 지금보다 훨씬 안 좋아질 수도 있겠죠. 그런 건 생각 않고 다들 어떻게든 될 거라고만 생각하고 있어요……. 이런 게 꿈만 꾸게 하고 노동력만 착취하는 구조인지도 모르겠네요."

미하라 군은 쓴웃음을 지으며 말했다. "꿈만 꾸게 하고 노동력만 착취하는" 것, 그게 프리터 문제의 핵심이다. 그에게 미래가 불안하게 느껴진 적은 없는지 물어보니 즉시 답이 돌아왔다.

"거의 없습니다(웃음). 음. 있긴 하지만, 결국에는 어떻게든 될 거라고 생각해버리는 거죠. 지금 완전히 사회에 조종당하고 있는 줄도 모르고 이런 이야기를 한다고 여기실지도 모르겠지만, 아무튼 저는 지금까지는 진히 불안하지 않았어요. 솔직히."

어떻게든 되는 사람도 있다면 당연히 아무리 해도 안 되는 사람도 있다. 문제는 생각보다 많은 이들이 어떻게든 될 거라는 환상을 갖고 있다는 것이다.

"누군가가 어떻게 해줄 거라 여기지는 않지만, 별로 힘들지 않을 거 같아요. 사람은 뭔가 혜택을 받으면 그게 자기 능력이라고 믿는 경향이 있지 않나요? 그런데 그게 정말로 자기의 능력인지, 아니면 혼자서만 능력이라고 믿고 있는 건지⋯⋯. 모든 사람이 자기는 어떻게든 될 거라고 생각하고 있다면, 거기엔 분명 어딘가 모순이 있을 거예요. 제가 그 모순에 빠진 걸지도 모르지만. 그런데 그건 그거대로 어쩔 수 없고요."

미하라 군과 이야기하면서 내가 말하는 "어떻게든 된다"와 미하라 군이 말하는 "어떻게든 된다"는 의미가 다르다는 것을 깨달았다. 미하라 군이 말하는 "어떻게든 된다"는 스스로의 꿈을 어떤 식으로건 이룬다는 말이다. 그러나 나의 말은 프리터가 적어도 장래에 홈리스로는 전락하지 않을 것이라는 의미다. 그가 '자아실현을 추구하는 사람'인 한, 그에게 생존 경쟁은 무조건 긍정되어야만 하는 것이다.

"영화에 관해서는 당연히 그렇습니다. 저도 탈락할지 모르죠. 전혀 능력이 없는데도 혼자 괜한 꿈을 꾸고 있는 것인지도 모릅니다. 그런데 사회라든지 그런 건 잘 모르겠지만, 아무튼 적어도 탈락하더라도 불평은 하고 싶지 않아요. 프리터 문제는 사회 탓이라 하더라도, 제 꿈이라든지 하고 싶은 일을 한다든지 하는 건 별개의 이야기라고 생각하거든요."

그러나 앞에서 말했듯, 내 주위에는 꿈이 거의 박살 나면서 자살로 치달은 사람이 몇 명 있다.

"저는 확실히 당사자이기 때문에 그 후의 일에 대해서는 별로 상상하지 않습니다. 그렇지만 정말 그래요. 꿈을 향한 열정을 불태우고는 있지만 이게 그 꿈으로 나아가는 출구는 아니에요. 저는 이제 그걸 생각해야 할 시기에 와 있는 걸 텐데…….”

미하라 군은 심각한 얼굴로 생각에 잠겨버렸다. 이 인터뷰는 그를 불안하게 만든 것 같았다. 그래서 좀 다른 이야기를 하기로 했다. 본래 꿈을 좇는 생활을 한다고 해도, 그리고 프리터밖에 방법이 없다고 해도, 어찌 되었건 그는 정규직 사원과는 달리 불평등한 대우를 받고 있다. 그는 지금 스스로가 정규직 사원과 큰 격차가 나는 것이 문제라고는 생각하지 않는 것일까? 미하라 군은 조금 생각하더니 이렇게 말했다.

“꿈을 좇는 사람들에게는 프리터가 일시적이라는 의식이 있고 저한테도 그게 있어요. 그렇지만 그걸 떠나 프리터로 생활할 수밖에 없는 사람도 있어요. 그런데 기업 측에서 그런 상황을 두고, 꿈이나 좇고 있는 프리터는 보호하지 않아도 된다고 말하는 것은 문제입니다. ‘어떻게든 될 것’이라는 우리의 생각이 기업 측에 이용할 구실을 만들어주고 있는 건지도 모르겠어요.”

꿈을 가진 프리터와 그렇지 않은 프리터를 명확히 나누는 미하라 군인데, 아르바이트를 하면서 하고 싶은 것을 하려는 욕심은 그냥 프리터인 사람에 비해 확실히 크다. 현재 그는 일주일에 5일 정도 풀타임으로 일한다. 그 와중에도 영화를 구상하고 각본을 쓰고 사람을 모아서 촬영에 들어간다. 영화를 찍는 데는 고가의 기자재가 필요하다. 촬영을 시작하면 움직이는 것만으로도 돈이 든다. 촬영 현장에서 한잠도 못 자고 바로 아르바이트하러 간 적도 많다. 체력적으로나 정신적으로나 경제적으로나 팍팍한 나날이다. 상당한 의지가 없다면 계속할 수 없다.

"제 시간 같은 건 어떻게 되든 괜찮은데, 그렇지만 따져보면 결국 저만의 일을 생각할 시간은 없어요. 결국 좌절해서 정규직 사원이 되겠다는 생각을 아예 버리는 패턴에 빠질지도 모르겠지만……."

또 미하라 군을 불안하게 만든 것 같아 화제를 돌려보았다. 미하라 군에게는 아이가 있는데, 부모의 연봉이 아이의 일생을 결정한다고 여겨지는 이 사회에서 아이의 장래에 관한 불안은 없는 것일까? 더욱더 불안을 불러일으키는 이야기겠지만…….

그러나 미하라 군은 분명하게 말했다.

"꿈을 좇는 사람은 제멋대로 사는 건지도 모르겠지만 그렇기 때문에 자의식이 굉장히 강하고요, 그리고 저는 무엇보다도 상황을 꿋꿋하게 이겨낼 힘을 아이에게 어떻게 길러줄지 생각하고 있습니다."

많은 부모들은 자식을 이 사회에서 어떻게든 선두 그룹에 들어가게 하기 위해 어릴 때부터 학원에 보내고 있다. 그러나 미하라 군이 목표로 하는 것은 물론 그런 것은 아니다.

"좋은 학력이 세상을 잘 헤쳐갈 진짜 힘인가에 대해서는 점점 자신이 없어지긴 하지만, 그래도 그런 건 아닌 것 같습니다. 역시 저는 영화나 음악 쪽에 힘이 있다고 생각해요. 자기가 뭔가 바꾸고 싶을 때, 일개인에게서 나온 영화나 음악 쪽이 유효하다고 생각해요. 그래서 저는 영화 쪽에 여전히 희망을 두고 있고, 아이에게도 그런 식으로 말하고 싶어요. 이후 사회가 어떻게 될지에 대해서는 별로 불안하지 않아요. 하지만 징병 제도는 싫어요. 그래서 헌법 9조 개정 등에 관해서는 반대하고 싶지만, 그 외의 것에 대해서는 별로 발언할 생각은 없습니다."

그 느낌에 대해서는 나도 왠지 알 것 같았다. 너무도 가까운 문제 인데도 프리터 문제는 헌법 9조* 개정 문제보다 멀다. 특히 미하라 군에게 프리터라는 입장은 큰 문제가 되지 않는다. 자기 스스로가 '진짜' 프리터가 아니라고 여기기 때문에 그 입장에 서서 무언가를 말한다는 데 대해 위화감이 있다. 그리고 무엇보다도 훗날 잘 안 되 었을 때에는 자기 책임으로 돌릴 각오로 지금의 생활을 선택하고 있 는 것이다. 이 각오는 그의 큰 원동력이기도 하다.

미하라 군은 마지막으로 힘주어 말했다.

"자아실현 쪽을 택한 사람에게 위험 부담은 분명 있어요. 그래서 저도 그렇지만, 잘렸을 때에는 100퍼센트는 아니더라도 어느 정도 상황을 감안해서 받아들여야 할 거라고 생각해요."

물론 이해할 수 있다. 자아실현을 꿈꾸는 사람은 당연하겠지만 받 아들일 것이다. 하지만 그런 생활에 지쳐서 도중에 꿈을 포기한 사람 에게는 '벌 받는' 것 같은 지금 상황이 너무 힘겨울 것이다.

나의 그런 말에 미하라 군은 담담히 말했다.

"그러네요. 그런데 고등학교, 대학교를 나오자마자 성실하게 일해 온 사람과 저 같은 사람은 다를 수밖에 없잖아요. 그래서 어떤 의미 에서는 홈리스가 된다 해도 어쩔 수 없을 것 같습니다."

---

* 소위 평화 헌법이라고도 한다. 2차 세계대전 후 미국 주도로 만들어졌고, 일본은 전쟁을 영구히 포기하고 국가 교전권을 인정하지 않으며 어떤 전력도 보유하지 않는다는 것이 주요 내용이다.

프리터와 '꿈'

미하라 군과의 이야기를 생각해보니, 1분에 한 번은 "하고 싶은 것"이라는 말이 나온 것 같다.

하고 싶은 것. 그것은 사람에 따라 영화거나 음악이거나 연극이거나 모두 다를 것이다. 그리고 그들은 20대 시절을 하고 싶은 것을 하면서 보낸다. 같은 세대 사람들이 대학을 나와서 취직하고 직업을 생각하는 시기에(지금은 취직할 수 있는 사람이 많이 줄었지만) 나 자신도 '꿈을 좇는 프리터'였다. 그리고 당시에는, 왠지 학교를 나와서 바로 정규직 사원이라는 규격화된 길을 택한 사람들보다 나 자신이 더 낫다는 기분도 들었다. 프리터 일을 하면서 '하고 싶은 것'을 하고 있는, 아주 바쁘면서 가난한 나 자신에게 도취해 있었던 것도 같다.

그러나 시간이 흐를수록 현실이 육박해오기 시작했다. 모든 꿈이 꼭 이루어지는 것은 아니라는 것을 알아차린 데다가, 아르바이트와 하고 싶은 일을 동시에 하는, 스스로에게 취해 있었다고 할 수 있는 그런 생활에 점차 피로해졌다. 종종 맹렬한 불안감이 닥쳤고, 이 길의 끝은 홈리스가 아닐까 하는 생각에 진심으로 공포스러워지기도 했다.

그러나 '하고 싶은 일을 하는 것'이 왜 홈리스까지 각오하지 않으면 안 된단 말인가? 애초에 그것부터가 이상한 것이다. 하고 싶은 일과 미래의 인생이 교환된다는 것은 너무 잔혹하지 않은가?

미하라 군은 "고등학교, 대학교를 나오자마자 성실하게 일해온 사람과 다를 수밖에 없"다고 하는데, 확실히 성실하게 일해온 사람들은 대단하다. 그러나 아르바이트를 하면서 꿈을 좇아온 사람들도 그와 마찬가지로 대단하지 않은가? 다른 사람의 2배는 일하고 있는데. 그렇게 열등감을 느낄 필요는 없지 않을까?

최근 한 독일인과 이야기를 나눈 적이 있다. 그는 일본의 젊은이들에게 '꿈을 좇는' 것이나 '자기 찾기' 및 '시행착오' 자체가 허락되지 않는 분위기를 안타까워했다. 조금 다른 이야기지만 독일에서는 정치 활동이나 봉사 활동 등 소위 이력이 되지 않는 것도 취직 때 높이 평가받는다고 한다. 그러나 일본에서는 그런 것은 거의 평가받지 못할 것이다. 대학 시절에 봉사 활동을 한 것은 나름 평가받을지 모르겠지만, 졸업 후에도 그런 활동을 주로 하면서 일하지 않고 있다면 바로 '니트족' 취급을 받는다. 학교 졸업 이후의 이력에 공백이 많으면 많을수록 '어딘지 수상한 녀석'이라는 인상을 준다. 그 시간 동안 그들이 무엇을 생각하고 무엇을 하고 있었는지는 전혀 염두에 두지 않는다.

또한, 반대로 프리터가 됨으로써 '꿈을 꾼다'는 식의 패턴도 있다. 나도 그런 느낌이었다. 〈아무래도 프리터밖에는 일이 없는 것 같다 → 그럼 뭔가 찾지 않으면 이대로 계속 아르바이트 생활만 하게 된다 → 뭔가 하고 싶은 것을 찾지 않으면 안 된다.〉 나는 이런 식으로 프리터가 되었고, 무작정 하고 싶은 일을 찾기 시작했다. 꿈을 꾸지 않으면 나 자신을 움직일 수 없었던 현실에도 한 이유가 있었던 것이다. 즉 누구나 할 수 있는 단조로운 일을 언제까지나 계속할 생각은 없다고 하는 동기 부여가 없으면 대단히 힘들다. 꿈이라도 꾸지 않으면 안 될 만큼 현실이 힘들기 때문에 사람은 꿈을 꾸려는 것이다. 그런 식으로, 지금의 일은 잠시 잠깐이라고 생각함으로써 정신적인 위안을 얻을 수 있다.

'꿈'과 '프리터'.

이 둘은 위태롭게 삐걱거리며 공존하고 있다.

3장

도시를 채우는 프리터들

만화방 점원의 증언

청년 홈리스 조력자와의 대화

집세 체납, 1년의 홈리스 생활, 자기 파산을 거쳐 생활 보호로

만화방 점원의 증언

도시가 요세바寄せ場●화하고 있다는 이야기를 들은 것은 2006년 봄 무렵이었다.

현재 도시의 만화방은 일종의 요세바다.

"도시에는 만화방에서 사는 집 없는 프리터들이 존재한다." "홈리스 바로 직전 상태의 그들은 만화방을 전전하며 휴대전화로 당장 내일 일할 현장을 알아보고 일용직 아르바이트를 하곤 한다."

2006년 4월에는 기후 현에서 그런 실태를 상징적으로 보여주는 사건이 일어났다. 만화방에서 한 달째 지내고 있던 37세의 남성이 무선취식 혐의로 체포된 것이다. 점원은 그에게 한 달치 개인실 사

● 일용직 노동자들이 모이는 곳.

용료, 음식비 등 약 15만 엔을 청구했지만 그 남자가 갖고 있던 돈은 단 20엔이었다. 돈도 없고 살 곳도 없는 그 남자가 거리로 나앉기까지 시간을 유예해준 유일한 장소가 만화방이었던 것이다. 또한 2007년 1월에도 단돈 15엔밖에 없던 20세 남성이 추위를 피해 만화방에 머물다가 돈을 내지 않아 체포되었다. 그가 만화방에 3일간 머물면서 먹은 것은 점심 한 끼와 감자칩뿐이었다.

그럼 만화방에서 사는 사람들은 얼마나 될까? 여기에 대해서는 정말로 알려져 있는 것이 없다. 그들에 대한 수치는 전혀 찾아볼 수 없다. 그들 중에는 일주일에 며칠은 친구집, 또 며칠은 만화방, 또 며칠은 거리에서 지내는, 소위 '주말 홈리스'들도 많을 것이기 때문이다.

지금 만화방에서는 무슨 일이 일어나고 있는지 점원에게 이야기를 들어보았다.

이야기를 들려준 점원의 가게는 많은 사람들이 오가는 신주쿠에 있다. 그가 일하는 가게는 신주쿠 내에서도 요금이 저렴하고 신분을 증명할 필요가 없어서 각종 사정을 가진 사람들이 모인다. 요금은 나이트팩(오후 7시부터 밤 1시 사이에 입장한 사람에 한함) 12시간에 1,680엔. 주말에는 1,880엔. 1조 정도씩 칸막이로 나뉜 각 방에는 소파와 테이블이 있다. 샤워 시설은 없고 세면대는 화장실에만 있다. 마실 것은 무제한 공짜다. 콜라, 진저에일, 멜론 소다, 칼피스, 뜨거운 커피, 옥수수 수프 등이 무료다. 식사는 필라프 300엔, 파스타 300엔, 카레라이스 280엔, 그 밖에 츄하이 150엔, 생맥주 200엔 등이다.

만화방에서 살고 있는 사람이 있다는 이야기를 들었는데 진짜인가요?

그럼요. 제가 일하기 시작할 즈음부터 벌써 4, 5년째 살고 있는 사람도 있어요. 27, 28세 정도의 남자인데 만화방에서 일하러 나가요. 아마도 노가다 일을 하는 것 같은데 밤에 귀가하듯 돌아오더라고요. 진짜 "다녀오셨어요" 하고 싶은 기분이 들죠. 매일 아침 7시 반경 나가서 빠르면 밤 9시경, 늦어도 11시경에는 돌아오니까요. 우리 가게는 샤워 시설 같은 설비가 없기 때문에 아마 가부키쵸歌舞伎町*의 사우나에 갈 겁니다. 밥도 바깥에서 먹고. 그 사람은 언제나 개인실에서 잡니다. 이불은 없고 지저분한 모포가 선반에 놓여 있는데, 그걸 방으로 가지고 가서 자더라고요. 옷 같은 건 깔끔한 편이고, 진짜 그냥 동네 형 같아요. 세탁도 깔끔하게 하는 것 같고 짐도 늘지 않더라고요. 근 4, 5년간 계속 배낭 하나예요. 바지나 양말은 100엔 샵에서 사니까 쉽게 헤질 텐데, 그래도 그 편이 세탁하는 것보다는 싸게 먹히니까 뭐 괜찮죠.

집 없이 사는 다른 사람도 있나요?

많이 있죠. 남성 접대부 일을 하면서 살고 있는 젊은이도 있습니다. 사정이 있어서 기숙사에도 안 들어가는 거겠죠. 또 신주쿠에서 오랫동안 여장 남자로 살고 있는 사람도 있습니다. 연배 있는 분노 많이

---

* 신주쿠 내의 유흥가.

있어요. 길가에서 100엔짜리 잡지를 파는 아저씨도 있고.

　한번은 만화방에 일주일간 머문 40대 아주머니가 있었는데요. 기본 12시간마다 한 번씩 정산을 해야 하는데 그냥 놔뒀습니다. 그랬더니 2일, 3일이 지나도 정산을 안 하는 거예요. 자기 방에서 나오지 않더라고요. 그래서 말을 걸었더니 남편이 돈을 갖고 오지 않는다고 하는 겁니다. 그런데 4일, 5일이 지나도 남편이 오지 않더라고요. 그렇게 일주일이 지났는데 아주머니는 그동안 공짜로 제공되는 주스 말고는 아무것도 먹지 않았어요. 너무 상황이 안 좋아 보여서 돈 내라는 말은 하지 못했고요, 아주머니가 굶어 죽을 것 같아서 경찰에 보호 요청을 한 적이 있어요. 그런 식으로 돈 한 푼도 없이 오는 사람이 많이 있죠. 또 태도가 돌변하는 사람도 있습니다. 계산할 때 '돈 없다'고 나오는 거죠. 3일에 한 번 정도는 돈을 안 내는 사람들이 있습니다. 가끔씩만 날품팔이 일을 하는 사람들이죠.

만화방에서 사는 건, 집을 빌리는 것보다 싸서겠죠?

\\\\\\\\\\\\\\\\\\\\\\\\

제가 한번 계산해봤는데 좀 더 싼 아파트도 있긴 하더라고요. 예를 들면 매일 만화방에 묵는다면 대략 월 5만 엔 정도가 들어요. 하지만 보증금, 사례금을 낼 수 없는 사람이 많으니까 그냥 만화방에서 사는 거겠죠. 그런데 낮 동안에도 짐을 만화방에 맡겨두게 되면 얘기는 달라집니다. 하루 종일 맡겨두고 있으니까 하루에 4천 엔 정도가 나와요. 그러면 월 12만 엔이 되니까 차라리 집을 빌리는 편이 낫죠. 짐을 어떻게 줄일 것인가가 그들에겐 관건이에요.

홈리스로 전락하는 사람은 없나요?

\\\\\\\\\\\\\\\\\\\\\\\\\\\

전락한다기보다도, 생각해보면 그들은 처음부터 만화방에서 살려고 작정하고 오는 사람들이니까 이미 홈리스인지도 모릅니다. 조금 나이 많은 분이 상경한 얘기를 들어봤는데요. 부모도 없으니 돌아갈 곳도 없고, 그렇다고 도쿄에서 집을 빌릴 수도 없고, 그런데 또 시골에는 일도 없다더군요. 그 아저씨는 만화방에서 살면서 일용직 노가다 일을 하던 분이었어요. 그리고 아침마다 일할 사람을 태워가는 트럭이 오는 장소가 있는데요. 거기에 가도 일자리를 구하지 못해서 되돌아오는 사람도 많아요. 그런 사람들은 항상 100엔 샵의 컵라면으로 식사를 하죠. 우리 가게는 음식은 반입해도 되니까요. 뜨거운 물은 정수기에서 무료로 나오고요. 그렇지만 매일 그것만 먹으니 영양 측면은 걱정이 되죠. 한번은 정말로 위험한 손님이 있었어요. 그 무렵에 자주 왔던 30대 남자였는데, 그날따라 좀 이상해 보이더라고요. 그러더니 자기 방에서 거품을 물고 쓰러져버렸어요. 그래서 바로 구급차를 불렀죠. 구급대원이 보고는 "아, 이런, 안 되겠군"이라고 한 걸로 봐서는 죽은 것 아닐까 생각돼요. 일용직 일을 하는 사람 같았는데…… . 정말로 그런 사람이 많아요.

점원의 이야기에서 일 수 있듯, 상황은 생각보다 심각하다. 만화방에서 살고 있는 사람들에 대한 구제책이 시급하다. 지금은 만화방에서 살고 있지만, 행여 감기에라도 걸려 일주일만 일을 쉬면 그들은 바로 노숙자로 전락하게 된다.

그러나 지금, 그들은 완전히 방치된 채 문제시되지도 않는다. 그들의 실태도 암흑 속에 있는 셈이다.

그런 가운데, 그들같이 집이 없고 정해진 직업이 없는 프리터를 대상으로 하는 비즈니스가 '소셜 벤처'로 육성되고 있다. 그 대표가 '레스트박스Rest Box'를 운영하는 '엠 클루M Clew'*다. 도쿄에 사는 사람이라면 "프리터에게 희소식"이라는 간판을 한 번 정도는 본 적이 있을 것이다. 엠 클루는 프리터와 구직자를 지원한다는 명목으로 일용직 아르바이트를 프리터에게 소개하고, 또 구직 중인 입주 희망 등록자가 숙박할 수 있는 '레스트박스'를 운영하고 있다. 레스트박스는 도쿄에 22군데나 있다. 엠 클루에서 일을 소개받은 사람은 1박에 1,480~1,880엔으로 묵을 수 있다. 2층 침대가 죽 늘어선 방에 텔레비전, 전자레인지, 전기포트, 냉장고, 세탁기, 코인 샤워 시설 등이 있고, 소개받은 일의 종류에 따라 숙박비가 200엔 할인되는 포인트 제도도 도입했다. 가로로 "지원"이라고 쓴** 간판을 내걸고 있지만, 간단히 말하면 프리터를 대상으로 하는 합숙소다. 그러나 실제로 집도 일도 없는 프리터들의 입장에서는 일을 얻을 수 있으니 고마울 뿐이다. 만화방과는 달리, 비록 2층 침대이긴 하지만 발 뻗고 잘 수 있는 것만으로도 고마운 것이다. 레스트박스는 입주 희망 등록자 수 약 2

---

* 빈곤층을 상대로 하는 건설 청부 회사. 빈곤층에게 값싼 방을 미끼로 건설 현장 일자리를 소개해준 뒤 각종 수수료 명목으로 급여의 40퍼센트를 가로챈 것으로 악명 높다.

** 일본어는 주로 세로쓰기를 한다.

천 명, 매출 약 7억 엔이라는 큰 규모의 사업으로 주목받고 있다. 집 없는 프리터들은 일용 노동으로 착취당한 후에 숙박 명목으로 다시 한 번 돈을 뜯긴다. 그러나 거기에서 탈출할 방법은 없다. 그런 생활 속에서 어떻게 보증금, 사례금이 모일 수 있겠는가?

따라서 보증금, 사례금이 없다는 것을 대대적으로 내세우는 물건 쪽으로 사람들은 움직이게 된다. 그러나 이런 물건도 조심해야 한다. 다음 인터뷰에서도 다루겠지만 쉽게 들어간 곳은 쉽게 퇴출될 수 있다. 즉 프리터 같이 초기 자금이 준비되지 않은 사람은 쉽게 거리로 쫓겨날 수 있는 구조가 이미 만들어지고 있는 것이다.

청년 홈리스 조력자와의 대화

유아사 마코토 씨에게 묻다

레스트박스나 보증금, 사례금이 필요 없는 물건 등을 미끼로 내세우는 것을 "빈곤 비즈니스"라고 지적하고, "삶 자체가 타깃이 되어가는" 실태에 경종을 울린 이가 바로 유아사 마코토湯浅誠 씨다.

유아사 씨는 '비영리 법인 자립생활지원센터 모야이'의 사무국장이다. '모야이'에서는 빈곤자가 아파트에 입주할 때 연대 보증인을 제공하거나, 입주 후 생활을 지원하고 있다. 유아사 씨의 저서에는 『당신도 가능하다! 진짜 어려운 사람을 위한 생활 보호 신청 매뉴얼』(이하 『생활 보호 신청 매뉴얼』)이 있다. 1995년 무렵부터 그는 홈리스* 문제와 관련해서 주로 50대, 60대 등의 고령 홈리스들을 지원해왔다.

그런 그에게 지금, 만화방에서 사는 20대, 30대의 젊은이들이 SOS를 요청하고 있다. 지금 현장에서는 무슨 일이 일어나고 있는 걸까? 유아사 씨에게 그 이야기를 들어보았다.

우선은 '모야이'의 활동에 대해 알려주세요.

\\\\\\\\\\\\\\\

넓은 의미에서의 홈리스, 빈곤자 지원입니다. 길거리에 있는 사람만이 홈리스가 아닙니다. 사우나나 만화방에서 살고 있는 사람들, 가정 폭력을 피해서 나온 여성들, 생활 보호를 받으면서 소위 숙박소에서 살고 있는 사람들은 거리에서 사는 게 아니더라도 넓은 의미에서의 홈리스 상태에 있는 겁니다. 저희가 하는 일은 아파트에 입주할 때 보증인을 제공하고 입주 후 생활을 지원하는 것입니다.

만화방 같은 곳에서 사는 젊은이들에게서 처음 상담 요청이 온 것은 언제쯤입니까?

\\\\\\\\\\\\\\\

2003년 무렵이었던 것 같습니다. '모야이'의 홈페이지를 봤다는 메일이 왔습니다. 당장 살 곳이 없어서 사우나 등을 전전하고 있다는 내용이더군요. 30대 초반의 남성 프리터였어요. 우리는 '모야이' 쪽과 아는 사이인 집주인에게 보증을 부탁했고, 그 남자는 보증금, 사

---

* (앞쪽) 원문 표현은 '야숙자野宿者'이다. 일본의 활동가들은 부정적 어감이 있는 '노숙자'나 '홈리스'라는 말 대신 '야숙자'라는 표현을 쓴다. 하지만 아마미야 가린은 책 전체에서 '홈리스'라는 말을 쓰고 있으므로 여기서도 '홈리스'로 통일한다.

례금을 분할 납부하겠다는 약속을 하고, 일을 계속하면서 아파트에 입주했습니다.

또 다른 사람은 파견으로 일하고 있었고 기숙사에서 살고 있었는데, 파견 기한이 끝나서 3일 내로 숙소를 나가야 했어요. 게다가 다음 일과 살 곳을 정해야 해서 난처한 상황이라고 하더군요. 그 사람의 경우에는 바로 재취업하고 싶다고 해서, 우리는 우선 생활 보호를 신청하고 묵을 곳을 확보한 다음에 바로 일을 찾아주었습니다. 그는 IT 관련 기업에 취직해서 30만 엔 넘는 급료를 받을 수 있었고 생활 보호도 2개월 만에 해제될 수 있었습니다.

지금 '모야이'에는 젊은 사람들에게서 월 2, 3건 정도 상담 메일이 옵니다. 만화방에서 사는 사람도 있고, 거리에 있는 사람도 있고, 기숙사에서 막 나온 사람도 있고, 이미 집을 비워줘서 갈 곳 없는 사람도 있습니다. 저희가 현재까지 응대한 젊은이는 30, 40명 정도입니다. 만화방 사람들에게 들으니 "매일 밤 모이는 무리가 있다"고들 합니다. 그때까지 그들은 제조 현장, 공사, 건설, 청소, 경비 같은 일들을 많이 했다고 하더군요.

구체적으로 지원 과정을 알려주세요.

기본적으로는 생활 보호입니다. 우선, 젊은 사람에게는 도쿄의 자립 지원 사업의 일종인 노숙자 대책 시설에 갈 것인지를 묻습니다. 그렇지만 여기는 일을 그만두어야 갈 수 있습니다. 그게 아니면, 생활 보호로 갈지, 혹은 일하면서 조금 더 계획적으로 저축을 해서 자력으로 아파트에 갈지, 이 세 가지 선택지가 있다고 설명합니다. 각각의 장점과 단점을 얘기해주고 어느 쪽을 택하든 도와주겠다고 하는데, 보통 생활 보호를 택하죠. 자력 노선을 택한 사람도 있는데, 그 사람은 만화방에서 살면서 일해 돈을 모았고, 10개월 정도 걸려 혼자 아파트를 빌렸어요.

생활 보호의 기본 사항을 알고 싶어요.

생활 보호는, 생활이 어려워졌을 때 나라가 최소한의 생활이 가능하도록 보장하는 제도입니다. 나라가 정하는 최저 생활 기준을 밑돌면 받을 수 있습니다. 단독 세대의 경우 13만 엔 정도의 수입이 있다면 '생활이 어렵다고는 할 수 없다'고 판단될 가능성이 높지만, 어쨌든 생활이 곤란한 사람은 요보호자^{要保護者}가 됩니다. 그럼 복지사무소와 상담 후 신청이 가능하고, 필요하다고 판정되면 보호가 시작됩니다. 신청에서 개시까지는 원칙적으로 2주일이 걸립니다.

만화방살이하는 사람이 생활 보호를 받아 아파트에서 살기까지의 과정을 말해보죠. 우선 복지사무소에서 생활 보호 신청을 합니다. 가능하면 신청 전에 일을 찾고 있었다는 기록을 만들어둡니다. 일은 찾고 있는데, 일 찾는 동안 돈이 다 떨어졌다는 편이 설득하기 쉬우니까 되도록 그렇게 합니다. 일자리를 찾았더라도 일급, 월급으로 받기 때문에 첫 급료 받을 때까지 생활할 돈이 필요하다고 말해두는 게 좋습니다. 그리고 나서 신청을 하죠. 그러면 도쿄의 경우에 우선 가게 될 장소는 숙박소입니다. 그런데 거긴 공동 숙소이기 때문에 다들 꺼려해서, 가능하면 빨리 일을 찾습니다. 한편 사례금, 보증금, 부동산 중개 수수료 등 아파트를 빌리는 모든 비용, 이사 비용 등의 이주비는 생활 보호 자격을 얻음으로써 해결 가능합니다만, 그 이주비를 복지사무소에서 받아내기까지 넘어야 할 관문이 있습니다. 그 한 가지가, 당사자가 구한 일에 익숙한지 그렇지 않은지의 문제인데요. 이것도 참 애매한데, 그럼 익숙지 않으면 아파트에 갈 수 없냐라고 하면 또 그런 일은 없거든요. 어쨌든 그런 과정을 거친 다음 아파트에 이주하는 것이 보통입니다. 그때 '모야이'가 연대 보증인이 되는 거죠.

생활 보호 자격을 그렇게 간단히 얻을 수 있나요?

'무조건 신청서를 내는 것이 중요하다'라는 기본적인 지식이 없다면 아예 안 되겠죠. 저쪽은 되도록 신청서를 받고 싶지 않을 테니까요. 그래서 저희는 어쨌든 신청해도 어려움이 많다는 것을 몇 번이나 말해줍니다. 요전에도 복지사무소 사람이 한 신청자한테 "생활 보호를 받을 수 있는 사람과 받을 수 없는 사람이 있다. 그 구별대로라면 당신은 생활 보호를 받을 수 없다"라고, 아무렇지 않게 농담을 하더군요. 그래도 신청서를 냈더니 척척 일이 진행되었습니다. 그 사람은 원래 노숙을 하고 있었습니다. 자립 지원 사업을 이용해서 일을 찾고 돈을 모아 혼자 힘으로 아파트를 빌렸죠. 그런데 감기에 걸려 일을 일주일간 쉬었더니 "이제 나오지 않아도 된다"는 말과 함께 바로 해고되었다고 해요. 그는 3개월간 매일 공공직업안정소에 갔습니다.

너댓 번 제조 현장에 채용되기도 했지만, 현장에 적응할 수 없었습니다. 결국 집세를 2개월 체납하고는 저희에게 SOS를 보내왔고 생활보호를 신청했습니다. 그리고 3일 후에 바로 일을 찾아서 생활 보호에서 해제될 수 있었던 것으로 기억됩니다.

생활 보호 액수는 얼마 정도인가요?

예를 들면 20세에서 40세 사이의 사람이 도쿄에서 혼자 사는 경우, 우선 1개월 생활비로 8만 3,700엔이 나옵니다. 주거비는 별도인데 5만 3,700엔까지는 보조됩니다. 가령 4만 엔쯤 되는 집에서 살고 있다면 집세로 고스란히 4만 엔이 보조됩니다. 따라서 5만 3,700엔의 아파트에 살고 있는 사람은 월 13만 7,400엔을 받을 수 있는 거죠. 생활비와 주거비는 지역에 따라 다른데, 이것은 도쿄 23구라든지 오사카 같은 대도시권의 금액입니다. 또 수입 인정이라는 것이 있습니다. 생활 보호를 받더라도 일할 수 있는 사람은 일을 해야만 합니다. 그러나 일해서 번 돈을 전부 가져가버리면 일할 의욕이 사라지게 되죠.* 그래서 예를 들어 5만 엔어치 일하면, 1만 5,220엔은 수중에 두게 합니다. 이것이 수입 인정입니다. 앞의 13만 엔 정도에 더해서 1만 엔 정도 느는 셈이죠.

---

* 생활 보장 제도에 따르면, 일을 해서 번 돈은 생활 보장비로 받을 돈의 일부로 취급하도록 되어 있다.

일반인의 입장에서는, 생활 보호를 받는 것과 일하는 것이 동시에 이루어진다는 발상 자체가 없을 텐데요. 그런데 긴급 상황일 때 생활 보호를 받고 형편이 좀 나아지면 생활 보호를 그만둔다, 그런 식으로 생활 보호를 이용하면 거리에 나앉지 않고 생활을 꾸려갈 수 있겠네요.

일자리를 구하는 것과 생활 보호 신청을 별개로 생각하는 사람이 많지만, 실제로는 생활 보호를 받는다고 해도 '취업 지도'라고 해서, 일할 수 있는 사람은 일할 수 있게끔 열심히 지도합니다. 우리는 이걸 반＃복지 반＃취업이라고 하는데, 절반은 일하는 것이고 절반은 복지인 셈이죠. 그런 방법을 더욱 넓혀갈 필요가 있습니다. 그런데 일할 수 있는 사람에게는 기본적으로 생활 보호는 해당되지 않습니다. 그렇기 때문에 생활 보호를 받는 사람의 일하는 비율이 항상 낮은 것입니다. 항상 10퍼센트 미만 정도의 데이터가 나오죠. 그걸 일반인들은, 생활 보호를 받으면 일하지 않는구나라고 생각하겠지만, 일할 수 있는 사람을 사실상 처음부터 배제하고 있기 때문에 낮은 거예요. 원인과 결과가 바뀐 거죠. 사실 빈곤한 프리터도 국가가 정한 최저 생활 기준(예를 들면 앞에서 말한 13만 7,400엔)을 충족하지 않으면 생활 보호를 받을 수 없습니다. 집세와 저축도 조사를 하는데요, 저축의 경우에는, 생활 보호로 한 달에 받는 돈의 절반 이상이 있으면 그 돈을 쓸 때까지는 알아서 하라고 합니다. 그래서 예를 들면 7만 엔 정도 저축이 있으면 안 돼요. 6만 엔까지 줄면 오라고 합니다. 그 이하라면 신청서를 내면 그대로 통과됩니다. 법적으로는 거부당할 이유가 없습니다. 그러나 단점도 있습니다. 부모와 형제에게는 통지가 갑니다. 당신의 자제분이 우리 복지사무소에 와 있습니다. 부모님이니까 도와주실 수 있지 않나요라는 식으로요.

만화방 생활이나 거리 생활에까지 내몰린 프리터와, 거기까지 가지 않은 프리터 사이에 차이가 있습니까?

계층적인 차이가 있다고 생각합니다. 첫 번째는 가정 환경 차이예요. 역시 저학력인 사람이 많습니다. 가정 환경상 고등 교육을 받을 만한 여유가 없었다는 게 한 가지 이유가 되겠죠. 그러면 필연적으로 불안정한 일밖에 할 수 없게 되고, 불안정한 일을 하는 사람들은 갑작스런 일을 대비해서 저축을 할 여유도 없습니다. 또 그럴 때엔 가족에게도 부탁할 수 없죠. 일본은 국가의 사회 보장이 약한 부분을 가족 복지와 기업 복지로 지탱해왔어요. 그런데 그 가족 복지에도 기댈 수 없고 또 기업과의 고용 관계도 없는 사람은 당연히 곤란해집니다. 그러면 그때 공적 복지가 남는데 혼자서 의지해보려 하지만 거기에서도 배제됩니다. 그런 식으로 가족, 학교, 기업, 공공이라는 4중의 복지에서 배제되어 궁핍한 생활에 이르는 것이 지금 젊은이들의 패턴이라고 생각합니다.

시부야에서 놀고 있는 프리터들과, 노숙하고 있는 사람들은 기본적으로 사회 계층적으로는 다르지 않겠지만요, 그런데 뭐가 다른가 하면, 역시 가족 복지 부분이에요. 말하자면, 가족에만 국한되지 않는 인적 자원이나 네트워크의 존재. 기댈 곳이나 돈 빌릴 친구나 일 소개해줄 사람이나, 크게 말해서 나와 관련된 유대 관계 같은 것을 말하는데요, 그런 게 없다면 어떤 계기로건 틀어박힌 집에서 나와야 하는 거죠. 그 '유대 관계'를 가족이든 기업이든 국가든 어딘가에서 제공받지 않으면 사람은 살아갈 수 없습니다. 특히 젊은 사람이고 기술도 없다면요. 말하자면 지금 젊은 사람과 외국인 노동자의 구별은 점점 사라져가는 것 같습니다. 외국 국적을 가진 사람은 일본으로 시집오더라도 일본의 복지 혜택을 받을 수 없고, 가족에게도 기대기 어렵고, 기업 복지에서도 배제됩니다. 지금 젊은이들이 갈수록 이와 비슷한 상태에 처하게 되는 거죠.

프리터들의 생활이 거리로 나앉게 될 만큼 상황이 악화되는 계기로는 어떤 것들이 있을까요?

유대 관계가 없는 사람은 사소한 계기로도 생활의 톱니바퀴가 크게 어긋나버리곤 합니다. 예를 들면 감기에 걸려 일을 하루 쉬면, 하던 일로 돌아가기 힘들게 되는 식으로 말이죠. 정규직 사원이라면 생각할 수 없는 일이 예사로 일어납니다. 이건 단지 일에만 국한되지 않습니다. 예를 들면 얼마 전에 상담하러 온 사람은 레오팔레스21°에서 살고 있었는데, 몸이 아파서 일을 하지 못해 한 달 집세가 연체되었고 바로 재판에 넘겨졌습니다. 이것은 말도 안 되는 재판이었는데 법원도 골치 아팠던 모양이에요. 그리고 본인도 굳이 문제를 키우면서 대항할 기운이 없어서 금세 화해해버렸습니다. 그러고는 찾아와

• 일본 최대 주택 임대 회사에서 운영, 관리하는 주택.

한 달 후에는 그 집에서 나와야 해서 걱정이라고 상담을 요청해왔습니다. 탓해야 하는 건 노동 측면뿐 아니라 주거 측면에도 있어요. 지금 보증금, 사례금 없음이라고 선전하는 곳들이 점점 늘어나는데 그런 곳은 임대차 계약을 하지 않습니다. 시설 관리 계약 같은 걸 하죠. 한 예로 도쿄의 경우 스마일 서비스● 같은 개념의 사업이 늘어가고 있습니다. 그러니까 시설 관리 계약과 임대차 계약이 무슨 차이가 있느냐 하면, 전자는 차지차가법借地借家法●●에 구속받지 않는다고 주장한다는 것입니다. 보통은 4개월에서 6개월 정도 집세가 밀리더라도 신뢰 관계가 무너졌다고는 할 수 없는데, 시설 관리 계약의 경우에는 단 하루만 연체되어도 세입자에게 나가달라고 할 수 있다는 그럴듯한 논리가 성립합니다. 그런데 프리터인 사람은 자금이 없으니까 아무리 발버둥을 쳐도 그런 곳밖에 빌릴 수가 없습니다. 그리고 그 이후가 공포스러운 거죠. 노동도 주거도 복지도 전부 빈틈 투성이니까 그들은 어디에서나 생활 곤궁에 이르는 셈입니다.

유아사 씨는 책에서 일본의 생활 곤궁자가 500만 명이라고 쓰셨지요.
\\\\\\\\\\\\\\\\\\\\

그 숫자는 지금 시점에서 보면 오히려 너무 적습니다. 여기에 전제할 것이 있는데요, 일본에는 빈곤선이라는 것이 없습니다. 어디부터가 빈곤인지가 공식 발표되지 않아요. 이것이 큰 문제라고 생각합니다.

● 지금은 하우스포트House Port라고 간판을 바꾼 악덕 주택 임대 회사.
●● 일본의 임대차 계약법. 이 법의 주요 취지는 임차인(세입자) 보호이다.

예를 들면 생활 보호를 받아야 할 사람이 얼마나 벌고 있는지를 정부는 1970년대까지 조사했습니다. 그런데 중간에 이걸 그만두어버렸습니다. 그래서 지금 얼마나 많은 사람들이 생활 보호를 받아야 할 수준으로 살고 있는지 아무도 몰라요. 세계 기준으로는, OECD가 만든 빈곤율 조사라는 것이 있는데, 그것에 따르면 국민 소득 중앙값의 절반이면 빈곤입니다. 일본의 경우에는 세대 소득의 중앙값이 476만 엔인데, 이 절반은 238만 엔입니다. 그러니까 연수입 238만 엔 이하는 빈곤이 되죠. 프리터는 거의 빈곤층에 들어갑니다.

또 OECD 조사에 의하면 일본의 빈곤율은 15.3퍼센트입니다. 2000년도에요. 지금은 좀 더 늘어났을 텐데, 1억 2천만 명의 15.3퍼센트면 1800만 명입니다. 저축이 없는 세대는 23퍼센트인데요. 그중에서 생활 보호를 받고 있는 사람은 150만 명입니다. 이를테면 실제로 1천만 명의 생활 곤궁자가 있다고 하더라도 그중 850만 명이 생활 보호를 받고 있지 않은 겁니다. 종종 생활 보호 부정 수급 같은 말이 나오는데, 150만 명 중 100명, 200명은 그럴지도 모릅니다. 그렇지만 그건 완전히 여론을 호도하려고 터무니없이 부각시켜 말하는 것입니다.

일본에서는 홈리스를 노상에서 생활하는 사람으로만 정의하고 있지만 다른 나라의 정의는 다릅니다. 정부의 공식 발표에서 일본의 홈리스는 전국에서 2만 5,296명이지만, 거기에는 만화방에서 사는 사람이나, 간혹 숙박소에 있지만 전날에는 거리에 있었던 사람, 또는 가정 폭력을 피해 도망친 사람이나, 회사 기숙사에서 방값 빼고 월 8만 엔으로 살고 있는 사람은 들어가지 않습니다. 서구에서는 그런 생활 곤궁층을 모두 홈리스 수에 포함시킵니다. 홈리스의 정의는 본래 적당한 주거지에 살고 있지 않은 사람들입니다. 그래서 서구식 정의에 따르면, 우리는 십수 배, 수십 배의 사람이 홈리스 상태에 있는 거죠. 특히 만화방 사람들 문제는, 가시적으로 드러나지 않기 때문에 정부 대책의 고려 대상이 아닙니다. 이 사람들은 존재하지 않는 거죠. 그들을 무어라 하든 어쨌든 분명히 지칭하는 이름이 있어야 합니다. 청년층이면 생활 곤궁 프리터, 달리 말해 워킹 푸어라고 해도 될 겁니다. 어딘가에 빈곤이라는 말을 넣지 않으면 안 됩니다. 빈곤이라는 말은 일본에서는 왠지 금기시되고 있지만요.

지방으로 가면 1년 동안 2,000시간을 일해도 최저 임금이 생활 보호 기준액에 미치지 못합니다. 최근 격차론 이야기가 많지만 격차란 상대적입니다. 양극화, 상류 하류, 승자 패자, 전부 상대적입니다. '격차가 아니라 빈곤 논의를 해야 한다'는 것이 저희 쪽의 주장입니다.

그런데 만화방에서 살고 있는 당사자들은 생활이 곤궁하다든지 빈곤하다든지 하는 사실을 인정하고 싶어 하지 않습니다. 본래 자기들 어휘 속에 빈곤이나 생활 곤궁 같은 말은 없으니까요. 노숙하는 사람도 그렇지만 그들은 사회에 대한 분노도 없고, 90퍼센트 이상은 자기 자신이 잘못됐다고 생각하고 있습니다. 아, 정말 안타깝죠. 그것만 봐도 그들에겐 여러 의미에서 선전이 잘 먹히고 있는 거죠.

자기 책임론에 대해서도 유아사 씨의 의견을 들려주세요.

자기 책임론은, 스트레스나 사회 모순의 책임을 본인에게 전가하면서 빈곤을 가장 쉽게 은폐하는 수단입니다.

좀 어려운 얘기지만 구조적인 문제라는 것을 우리는 이해해야 합니다. 제가 항상 말하는 것은 "당신에게도 결함이 있겠지만 누구나 결함은 10개, 20개는 있다. 결함이 있더라도 살아갈 수 있는 사람과 살아갈 수 없는 사람이 있을 뿐이고, 그러므로 당신이 특별히 못나서 실격된 것은 아니다"라는 겁니다. 대개 안정되게 살아갈 수 있는 사람은 자기에게는 결함이 없다고 생각하고, 그렇게 살아갈 수 없는 사람은 자기의 결함을 탓합니다. 그러니까 일본같이 자기 책임론이 침투해 있는 사회에서는, 살아갈 수 없게 된 본인들 스스로가 이렇게 된 게 자기 탓이라고 여겨버리는 거예요. 골치 아프니까 깊이 생각하지 않는 거죠.

이와 관련해서 부채 문제 같은 건 많은가요?

\\\\\\\\\\\\\\

많죠. 그런데 사채는 생활이 제대로 굴러가지 못하게 하는 원인이 아니라 그 결과라고 생각합니다. 만일 집세도 낼 수 없게 되어봐요. 빌릴 곳이 사라지면 사람은 고리대금업자에게 달려갈 수밖에 없습니다. 젊은 사람 중에도 요즘 자기 파산 수속을 밟는 사람이 있습니다. 그렇게 하면 주민표*에 실린다든지 호적에 남는다든지, 결혼과 취직을 할 수 없게 된다든지 하는 소문들이 있지만, 전부 그런 건 아니니까 자기 파산도 차라리 다시 시작하는 방법으로 사용하면 괜찮을 것 같습니

---

* 일종의 주민 등록 초본.

다. 생활 보호라든지 자기 파산이 일종의 금기가 되는 분위기를 없애기 위해서는, 모두가 더 많이 이용해도 된다고 생각해요.

가정 환경이나 부모와의 관계가 나쁘고 정신적인 병까지 있는데 병이 악화되어 자살한 사람이 제 주위에는 몇 명 있었습니다. 그들은 병 때문에 일할 수 없으니 혼자서도 살 수 없었습니다. 이런 사람들이 부모와 떨어져 사는 수단으로 생활 보호 자격을 얻는 것은 가능할까요?

실제로 그런 사례가 있었습니다. 정신적인 병을 갖고 있는 사람들의 경우, 부모와의 관계 속에서 완전히 위축되어 있는 사람이 많기 때문에 다시 시작하는 수단으로 생활 보호 제도를 이용합니다. 그런 것도 의사의 진단서가 있으면 거의 아무 문제가 없습니다. 그들에겐 싫어도 매달릴 수밖에 없는 게 가장 스트레스예요. 얼마 전엔 17세 청년의 사례가 있었습니다. 어머니도 본인도 우울증이었는데 부모와는 떨어져 살고 있었고, 계속 할머니께 송금을 받아 생활하고 있었죠. 그런데 연금 생활을 하고 계시던 할머니도 형편이 어렵다고 하고, 부모 쪽에서도 부양할 수 없다고 하고 그랬다더군요. 그래서 "부모에게 돌아가기보다는 도쿄에 계속 있는 게 낫다"라는 의사 진단서를 받아서 생활 보호를 신청했습니다.

　그렇지만 복지사무소 쪽에서 여러 이유를 대며 안 된다고 할 가능성은 있습니다. 보통 그런 상태로 복지사무소에 가면 틀림없이 "부모님에게 돌아가세요"라는 말을 우선 들을 겁니다. 또한 복지사무소의 상담원은 정신적인 질환을 안고 있는 사람에게 "뭐, 나도 자주 그런 기분에 빠지는데, 마음가짐 문제다!"같은 말도 합니다. 복지사무소의 상담원은, 이를테면 어제까지 토목과에서 도로 내는 일을 담당하던 사람입니다. 일반직이기 때문에 복지에 대한 지식이라든지 의식이라든지 일절 없어도 됩니다. 이건 매우 큰 문제죠.

그럼 마지막으로, 생활 곤궁 프리터들에게 메시지를 주신다면요.

\\\\\\\\\\\\\\\\\\\\

빈곤이란, 생활 자체가 타깃이 되는 것입니다. 노동이나 복지나 주거 어느 한쪽 문제가 아니라 생활 자체가 말이죠. 여기에 대해 우리는 '생활을 되찾는' 것을 대항 논리로 이야기합니다.

저는 지지 않는 싸움을 하자고 말하고 있습니다. 지금은 시장에서의 승패가 점점 인생 자체의 승패로 직결되고 있습니다. 시장에서 이기지 못하고 살아남지 못한 사람에게 행복은 없는 것 같습니다. 그런데 시장에서 이기고 살아남는 사람이란, 10명에 1명이 될까 말까 하기 때문에 이대로 가면 대부분의 사람들이 불행한 세상이 되어버립니다. 그렇다고 그저 손 놓고만 있으면 살아갈 수 없죠. "저는 꼭 이기지 않아도 괜찮아요. 이기고 싶지도 않고요"라고들 하는데요, 그 기분은 이해하지만 거기에서 멈추면 찢어지게 가난한 생활만 계속될 뿐입니다. 시장에서 살아남기 위해 성과를 올리려고 혈안이 되어 계속 일하는 것보다는 맘이 편할지도 모릅니다. 하지만 내일 당장 먹을 것 걱정을 매일 해야 하고, 병에 걸려도 생계 때문에 쉴 수 없는 상태란, 역시 인간적인 생활이라고는 할 수 없을 것 같습니다. 시장에서 이기지 않아도 행복한 인생과 생활을 꾸린다는 의미에서 '지지 않겠다'는 것, 이것이 대안이라고 생각합니다.

　부모에게도 친구에게도 기대지 않으면서 자기는 절대로 홈리스가 되지 않으리라고 단언할 수 있는 프리터가 도대체 얼마나 존재할까?
　지금 많은 프리터가 노숙 생활을 하지 않을 수 있는 것은, 유아사 씨가 말한 대로 '가족 복지'가 있기 때문이다. 나도 과거에 부모님에게 의존했었다. 그러나 불안정하게 일하는 방식은 부모와의 관계 또한 악화시킨다. 실제로 "이젠 부모에게 돈을 빌릴 수 없다"고 하는 프리터도 많다. 무엇보다도 부모는 프리터인 자식을 책망하는 경향이 있다. 지금은 더 이상 존재하지 않는 종신 고용 같은 것을 떠올리며 정규직 사원이 되라고 하는 부모와, 그런 루트에서 이미 튕겨져 나와 버린 프리터. 부모는 자식이 3개월마다 반년마다 직업을 바꾸는 것을 못마땅해하지만, 프리터 생활이 길면 길수록 단기 계약 일밖에 하지 못하는 게 현실이다. 본인이라고 이 일 저 일 전전하는 것을 좋아할 리도 없는데 부모는 '끈기가 없다'는 식의 무의미한 정신론으로 꾸짖는다. 그 결과, 부모 자식 간에 심각한 갈등을 겪고, 연을 끊는 경우도 드물지 않다. 가족 복지에서 배제된 프리터란 그런 식으로 완성되는 것이다.
　최근 홈리스의 영미화英美化를 생생하게 느끼게 하는 일이 있었다. 홈리스가 거리에서 파는 『빅이슈』를 만드는 잡지사에, 20대 젊은이들이 판매원을 하겠다고 왔다. 22세의 여성과 24세의 남성이었는데, 여성은 가출 중이고 남성은 16세 때 부모를 잃은 후 계속 노숙 생활을 하고 있다고 했다. 이제 5년 후, 10년 후, 일본에서는 젊은 홈리스들이 『빅이슈』를 팔고 있을지도 모를 일이다.

이런 상황에서, 어떤 문제로 인해 집을 잃고 만화방이나 사우나에 묵고 노숙 생활자로 전락하게 될 프리터에게 '모야이'만큼 강력한 아군은 없을 것이다.

'모야이'의 방법은 명확하다. 지금 당장 곤란을 겪는 사람에게 생활 보호 자격을 얻게 한다. 집 없는 사람이 아파트에서 살 수 있도록 한다. 연대 보증인이 되어준다. 그가 일을 찾아서 생활이 안정되면 생활 보호에서 벗어날 수 있게 한다.

왜 이런 지원이 국가나 지자체 수준에서 이루어지지 않는 것일까? 생활 보호에 관해서도 우리는 아무것도 모른다. 지원은커녕 상담하러 가면 복지사무소는 거짓말만 늘어놓으며 돌려보내고 적반하장으로 화를 내곤 한다.

프리터가 만화방이나 거리로 내몰리는 것은 홈리스가 되는 진짜 직접적인 계기다. 감기로 일주일 쉬거나, 갑자기 하던 일의 계약이 끊기거나, 아니면 부상을 입거나. 원래 불안정한 상황의 그들은 언제라도 홈리스로 전락할 가능성이 있다. 그러나 위기감은 정작 당사자에게도 희박하다. 실제로 그렇게까지 상황이 악화되고 나서야 자기가 처한 위치가 아슬아슬한 균형 위에서 성립하고 있었다는 것을 깨닫는다.

그러나 아무 지식도 없이 생활 보호 자격을 얻는 것은 어렵다. 2006년 5월, 그것을 단적으로 보여주는 사건이 일어났다. 기타큐슈北九州에서 혼자 살던 56세 남성이 미라 상태로 발견되었다. 사망 전에 전기도 가스도 수도도 끊겼고 집세도 체납 상태인 이 사람을 주택공급공사 직원이 방문했을 때 그는 바닥을 기어 나오는 모습으로 죽어 있었다고 한다. 이 남성은 사회 복지사와 보건사에게 생활 보호를 받게 해달라고 호소했지만 거부당했다. 거부 사유는 편의점에서 일하는 아들에게서 음식을 조달받고 있다는 것이었다. 그러나 실제로는 며칠에 한 번 아들이 식빵이나 주먹밥을 가지고 오는 정도. 그와 아들의 관계는 복잡했다. 그는 재차 생활 보호 신청을 했다. 그러나 다시 반려되었다. 그리고 5월, 그는 미라가 된 사체 상태로 발견된 것이다. 사망 추정 시기는 1월이었다.

또한 2006년 7월에는 아키타의 37세 남성이 생활 보호 신청이 거부되어 자살했다. 이 사람은 수면 장애 때문에 무직이었고, 두 번이나 생활 보호를 신청했지만 "일할 수 있다"며 시에서는 거부했다. 그는 친구에게 "죽고 싶다", "내가 희생해서 복지가 나아지면 좋겠다"고 이야기했고, 아키타 시청의 주차장에서 차 안에 연탄불을 피우고 자살했다.

생활 보호에 관해서 히스테릭한 비난을 하는 사람도 있는데, 그런 비난은 거주할 장소를 잃어버리거나 일할 수 없게 되면 거리에서 살다가 굶어 죽으라고 하는 것과 같은 얘기 아닌가?

그러나 생활 곤궁 프리터가 모두 생활 보호를 받을 수는 없을 것이다. '모야이'에 도움을 청해온 30대의 집 없는 프리터 중에는, 생활 보호를 선택할 수 없었던 사람도 있다. 그 이유는 짬을 내어 복지사무소에 갈 틈조차 없었기 때문이다. 많은 프리터와 마찬가지로 그도 매일 빠지지 않고 일하러 갔다. 하루를 쉬면 다음 날 출근할 수 있으리라는 보장이 없다. 최악의 경우, 생활 보호 신청을 하러 가는 것만으로도, 일자리를 잃을 것을 각오해야 한다. 여기에도 불안정 노동의 현실이 있는 것이다.

지금 실제로 생활이 곤란한 사람은, 유아사 씨의 『생활 보호 신청 매뉴얼』을 읽고 나서 신청하러 가면 된다. 이 책은 생활 보호 신청에 관한 방법들로 가득 차 있다. 아무것도 모르고 가면, 만약 당신이 일할 수 있는 나이라면, 특히 젊으면 젊을수록 발걸음을 돌려야 할 뿐이다. 생사를 가르는 판단을 복지사무소 상담원이 쥐고 있다는 것은 화가 나지만, 확실하게 이론 무장을 하고 가서 복지사무소와 싸우길 바란다.

집세 체납, 1년의 홈리스 생활, 자기 파산을 거쳐 생활 보호로

'모야이'에 SOS를 보낸 전前 프리터에게 듣다

'모야이'에 SOS를 보내온 사람들은 어떤 사람들일까?

유아사 씨의 소개로 가네시로金城 씨, 야마나카山中 씨 두 사람에게 이야기를 들어보았다. 두 사람은 생활이 어려워서 '모야이'에 상담하러 온 경우이다.

두 명 모두 현재 35세. 오랜 기간 프리터 생활을 거친 뒤 지금은 생활 보호를 받으면서 사이타마 현에서 함께 살고 있다.

약속 메일에는 "제멋대로인 수염에 장발 2인조니 바로 알아볼 수 있을 것"이라고 쓰여 있었다. 사이타마의 작은 역에는 정말로 말 그 대로의 2인조가 있었다. 생활이 곤궁해서 생활 보호 대상이 된 사람들이라고 들었을 때는 내 멋대로 비참함이 느껴지는 모습을 상상했지만, 두 사람 모두 정말로 명랑하고 멋진 평범한 오빠들이었다. 그들의 반생을 들어보았다.

가네시로 씨는 격투기 선수같이 다부지고 덩치가 있는 사람. 그에 비해 야마나카 씨는 중성적인 분위기로 머리를 허리까지 늘어뜨리고 있었다. 둘 다 1970년생의 지방 출신으로, 가네시로 씨는 오키나와 출신, 야마나카 씨는 시즈오카 출신이다. 두 사람 모두 고등학교는 일반 학교로 진학했다. 하지만 가네시로 씨는 밴드 활동에 깊이 빠져서 고등학교를 중퇴했고, 본격적으로 밴드 활동을 하고 싶어서 17세에 혈혈단신 상경했다.

상경하고부터는 전화선을 잇는 일을 하거나 간토*에 돈을 벌러온 아버지, 형과 함께 막노동판에서 육체노동을 해왔다. 3, 4년 정도 지바의 건설 회사에서 일한 적도 있다. 마지막에는 일당이 1만 5천 엔까지 올랐다. 그러면서 늘 밴드 활동으로도 분주한 나날들이었다. 그러나 그 무렵 거품 경제가 붕괴되었다.

"새해에 고향에 갔는데, 공사장 일용 노동은 새해 초에는 일이 없으니까 20일 정도까지 고향에 있었던 셈이에요. 그리고 나서 간토에

---

* 일본 중부의 도쿄, 사이타마 현, 지바 현, 이바라키 현, 도치기 현, 군마 현, 가나가와 현 일대를 가리킨다.

돌아가니 이미 일이 없어졌어요. 완전히. 세상이 아직 호황이라 얘기되던 시기에 저는 이미 끝난 셈이었죠."

그 무렵 친구와 회사를 설립하는 이야기가 오갔다. 그러나 도중에 어그러져버렸다. 그것 때문에 가네시로 씨는 저금한 돈을 다 날렸다.

"그때부터 그날그날 사는 날들이 시작되었던 겁니다. 당시 거품 경제 말기에 풀캐스트Full Cast라든지 라이트스텁Right Stuff 같은 일용 노동자 파견업체들이 나왔을 무렵이죠."

그때부터 종종 가네시로 씨는 야마나카 씨와 만났다. 1997년 무렵이었다.

한편, 야마나카 씨가 상경한 것은 19세쯤. 출판이나 인쇄업 일도 하고 싶었고, 게임 회사에 취직하는 것을 목표로 하기도 했다. 상경해서 곧바로 일일 아르바이트를 시작했으나 "이대로 가면 길이 보이지 않는다"고 생각해 대학 진학을 결심했다. 2년간 아르바이트를 하면서 재수 학원을 다녀 대학에는 합격했지만, 갑자기 부모에게서 "돈이 없으니 가지 말라"는 말을 듣고 진학을 단념했다. 이후에 편의점 등 여러 곳에서 아르바이트를 했다. 오타쿠 문화에 대해서도 관심이 많은 그는 만화가의 보조 일을 한 적도 있었다. 월급은 4만 5천 엔. 월 30일 출근에 철야도 있었다. 그런 가혹한 조수 생활을 1년 가까이 버텼고 그 후 편집 프로덕션에 들어갔다. 편집 프로덕션에서는 4, 5년 일했는데, 점점 일에 치였다. 3개월간 집에 들어가지 못한 적도 있었디. 그리다가 회사가 어려워졌고, 문 닫기 직전에 해고되었다. 문 닫기 직전에 나와서 다행이었던 것은 퇴직금이 나왔다는 것. 그리고 사장이 "그냥 쫓아내는 것이 미안하다"며 다음 일을 약속해준 일이다. 그러나 그는 반년에 400만 엔 정도는 벌 수 있었을 그 일을 그냥 놓아버렸다.

그 무렵 만난 두 사람은 공동으로 일을 하게 되었다. 함께 게임 기획을 시작한 것이다. 한 출판사가 그 기획에 함께했고 협의를 계속했으나 1년 동안 그 기획은 별 진척이 없었다. 그로 인해 야마나카 씨는 1년 동안 수입 없이 퇴직금으로 먹고살 수밖에 없었다.

가네시로 씨는 그 1년 동안 기획 일을 하면서 일용직 일도 함께 했다.

"현장에서 짐 옮기는 일을 했습니다. 그냥 짐만 옮기면 끝나는 일입니다. 예를 들면 500킬로그램짜리 물품을 2층까지 옮깁니다. 아침 9시부터 오후 5시까지 하면 되는데, 그것을 1시간 만에 끝냅니다(웃음). 그러면 시급 8천 엔 아닙니까? 그런 식으로 했죠. 그 무렵 호황기가 끝났어도 아직 업자에게는 여유가 있었습니다. 지금같이 여유가 없는 상태가 아니어서 '이거 옮기면 집에 가도 돼'라고 하곤 했죠. 그래서 저희는 게임 일을 상의할 수 있었어요. 아침에 작업 현장에 가서 짐 옮기는 일은 3시간 정도로 끝내고, 이후 출판사 로비에서 만나 게임 일 관련 이야기를 나누었죠."

결국 그 기획은 "제품은 나왔지만 시장에서는 완전 실패"였다고 한다.

그 후 야마나카 씨는 애니메이션 제품을 만드는 회사에 입사했다. 하지만 막상 들어가보니 급료든 뭐든 듣던 조건과 전혀 달랐다. 일년 정도 일은 했지만, 우울한 상태로 퇴직했다.

한편 가네시로 씨의 상황도 매우 안 좋았다.

짐 옮기는 일용직 일을 하다 무리를 해서 가네시로 씨는 허리를 다쳤고 중증 디스크 환자가 되었다. 심했을 때는 왼쪽 발을 전혀 움직일 수 없었고, 고향에서 요양을 해야 할 정도였다. 그러다가 요양 중에 아버지가 돌아가셨다. 이제 스스로 돈을 벌어야 했다. 가네시로 씨는 허리가 완치되지 않았지만 다시 도쿄로 돌아갔고, 포커 가게 등에서 잔일을 하게 되었다. 그 무렵 아버지가 돌아가신 일로 어머니에게 정신적 문제가 생겼다. 가네시로 씨는 어머니가 부를 때마다 도쿄와 고향을 오갔다. 또 어머니에게 "돈이 부족하다"는 말을 들을 때마다 송금을 했다. 그로 인해 가네시로 씨 자신의 생활이 걷잡을 수 없게 되어버렸다. 4만 5천 엔의 집세를 한 번 체납하고는 연이어 13개월분이나 밀려버렸다. 그러던 어느 날, 방에 들어가려고 하니 문이 잠겨 있었다. 살던 곳을 잃은 가네시로 씨는 순식간에 홈리스가 되어버렸다.

"자물쇠가 채워져 있었어요. 가재 도구를 전부 남겨두고 잠깐 홈리스가 되었습니다. 29세 때였어요. 반년 정도 이케부쿠로池袋에서요. 2층 방이었는데 옆의 전신주를 타고 올라가 창문을 열고 들어가려 했어요. 그런데 이웃 사람에게 도둑으로 오해받아서 경찰차가 오기도 했죠(웃음)."

가네시로 씨는 웃으며 말했지만 곧 입을 다물었다. 불행한 일이 겹친 데다가 순식간에 살던 곳조차 잃어버린 것이다. 게다가 짐은 모두 방 안에 있었다. 성냥로 옷만 걸치고 거리로 쫓겨난 것이다.

"그런데 자물쇠가 채워질 거라는 건 대충 알고 있었어요. 그래서 미리 2, 3일분의 갈아입을 옷만 가방에 넣어 신발장 속에 숨겨두었죠. 그걸 가지고 반년간 홈리스 생활을 했어요."

그럼 그사이에 가네시로 씨는 어떻게 생활했을까?

"야마나카 씨와 함께 묵거나 다른 친구 사는 곳에 묵거나 솔직히 벤치에서 자기도 했고요(웃음). 만화방에도 있었고 야마노테선˚ 타고 세 번 정도 돌거나(웃음), 캡슐호텔에 묵거나 했어요."

그런 생활을 하면서도 그는 일하러 가지 않았다. 7, 8년 정도 같은 회사에서 일용직 일을 하면 아는 업자가 생긴다고 한다. 가네시로 씨는 업자에게 직접 연락을 받아서 일하러 나가게 되었다. 무선 호출기와 함께 마침 그 무렵에 나온 선불 휴대폰을 갖고 있어서 가능했다.

"홈리스는 반년 정도는 할 수 있어요. 지금은 무리지만. 지금 생각하면 저 자신이 불쌍해요. 홈리스를 그만둔 건 사귀고 싶은 여자가 있었고, 아무래도 홈리스는 안 좋아서였죠. 그래서 일용직 회사에서 알고 지내던 수도 설비 업자에게 아파트를 빌리며 도움을 받았죠. 그런데 바로 한 치 앞을 못 봐서, 급료가 아주 형편없었어요."

아파트를 구했다고 해도 그저 빌린 것일 뿐, 공짜일 리는 없다. 처음에 일자리의 조건은 실수령액 20만 엔부터였고, 격주로 이틀 휴일이고 잔업은 가끔 있는 정도였기 때문에 수당은 나오지 않았다고 한다.

"그런데 실제로는 일요일에도 나갔고, 새벽 3시에 회사에 나가 일을 끝내는 건 밤 9시, 현장이 멀어 11시에 귀가할 때도 있었죠. 그래도 잔업 수당은 없고요. 정말 이상하다고 생각해서 계산해보니, 일용직일 때보다 이쪽 급료가 더 안 좋은 거예요."

그래도 아파트를 빌려줬다는 고마움에 가네시로 씨는 열악한 노동 조건에서 열심히 일했다고 했다.

그러나 회사는 사생활에도 참견을 했다. 그 무렵, 가네시로 씨는 밴드의 꿈은 포기하고 종합 격투기와 DJ 일을 하고 있었다. 한번은 가네시로 씨가 연 파티가 있어서 하루 쉬고 싶다고 하니, "취미 활동 따위 해봐야 안 좋아. 우리도 취미 생활은 포기하고 있으니까 자네도 그만둬"라고 설교를 듣기도 했다. 가네시로 씨는 '이런 감옥 같은 곳은 싫다'고 생각했고 디스크가 악화되기도 해서 일을 그만두었다. 자연스레 아파트에서도 나와야만 했다. 가네시로 씨는 다시 홈리스로 돌아갔다.

"그때도 반년 정도였어요. 3월부터 8월까지. 여름에는 즐거웠습니다. 전에 고엔지高円寺**에 살았기 때문에 신주쿠 근처에서 홈리스를 했습니다. 아르바이트하는 일용직 홈리스였던 거죠. 친구 집이나 벤치에서 잤고요. 그때는 아주 의기소침해져서 야마나카 씨에게 가 있곤 했어요."

두 번째 홈리스 생활에서 괴로웠던 일 하나를 들어보았다.

"역시 그 무렵이 미래에 대한 전망이 제일 없을 때였어요. 저는 원래 꽤 가벼운 인간인 데다가 멋진 거 좋아하고, 여자애들 꼬시는 것도 좋아하고, 당연히 노는 것도 좋아했는데, 하나둘씩 좌절되더군요. 출발 지점이 남들과 다르니 옷 살 돈도 놀러갈 돈도 없었어요. 규동조차 먹을 수 없었죠. 그런 건 너무 힘들었어요."

가네시로 씨가 반년간의 홈리스 생활을 끝낼 수 있었던 것은, 친구

• 서울의 지하철 2호선처럼 도쿄 23구 내를 순환하는 전철 노선.
•• 도쿄 서북부 변두리인 스기나미 구에 있고 도심인 신주쿠와 가까운 지역.

에게서 일을 소개받아서였다. 그 친구에게 돈을 빌려 아파트에 입주했다. 하지만 반년 후 그는 추진하던 사업이 망해서 30만 엔 정도의 빚을 떠안게 되었다. 집세를 체납하고 아파트를 나온 그는 야마나카 씨 집으로 들어갔다.

한편 그 무렵 야마나카 씨는 가부키쵸의 음식점에서 일하고 있었다. 그러나 근무 중에 눈을 다쳤고 일을 그만둬야 했다. 눈을 다치니 다른 일도 할 수 없었다. 종종 신용 카드로 임시변통했지만 빌린 돈이 점점 불어나, 야마나카 씨는 자기 파산을 신청했다. 총액은 200만 엔 정도.

자기 파산을 신청하면서 야마나카 씨는 외국 게임 회사의 일본 지점에서 일했다. 그러나 아르바이트 급료는 월요일부터 금요일까지 일하더라도 11만 엔 정도. 토요일과 일요일은 일용직으로 일했다. 그러나 회사가 어려워져서 반년 후 해고되었다.

"들어가는 회사마다 전부 망했습니다. 저한텐 정말 사신死神이 붙었나 봐요(웃음)."

그리고 2005년 8월, 두 사람은 친구가 만든 회사에 고용되어 기회를 얻게 되었다. 가네시로 씨가 다시 말했다.

"진짜 그때 일용직 일은 너무 피곤했고, 몸이 남아나지 않았고, 머리도 갈수록 이상해져서 무슨 방법이 없을까 생각하던 차였어요. 마침 친구가 무가지를 출판하는 회사를 시작했죠. 그래서 우리 두 사람을 싸게 고용해달라고 했죠. 15만 엔 선불로 받으면 어떻게든 돈은 돌 테니까요. 그런데 왠지 이상해서 알아보니 거기가 기업 사기에 걸려 있었던 겁니다. 결국 친구는 850만 엔을 사기당했습니다.

두 사람은 법률적인 것을 공부한 뒤 사기 친 상대를 만나러 갔고, 변호사와도 상담해서 재판이 시작될 때까지 기다렸다. 두 달 반 동안 그 일에 동분서주하느라 그사이 수입은 거의 제로. 그리고 집세를 두 달 체납해버렸다. 두 사람이 당시 살고 있던 곳은 레오팔레스였다.

두 달 집세가 밀린 시점에 레오팔레스로부터 "나가라"라는 내용증명이 두 사람에게 도착했다. 일방적으로 재판을 하겠다는 소장이 온 것은 2006년 4월이었다. 5월에는 퇴거 재판이 있었다. 재판에서 두 사람은 나가는 것에 동의했다.

야마나카__"애초에 두 사람이 월 7만 5천 엔씩 내는 건 무리였어요. 실제로 두 사람 합해서 12만 엔 정도밖에 수입이 없었거든요."

한 달 이내에 나가라고 했지만 두 사람은 그 후 두 달 더 레오팔레스에서 살았다. 아무리 괴로웠던 일도 재밌고 흥미진진하게 이야기해주던 야마나카 씨의 얼굴이 그때부터 어두워졌다.

"한 달 정도 축 늘어져 있었습니다. 멍하게 있었죠. 말하자면 현실도피였어요. 이젠 정말 어쩔 방법이 없구나 하는 생각이 들더군요. '돈 한 푼 없는 홈리스로 전락'해버렸으니."

레오팔레스 측의 "나가라"는 공격은 집요했다. 가네시로 씨가 말을 잇는다. "마지막엔 전화에 대고 '그래, 알았어요. 레오팔레스 계단 어딘가에서 둘이 목을 대롱대롱 매달고 있을 텐데, 그래도 좋죠? 그렇죠?'라고도 했어요."

갖고 있던 돈은 서의 바닥이 났다. 팔 수 있는 것은 뭐든 팔았다. 수중에 있는 5천 엔으로 이후 한 달을 살아야만 했던 날들. 그때 두 사람은 인터넷에서 '모야이'를 발견했다.

야마나카___"완전히 절망해서 아무것도 안 하고 있을 때긴 했지만, 뭔가 이럴 때 도움을 주는 비영리 조직 같은 거 없을까 하고 검색해보니 '모야이'가 나왔습니다. 그때까진 그런 것도 생각해내지 못할 정도로 제정신이 아니었고요."

두 사람은 우선 '모야이'의 홈페이지에 소개된 『생활 보호 신청 매뉴얼』을 읽으러 시내 큰 서점으로 갔다. 거기에서 생활 보호 신청을 하는 방법을 숙지하고, 생활보호과에 가서 책에 쓰여 있는 대로 충실히 실행했다. 그리고 두 사람 모두 생활 보호 자격을 당당하게 얻어냈다. 물론 그 자격을 얻어내기까지는 여러 공방전이 있었다.

가네시로___"우리 관계가 특수해서였는데요. 예를 들면 남자 두 명이 살고 있는데 두 사람 모두 가난하다는 상황 자체를 그쪽에선 받아들일 수 없는 것 같았어요. 그런데 실제 현실에는 이렇게 있잖아요. 그때 일은 세상 사람들이 얼마나 서로 돕는 정신이 없나를 보여주는 사례 같은 것이었습니다. 생활보호과 사람은 기본적으로 이야기를 듣지 않아요. 우리가 밤에 너무 우울해서 잠이 안 와 고생한다, 몸 상태가 안 좋아서 일을 할 수 없다고 했더니 듣는 척도 안 해요. '일할 수 있는 나이이니까 일을 하세요'라고만 하고요. 저는 디스크 때문에 한쪽 발이 계속 저려요. 목이 아파서 팔도 저리고 물건도 자주 떨어뜨리고요. 그런데 '일할 수 있으니까 일해라'라는 말이나 하고 있으니."

야마나카___"어려운 사람끼리 아파트를 빌리면 반값으로 싸게 해준다는 고민 같은 것도 하지 않고 처음부터 '호모들인가?' 같은 바보 같은 소리나 하고."

덧붙이면 두 사람은 동성애자는 아니다.

정식으로 생활 보호 신청서가 통과된 것이 7월 15일. 6월에 신청했는데, 신청한 시점에 두 사람이 가진 돈은 4천 엔이었다. 빠듯한 와중에 어떻게든 유지는 한 셈이다.

지금 둘이서 집세 포함 18만 엔 정도의 생활 보호비를 받고 있다. 레오팔레스에서는 쫓겨났지만 지금의 아파트로 이사할 때 '모야이'가 보증인이 되어주었다. 생활 보호를 받을 수 있으면 '이사 자금'도 나온다. 두 사람의 경우에는 집세의 4배까지 가능했다. 보증금, 사례금이 보조된 액수였다. 그들의 집세 상한액은 6만 1천 엔이었다. 그러나 그 이사 자금에 대해서도 복지사무소는 속이려고 했다.

가네시로__"이사 자금에 관해서 말하니 '그게 뭐예요?'라고 하더군요. 전문가들이 왜 그 말을 모른다는 건지."

또 '모야이'가 연대 보증인이 되어주었어도 아파트를 빌리는 것은 대단히 어려웠다. 가네시로 씨는 미간을 찡그리며 말한다.

"우리 두 사람 모두 친척이 없지 않습니까. 야마나카 씨는 있지만 연락이 끊긴 상태고, 저는 어머니가 정신병원에 계시고 형님 두 분은 행방불명이고, 친척은 전혀 없어요. 이 근처의 부동산 중개업소들은 태연하게 '친척 없는 사람에게는 집을 빌려줄 수 없다'고 합니다. 사는 곳도 없냐면서 말이죠. '모야이' 쪽 분이 보증인이 되어준다는 서류를 갖고 갔는데도 '그게 누구'냐고 합니다. 결국엔 '모야이' 쪽에서 아는 부동산 중개업소의 소개로 겨우 빌릴 수 있었습니다."

지금, 두 사람이 살고 있는 곳은 집세 5만 8천 엔짜리 아파트다. 그런데 그런 경험을 하면서 야마나카 씨는 "홈리스인 사람은 그 이전으로 돌아갈 수 없다는 것을 깨닫게 되었다"고 한다.

"우리보다 나이 많고 건강하지 못한 사람이 많이 있잖아요? 그들을 보면서 생활 보호 자격을 따면 좋을 텐데라는 생각도 했었는데요, 그런데 혼자서 해보니 이건 안 되겠구나 싶더라고요. 홈리스면서 일하던 때가 더 나았습니다. 그 정도로 힘들었어요. 어쨌든 수속이 어렵고 많고 그사이에 계속 욕을 먹기도 합니다. '게으르다'거나 '엄살 피우고 있다'거나 말이죠. 우리는 두 명이니까 동시에 나가떨어지는 일이 없어서 어떻게든 해결된 거였겠지만, 혼자였다면 홈리스를 택했을 겁니다."

그러나 생활 보호를 받았다고 평탄한 나날이 기다리는 것은 아니었다. 일하라고 지겹게 얘기하는 취업 지도가 그들을 기다리고 있는 것이었다.

가네시로___"예를 들면 저는 고등학교도 졸업 못했고 육체노동밖에 안 해봤습니다. 그런데 몸이 이렇게 되고부터 육체노동은 할 수 없어요. 그런데 저쪽에선 그냥 '찾으면 있을 거야'라고만 하고 맙니다."

야마나카___"그런데 생활 보호를 끊는 권한은 현장의 담당자가 가지고 있기 때문에, 담당자가 끊겠다고 하면 끊겨버립니다. 그 사람의 재량에 달린 거예요."

병원과 관련된 문제도 있었다. 생활 보호를 받으면 보험증을 돌려주고 의료권을 받아 병원에 가야 한다.

가네시로___"우리는 5, 6년 정도 돈을 납부하지 않은 상태라서, 병원도 갈 수 없습니다. 두 사람 모두 벌써 이가 꽤 안 좋아졌습니다.

저는 목과 허리가 안 좋고. 정신 장애, 수면 장애가 있는데 병원에 가고 싶어도 의료권이 한 달에 1매밖에 나오지 않아요."

야마나카__"가면 된다고는 하지만, 사실상 월 1회, 1곳이죠."

원래는 몇 번을 가도 되지만, 현장에서는 못 박아 말한다. 또한 생활 보호를 받는 환자를 받을지 말지는 각 의료 기관의 재량에 맡기고 있어서 거부당하는 일도 있다.

그런 상황에 대해 가네시로 씨가 화를 내며 말했다.

"병에 걸린 게 우리가 잘못해서 그런 것은 아니잖아요. 지금 가난한 것도, 우리가 노력하지 않아서가 아닙니다. 우리는 할 수 있는 일은 최대한 해왔습니다. 그런데 사회에 적합한 일을 하는 것에 서툴러서 가난해진 겁니다. 그걸 갖고 너희가 잘못됐다는 말을 들으면 완전히 힘이 빠져버립니다. 그럼 남은 길은 뭡니까? 범죄자 아니면 자살입니까?"

야마나타 씨가 그 말에 깊이 수긍한다.

"어느 쪽도 불가능하면 홈리스가 되는 거죠."

범죄자냐 자살자냐 홈리스냐. 왜 이런 극단적 선택에 쫓겨야 하는 걸까? 한번 생활이 빈곤해진 사람을 더욱 빈곤하게 하는 구조에 대해 가네시로 씨가 이야기했다.

"가난해지면 헐값으로라도 일하고 싶어집니다. 예를 들면 오늘은 오차즈케*밖에 먹지 못했어요. 내일은 규동이 먹고 싶어요. 그럼 원래는 1천 엔 받아야 수지가 맞을 일인데 7백 엔, 8백 엔 받고 그냥 합

---

* 녹차를 우린 물에 밥을 말아 먹는 간단한 음식.

니다. 그런 것을 사회가 잘 이용하고 있죠. 예를 들어 풀캐스트 같은 현장에 가서 오전 8시부터 오후 5시까지 일한다고 해보죠. 액면상으로는 8천 엔이 나오지만, 시스템 요금이라든지 원천 징수 같은 것을 빼지요. 또 교통비가 1천 엔 붙지만 실제로는 1천 엔이 늘 넘어요. 그러니 실제 수중에 남는 것은 5,500엔 정도입니다. 9시간에 말이죠. 8시간이면 4,500엔. 게다가 일하고 싶은 날에 매일 갈 수 있는 것도 아니고.”

또 현장에 갈 때까지 무슨 일을 하게 될지 알 수 없는 것도 문제다.

“‘가구재 반입’이라는 말을 듣고 현장에 가보니, 지하 바닥에서 천장의 콘크리트를 제거하는 일이었습니다. 완전히 다른 일이죠. 그때 야마나카 씨는 콘크리트 파편에 눈을 다쳐 일주일간 일을 못했습니다. 이와 비슷한 일이 또 있었는데 ‘가구재 반입’이라는 말을 듣고 갔더니 1개에 100킬로그램 정도의 철골을 트럭에 옮겨 싣는 일이었어요. 그때 그게 무너지는 바람에 저는 무릎을 다쳤죠.”

두 사람은 그 부상 때문에 산재를 인정받았다. 그러나 대부분의 프리터는 그런 것도 모르고 있을 것이다.

“그런데 결국 우리를 보는 시선만 나빠졌죠. 자기 탓으로 다친 거라는 둥.”

또 다친 일 말고도 몸에 분명한 악영향이 있는 위험한 현장에서 작업해야 하는 고충도 있었다.

“석면을 주위에 방치한 현장도 있었습니다. 저는 10대 때부터 현장에 들어갔기 때문에 석면은 딱 보면 알아요. 그게 그 주위에 가득한 겁니다. 마스크 같은 것도 전혀 없어요. 텔레비전 보면 전신 보호

복 같은 것 있지 않습니까? 그런 건 그저 퍼포먼스구나 싶습니다. 그렇다고 '이건 못 하겠다'고 사무소에 불평하면 일을 받지 못해요."

그런 경험 때문에 두 사람은 일의 내용에 각별히 주의하게 되었다. 그러나 그래도 주문서에 쓰인 것과 실제 현장이 다른 경우는 다반사였다. "가구재 반입"이라고 했는데 가보니 호텔의 거대한 정화조 청소였던 적도 있었다.

야마나카___ "뭐가 가구인 건지 알 수 없어요(웃음). 그런 식으로 속이는 경우가 많아요."

가네시로___ "그게 2만 엔 정도짜리 일이라면 불평하지 않겠지만 5천 엔이에요. 그런데 거절하면 일이 오지 않는 거죠."

노동 조건이나 시급은 어디나 비슷하다고 한다. 그때까지 감정을 드러내지 않던 야마나카 씨가 목소리를 높이며 말했다.

"말하고 싶은 건 이런 거예요. 다들 4시간씩이나 걷는 거 싫어하죠? 우리는 4시간을 넘어서 8시간 동안이나, 몇십 킬로그램의 짐을 지고 계단을 오르내리고, 거기다가 욕을 바가지로 먹으면서도 일하고 있어요. 그러니까 이 일이 편하다느니 하는 소리는 안 해주면 좋겠어요."

그런 현장에서는 아르바이터를 함부로 취급하는 경우가 많다. 가네시로 씨는 굴삭기 작업 중 허리를 다친 적이 있다고 한다. 또 아래에서 아르바이터가 일하고 있는데도 위에서 콘크리트 덩어리나 냉장고를 떨어뜨리는 일은 아무렇지도 않게 일어난다.

덧붙이면 그런 일은 당일치기로 다녀오는 아이치, 니가타 같은 지역에서도 있었다고 한다. 집합은 전날 밤 12시. 트럭에서 잠을 자고

니가타나 아이치에 가서, 아침부터 밤까지 200킬로그램짜리 조리대 등을 4층까지 계단으로 운반한다. 그것을 하루에 40대 옮긴다. 다시 차를 타고 도쿄에 돌아와 결국 받는 돈은 1만 엔. 매어 있는 시간은 끔찍하게 길다.

또 잔업 수당 문제도 있었다.

야마나카___"편집 프로덕션에 있었을 때는 잔업 수당이 나오면 대략 세 배나 네 배까지도 급료를 받았어요. 출판사 아르바이트를 하는 사람은 잔업 수당이 전부 나오기 때문에 월 90만 엔은 받았는데, 저는 그 많은 하청 일에서 단 1엔도 나오지 않았죠."

가네시로___"목수 일을 하고 있었을 때도 하루에 1만 5천 엔이라길래 괜찮다고 생각했는데, 바쁠 때는 아침 5시에 일어나 현장에 가서 끝나면 밤 12시, 귀가는 새벽 2시였어요. 그리고 다음 날 다시 5시에 일어납니다. 수면 시간은 3, 4시간. 그걸 두 달 정도 계속했습니다. 시급으로 하면 1천 엔 정도. 아주 힘들었죠. 그렇게 13층 건물을 반 년만에 지었다는 것. 그러니까 아네하의 내진 위장 사건* 같은 것도 당연한 거였죠."

구직 중인 두 사람에게는 역시 그런 일거리밖에 없었다. 가네시로 씨가 얼굴을 찡그리며 말했다.

"25세가 되면 일도 없어요. 결국 현장에 나가는 일밖에 없고, 현장이 싫으면 3개월짜리 단기 파견이고. 3개월 지나면 어떻게 할 거냐고들 합니다. 그럼 다시 생활 보호인 거죠."

---

* 2005년 일본에서 발생한 건축물의 내진 설계 조작 사건.

과연, 이야기를 들으면 들을수록 절망스러워졌다. 그들은 다른 사람보다도 꽤 여러 가지 일에 도전하고 노력했으나 시대의 흐름에 농락당하고 작은 불행이 겹치면서 어쩔 수 없게 되어버린 것이다. '프리터'라는 구조에서도 밀려나는 35세의 그들이 어떻게 하면 '평범하게' 행복하게 살 수 있을까?

야마나카___"가장 문제인 건, 그런 상태에 치이는 당사자들이 정작 적이 누군지를 잘 모르고 스스로만 탓한 끝에 고이즈미에게 투표한다는 겁니다(웃음). 사람들은 쉽게 달관하는 경향이 있어요. 결국 태어날 때 전부 정해져버린다고(웃음). 우리 두 사람도 부모님이 영 아니에요. 부모님의 부모님, 그러니까 할아버지도 할머니도 아니었고, 그 위로 올라가도 영 아니었던 거예요. 불리한 거죠. 자본주의 사회이기 때문에 자본이 없는 사람은 절대적으로 불리한 거죠. 조상 대대로 가진 게 없었으니 이길 턱이 없죠."

결국 그 차이가 큰 것이다. 야마나카 씨가 이야기를 계속한다.

"세상에서 잘못됐다고 욕먹는 사람들은 대부분 그래요. 본인 책임이라고 하며 혼자 문제를 해결하려고 합니다. 하지만 개별적으로 대응해서는 따라잡을 수 없죠. 길거리에서 스프레이를 갖고 낙서하는 부자가 있을까요. 저에겐 정규직 사원인 친구가 있는데, 썩 좋은 생활을 하고 있진 않아요. 중요한 건 그 친구는 범죄를 저지르지 않습니다. 그러니까 모두가 그 정도의 생활을 할 수 있으면 나쁘지 않습니다. 월수입 16만 엔만 되어도 스프레이로 낙서하거나 유리를 깨거나 하지는 않을 거예요. 그리고 그 비슷한 수준으로라도 먹고살 수 있는 사회라면 보통은 될 거예요. 지금 수입 격차가 260배라고 합니다. 평범한 사람이 하루 1만 엔 벌 수 있다면 부자는 하루에 260만 엔이나 법니다. 그러니 지금은 너무 지쳐서 오히려 나쁜 생각까지 듭니다. 지금까지 열심히 살아와서 손해를 본 것도 같고."

가네시로 씨는 자본주의 사회에 대한 분노를 털어놓는다.

"결국 자본주의는 어떻게든 임금은 억제하려고 하겠죠. 21세기, 글로벌화가 되니 자본가는 더 싼 노동자에게만 일을 주려 합니다. 지금 산업이 공동화하고 있는 것도 중국의 싼 노동력 때문이고, 일본의 실업률은 5퍼센트죠. 거기에 맞서려면 더 싸게 하지 않으면 안 됩니다. 우리도 중국인과 같은 임금 수준으로 일하려고만 한다면 일이 있을 거라고들 하지만, 그러면 물가가 10배인 일본에서는 정말 살아갈 수 없습니다. 그 모순을 누군가 해결해주면 좋겠어요."

야마나카___"희생되는 것은 아이들이나 젊은이 같은 약자들뿐이에요. 학대로 죽는 아이가 종종 있는데, 진짜 나쁜 건 부모가 아니에요. 텔레비전에 나온 뉴스를 보면 대개 그 집 자체가 가난한 것 같더군요. 레오팔레스나 낡은 아파트에 살죠. 부모로서는 만족스러운 벌이도 없고, 일은 힘들고, 아이는 밤마다 울어대고, 부모가 되는 교육도 받지 못했으니 어디부터가 학대인지 모르는 거죠."

이런 두 사람에게 이후 꿈이랄까 전망을 들어보았다. 야마나카 씨는 농담처럼 말한다.

"죽고 싶네요. 안락사할 수 있으면 그게 최고입니다. 전망도 뭣도 없어요. 일단 하고 싶은 건 게임 만드는 일 같은 건데. 그래서 돈 벌어서 주위 몇 사람 정도는 행복하게 할 수 있으면 좋겠어요. 유아사 씨 같은 좋은 사람을 만나면 생각도 바뀝니다."

가네시로 씨는 담담하게 말했다.

"손 마사요시孫正義*가 하루에 8억 엔을 써도 죽을 때까지 다 쓰지 못한다는데, 이 사회는 뭔지 모르겠어요. 개인적으로 제 꿈은 국회에서 자폭 테러하는 거지만, 그래도 역시 제게 재능이 있다면, 그리고 그걸 믿을 수 있다면, 게임 만들어서 큰돈 한번 벌고 싶어요. 결국 폭력이 금지된 사회에서 사회를 변혁하려면 부자가 되는 길밖에 없을 테니까. 그럴 수 있다면 주위 사람들만이라도 도와주고 싶다는 거죠."

그들의 이야기를 들으면서 이 두 사람이 만나 서로 돕고 살아온 게 정말 다행이라는 생각이 들었다.

그들은 아무 나쁜 짓을 하지 않는다. 단지 좀, 사람이 너무 좋았기 때문이었달까. 그리고 운이 좀 나빴을 뿐이랄까.

그러나 단지 그것뿐인데 왜 홈리스 생활을 할 수밖에 없고, 먹고사는 것조차 어려운 생활에까지 내몰려야 했던 것일까?

그들은 내가 놀랄 만큼 풍부한 지식을 갖고 지금의 상황, 스스로의 처지를 구조적인 문제로 파악하고 있었다. 과거의 괴로웠던 일을 때때로 농담을 섞어가며 이야기할 수 있는 것은, '모야이'라는 신뢰할 수 있는 사람들과 만났기 때문일 것이다. 그들이 지금도 궁지에 몰려 있다면 이런 식으로는 이야기하지 않았을 것이다.

개인적으로 그들에게 기대하는 것은, 이후에 이 격차 사회에 대해

---

* 통신 회사 소프트뱅크 회장이자 일본 최대 갑부.

당사자 입장에서 조금씩 발언해주었으면 하는 것이다.

4장

'일하는 것'과 '사는 것'
마음의 병과 격차 사회

학생들이 배우는 세상: 격차에 노출되는 아이들

희망은 '장애인이라는 조건을 가지고도 취직하는 것'

학생들이 배우는 세상: 격차에 노출되는 아이들

루이, 17세

현재, 전국의 초중고교에서는 '프리터가 되지 않기 위한 교육'이 행해지고 있다. 프리터가 세상에 넘쳐나는 지금, 어릴 때부터 '프리터는 이렇게나 손해'라는 것을 아이들에게 주입하려는 속셈이다.

일억 총중류一億総中流●라는 환상이 조금씩 무너져가는 지금, 아이들은 인생 초반에 자기가 어느 정도의 위치인지 순응하고 자각해간다. 2006년 여름에는 도쿄 아다치足立 구에서 40퍼센트의 아동·학생이 취학 원조를 받고 있다는 보도가 세상에 충격을 주기도 했다. 부

● 일본에서 1970~1980년대에 나타난 '평등한 국민'이라는 의식. 종신 고용이 보장되면서 국민의 90퍼센트 이상이 스스로를 중산층이라고 생각하고 소비하던 현상.

모 수입에 의해 아이의 일생이 결정된다고 여겨지는 분위기에서, 일하는 것에 대해 고교생은 어떤 의식을 갖고 있을까?

아다치 구와 가까운 에도가와江戸川 구에 사는 고교 3학년 여자아이 루이瑠衣에게 이야기를 들어보았다.

루이는 1988년에 태어나 지금 17세다. 도내의 공립 고등학교에 다니고 있다. 가족은 초등학생 동생과 세탁 공장에서 일하는 어머니. 인테리어업을 하던 아버지는 1년 전에 암으로 돌아가셨다. 밝고 성실한 그녀지만 선천적으로 발에 장애가 있다.

그녀가 다니는 곳은 자칭 "그 지역에서 불량 학교라 불리는" 고등학교. 퇴학하는 학생도 많다. 학교를 그만둔 아이들은 그 지역 음식점 등에서 아르바이트를 한다.

"최근 친한 친구 하나도 학교를 그만두었어요. 그 아이는 학비를 댈 수 없었어요. 아버지는 알코올 중독이라 일할 수 없었고, 어머니는 보험 설계사였고요. 걔는 항상 아버지의 폭력에 시달렸고, 부모님은 이혼하려 했지만 실제로 그러지는 못했어요. 그래서 어쩔 수 없이 경제적인 이유로 고등학교도 그만두었습니다."

그 아이 어머니가 이혼할 수 없었던 이유를 듣고 나는 놀랐다. 이혼하면 그 아이와 어머니가 집을 나와야 했는데, 집을 빌리려면 보증금, 사례금 등을 포함하여 30만 엔 정도가 필요했다. 그들은 그 돈이 없었다고 한다.

직접 만나본 그 아이의 꿈은 약사였다. 대학에 가려고 아르바이트한 돈으로 학원에도 다녔다. 그러나 고등학교도, 진학도 단념할 수밖에 없었다. 그 아이는 지금 슈퍼에서 아르바이트를 하고 있다고 한다.

루이가 다니는 고등학교의 대학 진학률은 30퍼센트 정도. 단기 대학* 진학률은 10퍼센트. 나머지는 취직이나 전문학교 쪽이고, 학교에서는 진로가 정해지지 않으면 졸업시키지 않으려고 필사적이라고 한다.

실제 교육 현장에서 이루어지는 '프리터가 되지 않기 위한 교육' 내용은 다음과 같다.

"진로 지도 때 베넷세** 같은 곳에서 사람이 와서 강연 같은 걸 했어요. 프리터가 되면 길게 봐서 벌이도 좋지 않고, 생애 임금도 큰 차이가 난다는 거예요. 그래서 프리터는 되지 말자는 얘기. 미래에의 보장이 없다는 얘기였죠. 돈으로 치면 2억 엔 정도가 손해라나."

왠지 이 시대가 너무 싫어지는 이야기다. 그러나 프리터가 되고 싶지 않더라도 애초에 정규직 사원 자리가 압도적으로 부족하다. 아이들을 프리터로 만들고 싶지 않다면, 나라에서는 그런 교육을 하기 전에 우선 기업 측에 압력을 넣어야 하는 것 아닐까? 그리고 만약 그런 교육을 받은 아이들이 프리터가 되어버린다면 그 절망은 정말 말할 수도 없을 것이다. 순서가 바뀐 것이다.

"그런데 놀기 위해 대학에 가는 거라면 그냥 프리터 쪽이 낫다고

• 2~3년제 대학으로, 학문 연구 중심의 '대학교'와 직업 교육 중심의 '전문학교'의 중간 개념 학교.

•• 1955년에 학습지 출판사로 시작한 일본 최대의 교육 관련 기업.

생각합니다. 스스로 돈을 벌 수 있고, 그리고 학부마다 다르지만 대학 다니려면 400만 엔 정도 드니까요."

루이가 그렇게 생각하는 것은, 주위에 간호사를 목표로 하면서 프리터 일을 하고 있는 20세 선배가 있기 때문이다.

"그 선배는 도립 간호학교에 시험 쳤는데 떨어지고는 사회 복지사 2급 자격증을 땄어요. 사회 복지사 일을 하면서 패스트푸드점과 잡화점에서 아르바이트를 하는 등 세 가지 일을 같이하고 있습니다. 나중에는 꼭 간호 일을 하겠다는 그런 확고한 목표가 있습니다. 그래도 선배네 집에 돈이 있었으면 사립 간호학교라도 갔을 텐데."

학교에서는 동급생 중에서도 진학을 단념하는 친구가 나타나기 시작했다.

"진학하고 싶어도 경제적 이유로 포기하는 아이들이 많습니다. 고등학교를 졸업할 돈은 있어도 그 이후의 돈은 없다는 이야기를 많이 들었어요. 그래서 진학이 아니라 취직을 하는 거죠."

벌써부터 졸업 후에 프리터가 되겠다고 하는 아이도 있다. 2005년만 해도 10만 명의 고교생이 진학도 취직도 못하고 그냥 졸업했다(문부과학성 조사). 그 대부분이 프리터나 니트족이 되었을 것이다. 『프리터 표류』에는 아다치 구에 있는 도립 고등학교 교사의 이런 말이 나온다.

"학생들은 아무 생각도 없는 것 같지만 실은 부모의 경제 상태를 잘 알고 있습니다. 아다치 구에서도 불황 때문에 작은 사업장이 차례로 문을 닫고 있습니다. 학생들의 부모도 그 영향으로 심각한 상황입니다. 학생들은 그런 가정 형편을 알고 있어서 부모에게는 구체적인 돈 얘기를 하지 않고, 취직하기로 하는 경우가 적지 않습니다. (후략)"(『프리터 표류』, 「프리터가 되는 젊은이들」 중에서)

루이의 학교에서도 많은 학생이 취직을 택하지만 원치 않는 곳에 고용되는 문제 등이 있다.

"취직하는 아이들도 고민합니다. 하고 싶은 일이 없는데 정하지 않으면 안 되고. 어떤 아이는 애완동물 가게 점원이 되고 싶은데 그쪽은 모집이 애초에 없어요. 애견 미용사 같은 게 아니면 안 되고."

일상적으로 '격차'를 느낀 적이 있는지 물어보니, 루이는 절절하게 말했다.

"있죠. 진학 같은 것에서 느껴요. 동생이 초등학교 5학년인데 옆반 담임이 학원 다니는 아이들 중심으로 수업을 한다고 하더라고요. 너무하다는 생각이 들었어요. 공립 초등학교인데 말이죠. 학원에 가지 않는 아이는 헤맬 수밖에 없겠죠."

루이는 한숨을 내쉬었다. 루이도 동생도 학원에 다니지 않는다. 그녀는 중학교 때 학원에 다니는 아이를 성적으로 앞선 것에 성취감을 느낀 적이 있다고 한다. 그렇게 성적이 우수했던 루이가 지금의 "불량 학교"에 간 것을 주위에서는 이상하게 여겼다.

"이 고등학교를 택한 건 집에서 가까웠기 때문이에요(웃음). 가깝고, 교복을 입고, 도립이라서 싸고."

싸기 때문이라는 이유에 놀랐다. 나는 과연 중학생 때 고교 진학 학비를 생각해보기나 했었던가. 시골이라서 애초부터 선택지가 너무 적기도 했지만 말이다. 중학교 때부터 루이는 고등학교에서 드는 학비도 전부 계산해봤다고 한다.

사립에 가고 싶다는 생각도 해봤다고 한다.

"단순한 동경이었어요. 사립은 부자가 가는 곳이라는 이미지라서. 있는 집 아가씨들 학교 같은 이미지요. 그런데 난 형편도 안 좋은데 그런 데 가도 되나 하는 생각이 들었어요. 그렇게까지 하는 사람도 있긴 하지만요. 그래서 애는 너무 싫어하는데도 무리해서 공부시키는 거죠. 그러다가 그게 자살 미수 같은 문제로 불거져 나오는 것 아닌가 생각해요. 정말 억압이고 지배죠."

실제로 중학교·고등학교에는 한 반에 한 명은 자살을 시도해본 사람이 있다고 한다(이 숫자는 적은 편이라고 생각하지만). 격차 사회에서 뭔가 아이들을 선두 그룹에 끼워넣고 싶어 하는 부모는, 아이들에게 경쟁에서 계속 이길 것만을 바란다. 소위 '착한 아이'일수록 부모의 기대에 부응하려고 열심히 할 것이다. 그러나 열심히 해도 한계가 있다. 게다가 학력을 돈으로 살 수 있게 된 오늘날, 유리한 쪽은 좋은 학원에 보낼 수 있는 부자다. 사춘기 특유의 스트레스에 가중된 그런 억압 때문에 중고생은 자해하곤 한다. 내 주위에서도 그런 중고생들의 목소리가 들린다. 그 중고생들에게서 가장 많이 들은 것은 "이 이상 더 어떻게 열심히 해" 같은 비명이다.

이제 루이에게 장래 희망을 들어보았다.

"단기 대학입니다. 의료 사무와 관련된 전공이 있는 단기 대학이요. 종사하고 싶은 직업은 의료 쪽이고요. 제 희망은, 20세에 단기 대학을 나와서 병원 사무직으로 취직하고, 5년 일해서 25세쯤 되면 그때까지 제가 현장에서 해본 일에 어떤 자격증이 필요할지를 확실히 알아볼 거예요. 그러고 나서 자격증과 관련된 학교에 다시 갑니다.

그런 방법도 괜찮지 않나 싶어요."

그 치밀한 계획을 듣고 정말 놀랐다. 고교 3학년 때 나는 그런 생각은 조금도 하지 않고 계획 없이 살았다. 일억 총중류라는 말이 통하던 시절에 고등학교를 다닌 나는, 지금의 고교생에 비하면 심하게 만사태평했던 것이다.

의료 관련 일에 종사하고 싶다는 생각은 어릴 때부터 했다고 한다. 발의 장애 때문이기도 했지만 작년에 아버지가 돌아가신 것도 큰 계기였다. 그러나 아버지의 죽음으로 인해 진학할 수 없을지도 모른다는 위기감을 느끼기도 했다.

"어머니는 좋을 대로 하라고 하셨지만 친척들로부터 중압감도 느꼈어요. '취직하지 않느냐'는 얘기를 자주 들었고. 아버지께서 돌아가셨으니 가계를 도와야 한다는 얘기 같은 것 말이죠."

그러나 루이의 의지는 확고했다. 어머니에게 부담을 드리지 않기 위해 단기 대학 학자금은 빌리기로 했다. 벌써 혼자서 알아보고 수속을 마쳤다. 2년에 150만 엔 정도라고 한다.

"친구들은 모두 대학 대학 하면서 짜증나는 이야기만 합니다. 대학에 놀러 다닐 거면 그냥 취직하는 쪽이 낫다라거나, 중졸로 일하는 사람 쪽이 훨씬 생활력 강하다고 하는 아이도 있고. 놀면서 대학 졸업했는데 급료가 좋다는 둥, 그런 얘기 들으면 화가 납니다."

루이는 자기 안의 대학 지상주의가 내심 부끄럽다고도 여긴다.

"자기 기술을 가신 사람이나 건설 현장 기술자나 페인트공이라면 고졸도 괜찮은 것 같아요. 그런 사람에게 대학을 졸업했다는 건 중요치 않겠죠."

그런 루이에게 프리터를 어떻게 생각하는지 들어보았다.

"보험료를 내지 않는다거나, 나중을 위한 저금 같은 건 하지 않는다는 이미지예요. 사촌 중에도 도쿄를 동경해서 시골에서 나와서는 여러 아르바이트를 전전하는 사람이 있습니다. 프리터를 하겠다면, 뭔가 신념을 가지고 하면 좋겠어요. 장난삼아 하지 말고."

프리터나 니트족 중에는 자기가 하고 싶은 일을 모르거나, 일하는 것의 의미에 좌절하는 사람도 많다. 루이는 일한다는 것을 어떻게 생각하고 있을까? "일하는 이유는 뭐예요?"라고 묻자 루이는 순간 멍한 표정이 되어 말했다.

"음. 먹고살기 위해서요. …… 음, 그리고 사는 보람이랄까요. 일하면 여러 사람과 만날 수 있을 거고요. 물론 생활하는 데는 돈도 필요하고요. 하지만 일하지 않는 사람, 일할 수 없는 사람에게도 이유가 있지 않을까 해요. 그러니까 자기를 탓하지 말고, 지금 고민하는 걸 정리해서 하나하나 해결하는 게 좋을 것 같아요."

일하지 않는 사람도, 일할 수 없는 사람도 이해한다는 그녀는 정말 어른스럽다. 그런 그녀에게 지금 일본에 대해 느끼는 모순들에 대해서도 들어보았다.

"역시 교육에 뭔가 문제가 있어요. 학원 다니는 아이들을 우선시하는 것도요. 친구가 고등학교를 그만둔 것도 돈 때문이고요. 최소한 고등학교는 다닐 수 있게 나라가 부담해주면 좋겠어요. 급식비라든지 수학여행비 등을 체납하고 졸업하는 사람도 꽤 있다고 하잖아요. 수학여행도 돈이 많이 들고요."

그녀의 불만은 교육에 관한 것만이 아니었다.

"지금 개혁도 엉망진창 아닌가요? 노인 의료비가 오르거나 재활 치료에 보험이 적용되는 기간이 짧아지기도 했고요. 그리고 세금은 꼬박꼬박 징수하는데, 고액 의료에는 여러 이유로 적용되지 않는 시스템이라든지, 그리고 그런 걸 절대 알려주지 않는 것도 이상하고. 아버지가 살아계실 때 수입은 그대로인데 인테리어업은 자영업이라고 해서 세금이 갑자기 올랐어요. 그때 어머니가 세금 때문에 저금하는 것을 보면서 이상하다고 생각한 적이 있어요."

의료 문제에 관해 그녀는 몸으로 절감하는 점이 있다.

"저는 태어날 때부터 발에 문제가 있는데 장애인으로 인정받지 못합니다. 일본에 수십 명밖에 없어서 사례가 적기 때문이죠. 제가 의료 관계 일을 하고 싶은 것은, 저와 같은 병을 가진 사람과 만나고 싶기 때문이기도 합니다. 아무 보장도 없이 불리한 입장이고, 장애를 인정받을 수 없는 것에 대한 고민도 있습니다. 이것만은 계속 어머니께 부담을 지우고 있어요."

마지막으로 장래 희망을 들어보았다. 루이는 조금 생각하더니 이렇게 말했다.

"제 환경을 보면, 아버지 돌아가시고 갑작스레 수입도 없어진 거잖아요. 그런 걸 얼핏 생각하면 희망 없어 보이지만 전 그래도 희망은 있고요(웃음). 그리고 즐거운 일도 많지만 괴로운 일도 많이 있는 것 같아요. 그렇지만 그것도 다 좋아질 거라고 생각합니다."

그녀와 대화하면서 고등학생과 이야기하고 있다는 것을 몇 번이나 잊곤 했다.

그녀는 자기 외부에 대해 기대 같은 것은 전혀 하지 않는 것 같았다. '언젠가 어떻게든 된다'거나, '누군가가 무언가 해줄 거다'라는 생각은 눈곱만큼도 하지 않는 것 같았다. 어쨌든 뭐든지 모든 것을 자기 노력으로 헤쳐가겠다는 의젓함으로 가득 차 있었다.

스스로의 병을 통해 체감한 의료에 대한 의문. 그녀는 일하는 것에 강한 동기를 갖고 있다. 무슨 일을 하고 싶은지 모르는 같은 세대 사람들에게 그런 그녀는 부러워 보일 것이다.

금욕적으로 자기 길을 가고 있고, 일면 아무 문제도 없는 듯 보이는 그녀지만, 사실 오랫동안 자학 행위로 고생한 적도 있다.

인터뷰 얼마 전, 그녀는 어머니에게서 "함께 죽자"는 말을 들었다. 아버지가 돌아가시고 20년 만에 일을 하게 된 어머니는 매일 녹초가 되어 귀가했다. 착실한 그녀는 항상 그런 어머니를 염려하고 있다. 그날은 초등학교 5학년인 동생과 어머니 사이에서 옥신각신한 날이었는데, 어머니는 "이젠 다 싫다"며 힘 빠지는 얘기를 했다. "이제 같이 죽자." 그녀는 "엄마 혼자 죽어요"라고 답했다고 한다.

그리고 그날 이후, 잠시 주춤했던 루이의 자학 행위가 다시 심각하게 되살아났다. 손목을 긋고 싶은 기분을 억누르지 못하고 수업 중에도 자해했다. 선생님도 주위 학생도 바로 옆에서 그녀가 자해하는 것을 알아차리지 못했다.

그러나 그렇게 위태로운 그녀지만 왠지 그녀는 반드시 의료 사무 일에 대한 꿈을 이룰 것이라는 확신이 든다.

희망은
'장애인이라는 조건을 가지고도 취직하는 것'

아유미 씨(가명), 29세

나 역시 자살이나 살기 힘듦의 문제에 몰두해왔기 때문에, 지금 일본의 상황과 자살, 정신적인 병의 관계에 대해서도 관심이 많다.

근래 정신적인 병을 함의하는 멘탈계[*]라고 불리는 사람들이 20대, 30대 사이에서 폭발적으로 늘고 있는데, 그것은 현재 일본에서 '일하는 것'의 의미가 예전 같지 않게 된 상황과 관련이 큰 것 같다. 실제로 취직 빙하기 이후 세대와 멘탈계 세대는 꽤 겹친다. 혹독한 취업 전선에서 100여 개의 회사에 낙방하는 경험은 극단적인 인격 부정으로 이어지고, 앞이 깜깜한 프리터 생활은 사람 마음을 아주 쉽게 궁지로 몰아넣는다. 정규직도 과로로 인한 우울증에 시달리곤 한다.

여기에 섬뜩한 숫자가 있다. 2002년부터 2005년까지 20대, 30대 사망 원인의 1위를 계속 '자살'이 독점하고 있다는 것이다. 참고로, 20대의 사망 원인 2위는 '불의의 사고', 30대에서는 '암'이다. 또한 2005년 20대, 30대 자살자 수가 전년 대비 5퍼센트 증가했다. 유서가 있는 자살의 경우 '경제·생활 문제' 때문인 것은 30대에 29.2퍼센트, 20대에서는 18.1퍼센트다. 30대의 우울증이 늘고 있는 것도 문제다. 원인으로는 정리 해고로 인해 극심해진 과로 등을 들 수 있다. 종

---

[*] '멘탈계'는 정신적인 병을 가진 사람들에 대한 편견과 차별적 어감을 피하기 위해 근래 들어 사용하는 명칭이다.

신 고용제의 신화가 붕괴된 이후 세상에 방출된 젊은이들의 마음은 그렇게 병들어가는 것이다.

마음이 병들면 일할 수 없다. 일할 수 없으면 더욱 내몰리게 된다. 부모에게 의지한다 해도 '일해라', '열심히 해라'는 비난을 받고, 그러면서 더욱 병이 악화되는 사람도 많다. 부모에게 의지하지 않는 사람도 있다. 그러면 수입 없는 그들에게 닥칠 것은 말 그대로 아사餓死다. 멘탈계 사람들의 주된 투쟁 테마는 그러므로 '어떻게 살아갈까'이다. 문자 그대로 생존권 싸움인 것이다.

실제 인터넷의 멘탈계 사이트에는 생활 보호 수급을 받는 방법이나 정신 장애인 수첩을 취득하고 장애인 연금을 받는 방법 등에 관한 정보가 실려 있다. 한때 나는 그런 멘탈계 사람들의 행동이 잘 이해되지 않았다. 그러나 이처럼 모든 가치관이 붕괴한 오늘날, 관점을 바꿔보면 이것은 훌륭한 '생존을 건 싸움'인 것이다. 그저 '살게 해줘'라는 절규다. 나아가 '일하지 않는 자는 먹지도 마라'는 생각은 지금 일본에서는 통용되지 않는다. 일해도 살아갈 수 없게 되어버렸기 때문이다. 살아가는 데 일하는 것이 충분조건이었던 때는 이미 옛날이다.

아이를 자살로 잃은 몇몇 부모들은 그럴 것이다. '일도 아무것도 하지 않더라도 그런 아이 하나 살아만 있어줘도 좋을 텐데'라고. 그러나 아이에게 그것을 허용하지 않은 이는 바로 부모 자신들이다. 아이가 죽고 나서야 겨우 알아차린다. 도움이 되지 않아도 일하지 않아도 단지 살아만 있어주면 좋을 텐데라면서.

이제, 여기에 등장하는 이는 29세 여성이다.

그녀는 현재 정신 장애인 수첩을 갖고 있고, 장애인 연금을 받으면서 살고 있다. 오랫동안 자살 충동으로 괴로워했고, 자학 행위, 약물 복용 등을 몇 번이나 반복해왔다.

그런 그녀에게 이야기를 들어보았다.

아유미 씨는 1977년생. 현재는 지바 현에서 시스템 엔지니어인 남편과 살고 있다. 결혼은 두 번째. 눈이 크고 얼굴도 하얀 미인이고 동안이라서 절대 29세로는 보이지 않는다.

8세 때 부모님이 이혼했다. 아버지의 폭력이 원인이었다. 그때부터는 어머니와 함께 야마가타에서 살았고, 고등학교 졸업 후에 그 지역 단기 대학에 진학했다. 단기 대학에 다니던 시절, 그녀에게 우울증이 찾아왔다. 원인은, 8세 때부터 만나지 못한 아버지. 20세가 되면 연락 정도는 올 것이라 기대했지만, 그 기대는 완전히 빗나갔다. 그녀는 그 무렵부터 자해를 하게 되었다.

그럭저럭 단기 대학을 졸업한 후 일 년간의 은둔형 외톨이 생활을 거친 뒤 그녀는 파견으로 일하기 시작했다. 고객 지원 일이었고 "컴퓨터 접속을 할 수 없는" 전화 응대였다. 정신과 약을 먹으면서 일했지만 일 때문에 우울증이 심해지게 되었다. 특히 강압적인 신입 사원 지도 때문에 힘들었다고 한다.

파견 일은 5년 정도 계속했다. 그사이에 첫 번째 남편과 만났다. 만난 것은 멘탈계 사이트의 채팅에서였다.

"자해를 한 후부터 나 말고도 그런 사람이 있는지 찾기 시작했고, 그래서 멘탈계 사이트에 빠졌습니다. 거기에서 전남편과도 알게 된 거죠."

처음엔 채팅만 하던 관계였지만 그가 야마가타에 놀러오면서 두 사람은 가까워졌다. "언제든지 이쪽으로 오라"는 그의 얘기에, 아유미 씨는 본가를 나와 그가 사는 사이타마로 갔다. 거기에서 동거를 시작했다. 26세 무렵이다.

사이타마에서 그녀는 프로바이더 회사*에 정규직 사원으로 채용되어 일하기 시작했다. 그리고 1년 반 정도 지나서 결혼했다. 그러나 반년 후, 남편은 갑자기 일을 그만두었다. 회사에서 대규모의 조기 퇴직자 모집이 있었고, 한 번에 큰돈이 들어온다는 것을 알았던 것이다. 남편은 도박에 빠져서 빚이 있었다.

"반대할 수 없었습니다. 완전히 그에게 정신적으로 의존했기 때문이에요. 뭐든지 '좋다'고만 했죠."

그러나 그녀 혼자 돈 벌어서 남편까지 부양하는 것은 힘들었다. 어느 날 남편이 "이런 일도 있네"라며 소개시켜준 것은 풍속** 쪽 일이었다.

"물론 풍속 일은 싫었지만 직장 여성과 달리, 일한 만큼 평가되는 것은 좋았습니다. 직장 여성은 모두 똑같이 취급되고 제 몫을 평가받는 경우가 없으니까요. 저는 누군가에게 필요한 사람이고 싶기도 했고요."

그러나 물론 좋은 일만 있었던 것은 아니었다.

"우울증이라고 사장에게 말했지만, 약 기운 때문에 나른해져 있으

* 인터넷 접속 서비스를 제공하는 회사.
** 성 산업을 통창하는 말.

면 질책을 들었고, 컨디션이 안 좋아 쉬겠다고 하면 '쉬는 날이 많으면 우리도 다시 생각해보겠다'는 얘기를 듣곤 했습니다. 아무리 힘들어도 가야 했어요."

아유미 씨같이 정신적인 병을 앓고 있으면서 풍속 일을 하는 여성은 많다. 보통 일이라면 매일 출근하거나 본인 의사와 상관없이 부서 이동이 결정되곤 하지만, 풍속은 그 점에서는 융통성이 있기 때문이다. 하루 가면 그날 돈을 받을 수도 있다. 하지만 그렇게 풍속 일을 하면서 병을 키우는 여성도 많다.

"결국 풍속 일은 반년 정도 계속되었습니다. 그러다가 남편의 본가인 가고시마 현으로 이사했습니다. 남편이 갑자기 '부모님 집으로 돌아가겠다'고 했어요. 돈이 바닥났으니까요. 제 돈만으로는 살 수가 없었고요. 그 당시에 남편에게는 300만 엔 정도 빚이 있있어요."

그리고 두 사람은 가고시마 현에서 새로운 생활을 시작했다. 남편의 본가에서 시부모님과 함께 살았다. 그러나 남편은 여전히 일하지 않았다. 낮에는 슬롯머신을 하고 밤에는 플레이스테이션을 했다. 아유미 씨는 "내가 일할 수밖에 없어"서 또 풍속 일을 시작했다.

"가고시마 현에서는 일할 곳도 풍속 일 정도밖에 없고. 그때는 풍속 일밖에 할 수 있는 일이 없다고 생각했습니다. 시부모님께는 들키지 않았습니다. 어쨌든 간토 지방으로 돌아갈 마음으로 일했습니다."

그렇게 죽기 살기로 일한 그녀는 가게에서 최고가 되었다. 출장 마시지업소에 한 번 나가면 1만 엔 정도를 받았다. 1년 반 후 그녀는 끝내 가고시마를 나오기로 결심하고 이혼했다. 이혼 결심을 하게 된 계기는 지금의 남편을 만난 것이었다.

"이 사람과 만난 것도 멘탈계의 채팅이었어요. 그 후 메일이나 전화를 하게 되었고, 직접 만났어요. 그대로 그의 집으로 이사했고 1년 후에 결혼했습니다."

남편은 34세의 이혼남. 프리랜서 시스템 엔지니어이고, "일하지 않아도 좋다"고 했다. 어떤 의미에서 멘탈계 여성의 '완성'이라고도 말할 수 있는 사례다. 결혼해서 주부라는 이름을 얻고 떳떳하게 집 안에 틀어박혀 있는 것을 이상으로 삼는 멘탈계 여성은 많다.

그러나 그런 남편 역시도 우울증이다. 남편의 우울증 원인은 주로 과로와 이직 그리고 이혼이었다.

"만일 지금의 남편과 만나지 않았다면 저는 가고시마에서 자살했을 거예요."

아유미 씨는 당연한 듯 그렇게 말했다.

"일하지 않아도 좋다"며 이해해주었을 뿐 아니라, 남편은 그 밖에도 여러 가지를 도와주었다. 지바로 이사하면서 다니기 시작한 병원에서 그녀는 우울증뿐 아니라 조현병과 공황 장애 진단을 받았다. 남편은 조현병이라면 장애인 수첩도 받을 수 있을 것이라며 수속을 밟아 장애인 수첩을 취득하게 해주었다. 현재 아유미 씨는 장애인 2급 수첩을 소지하고 있고, 2개월에 20만 엔 정도의 연금을 받고 있다. 그녀 주위의 멘탈계 친구들도 정신 장애인 수첩을 가지고 있는 사람이 많이 있다. 그중에는 생활 보호를 받고 있는 사람도 있다.

"실제로 생활 보호자와 만난 적도 있는데, 정말 일하는 것도 뜻대로 안 되는 상태여서, 일하라는 얘기를 들어도 무리라고만 생각됩니다. 하지만 사람들 중엔 '일할 수 있을 거야'라고 말하는 사람도 있습니다. 그냥 외출할 수만 있으면 일할 수 있는 것 아니냐고 하는 거죠."

그러나 멘탈계 사람들에게 생활의 불안정 문제는 심각하다. 그런 상태의 사람에게는 우선 금전 면의 불안을 없애주기만 해도 병 상태가 매우 달라질 것이다.

일만 하면 금방 과부하가 걸려버리는 아유미 씨지만 최근 스낵바의 아르바이트를 시작했다. 시급 1,500엔. 일은 저녁 7시부터 밤 12시까지. 일 이외의 시간에는 계속 인터넷을 하고 있다.

"거의 틀어박혀서 외출하지 않아요. 매일 스낵바에 가기 전까지 채팅만 합니다. 멘탈계 쪽 사이트에서요. 스낵바에서 일하기 전에는 오전 중에 집안일을 끝내고 남편이 돌아오는 밤 11시 정도까지 계속 채팅을 했습니다. 12시간 정도. 완전히 인터넷 의존이었죠. 그런데 그게 아니면 누군가와 소통할 수단이 없었거든요."

멘탈계 사이트에 빠져든 아유미 씨의 주위에는 역시 자살하는 사람이 많다.

"주위에서 자살한 사람 중 한 명은 과로 때문이었어요. 다들 '잠시 휴직하면 된다'고 했는데 그는 말을 안 듣더니 자기 집에서 목을 맸어요. 저와 동갑인 남성이었어요. 또 한 사람, 최근 자살한 아이는 일할 곳도 없고 부모에게도 버려지고 거처도 없었는데 그 아이는 투신했어요."

내 주위에서도 멘탈계 친구나 지인 등이 매년 여러 명 목숨을 끊는다. 그러나 죽을 정도로 힘이 들면 장애인 연금이나 생활 보호로 연명해야 한다. 그녀도 말한다.

"다들 열심히 일하고 세금 내고 살면서 병이 든 거니까 죽을 만큼 힘들면 생활 보호 같은 걸 받았으면 해요. 병을 앓으면서 일하면 아무래도 우울할 땐 일할 기운도 없고 일도 잘 못하니까 눈치를 보게 되는데요, 그런 걸 회사는 이해해주지도 않고, 또 얘길 하면 해고당하니 말도 할 수 없고요."

지금은 결혼을 해서 생활 면의 불안에서는 해방된 아유미 씨지만, 장래에 대한 불안은 끊이지 않는다.

"프리랜서 남편도 언제 일이 없어질지 모르고, 나도 정규직으로 직장에 있는 것도 아니어서 진짜 미래가 불안합니다. 저는 할 수 있는 일이 없어서 풍속에 갔지만 나이 먹으면 그런 것도 할 수 없게 되고, 나이 먹으면 먹을수록 정규직 구하기는 어려워지고요. 그래서 점점 저 자신을 몰아세우곤 해요. 종종 남편과 이혼 이야기 같은 게 나옵니다. 주로 싸웠을 때요. 그럴 때 남편은 '이제 너 생활 보호 받아서 살아'라고 말합니다. 그럴 땐 죽고 싶어지죠."

생활 대부분을 남편에게 기대고 있는 그녀는 남편과의 대수롭지 않은 옥신각신 속에서 인생이 밑바닥부터 붕괴되는 공포를 맛보곤 하는 것이다.

나보다 두 살 어리고 나와 마찬가지로 취직 빙하기 세대인 아유미 씨는 자신이 손해보고 있다고 여기고 있었다.

"옛날에는 자기가 좋아하는 일을 선택했다는 이야기를 들으면 좋다고 생각했습니다. 그런데 그런 것과 우울한 사람이 많다는 것은 분명 관계가 있는 것 같아요. 지금 잘나가는 사람은 취직난 같은 걸 모르겠죠. 그렇지만 그런 사람도 우리같이 취직난을 겪어보면 분명히 우울해질 거예요. 하다못해 저 같은 병이 있어도 인정해주고 일할 수 있게 해주면 좋겠습니다."

마지막으로 아유미 씨는 조금이지만 희망을 품는 것이 있다고 했다.

"3년 정도 후에는 프리터나 니트족 같은 사람들이 국가시험을 치를 수 있다고 하던데, 저도 그러고 싶어요. 저도 그 시험을 치르고 싶습니다. 또 큰 회사라면 장애인을 몇 퍼센트 받아주는 정책이 있지 않나요? 그런 게 늘어나면 좋겠어요. 그러면 장애인이라는 조건을 갖고도 취직할 수 있지 않을까 생각해요. 그저 희망이지만요. 주위 멘탈계 친구들과도 이런 이야기를 합니다."

장애인이라는 조건을 갖고도 취직할 수 있으면 좋겠다는 이 29세 여성의 말. 그것이 '희망'이라면 우리는 이미 절망적인 세계에 살고 있는 것이다. 그러나 내 지인 중에서도 장애인이라는 조건을 갖고도 취직한 사람이 있다. 일을 구하지 못해 노이로제 상태에 빠졌고 정신 장애에 이른 경우였다. 다행히 그는 상태가 나아져서 취직할 수 있었다. 불안으로부터의 해방, 이를 비법이라고 해도 좋을 것이다. 만약 시대가 달랐으면, 그 사람도 아유미 씨도 장애인 고용이 아니라 보통의 틀 내에서 당연하게 취직할 수 있었을 것이다.

아유미 씨의 이야기를 들으면서 생각난 것이 있다. 몇 해 전 만난 홈리스 여성의 이야기다. 그녀는 도쿄 내에서 홈리스 생활을 하면서 남자친구와 동거하고 있있다. 물론 그도 홈리스다. 그녀는 이전에 풍속 쪽에서 일을 했었다. 가출이나 다름없이 본가를 뛰쳐나와 풍속의 세계에 들어갔고 그 뒤 홈리스가 되었다고 했다. 이 20세 여성 역시 정신적인 병을 갖고 있었다. 마음의 불안정함과 풍속업계의 관계는 왠지 가깝다. 아슬아슬한 균형 속에서 그 둘은 공존한다. 풍속 일을 한 경험으로 생긴 트라우마로 괴로워하다가 자살한 여성이 있었는데, 그런 일을 생각하면 그녀들의 희생의 대가는 너무도 싸다. 아유미 씨가 말한 대로 출장 마사지로 한 사람당 1만 엔을 받을까 말까다. 그러나 여전히 멘탈계 여성들은 풍속의 세계로 향한다. 정신적으로 불안정한 사람을 받아주는 업계는 거기 정도밖에 없는 것이다.

아유미 씨는 오늘도 멘탈계의 채팅에서 누군가를 만나 이야기하고 있다. 그런 그녀의 집에는 인터넷 옥션에서 산 개 3마리와, 역시 인터넷에서 만난 남편이 있다.

"전부 인터넷에서 조달했다"며 웃는 아유미 씨는 더 행복해질 권리가 있다. 꼭.

기업에 의한 살인
과로 자살

한 파견 사원 이야기

재량 노동제와 정규직 사원의 과로 자살

과로 자살에 대해서 쓰기 전에 우선 기본적인 것부터 이야기해둘까 한다.

　우리는 종종 '자살할 정도라면 회사를 그만두면 되지'라고 소박한 생각을 하곤 한다.

　그러나 과로 자살은 과로에 의해서 우울증 같은 정신 장애가 발생하고 그로 인해 자살에까지 이르는 것을 말한다. 정신적으로도 육체적으로도 만신창이가 되어, 죽을 수밖에 없겠다고 여기는 데까지 이르는 것이다. 일반적으로 우울증이 있는 사람의 자살률은 그렇지 않은 사람보다 약 35배 높다고 한다.

한 파견 사원 이야기

우엔단 유지 씨, 향년 23세

재판은 5분 만에 끝났다. 2006년 6월 15일 오후 2시 30분 도쿄고등법원 808호 법정.

이날 재판은 23세에 자살한 우엔단 유지^{上段勇士} 씨의 과로 자살을 둘러싼 재판이었다.

유지 씨는 1975년, 삼형제 중 둘째로 도쿄에서 태어났다. 중학교 때는 육상부 소속이었고 학생회장도 역임했다. 여학생들에게 아주 인기가 많았다고 했다. 실제 사진을 봤는데, 그 인기가 충분히 짐작되었다.

중학교를 졸업한 후에는 이과 쪽 성향을 따라 공업 고등전문학교(도립항공고등전문학교) 전자공학과에 입학했다. 우수한 성적으로 졸업한 후 도쿄도립대학교 공학부에 편입했다. 그러나 수업 내용에 만족할 수 없었던 유지 씨는 이후 미국에서 공부하고 싶어서 4학년 때 대학을 그만둔다. 유학 비용을 모아야 했던 그는 취업 잡지에서, 지금은 '피고'가 된 업무 청부 회사 '네크스타'(현 아테스트)를 발견했고 1997년 10월에 채용되었다. 덧붙이면 이 회사는 크리스탈그룹 계열사다.

유지 씨는 네크스타를 통해 사이타마에 있는 니콘의 구마가야^{熊谷} 제작소에 파견되었다. 처음으로 가족을 떠나 네크스타의 임대 아파트 숙소에서 생활했다. 당시 구마가야제작소는 반도체 제조에 필요한 장치를 만드는 공장으로 니콘에서 매출 일등공신 역할을 하고 있었다. 유지 씨는 거기에서 반도체 제조 장치 '스테퍼'의 최종 검사를 담당하게 된다. 최종 검사는, 공정 진행 과정에서 납기일이 어긋나면 그 여파를 즉각 받는 동시에 평소에도 책임이 무거운 일이었다.

일하던 곳은 '클린룸'이라 불리는 곳으로, 먼지나 티끌을 최소화한 폐쇄 공간이었다. 온몸을 감싸는 방진복을 입고 서서 작업하는 곳이었다. 클린룸 안에는 휴게실이나 화장실이 없고, 바깥에 나가기 위해서는 몇 분에 걸쳐 방진복을 모두 벗어야 하며, 다시 입실할 때에는 에어 샤워를 해야만 한다. 또 클린룸 안은 감광제가 감광하지 않도록 자외선이 차단된 노란색 조명등이 켜져 있어서 늘 시야가 노랗게 물들어 있다. 납기일이 엄격하고 잔업도 많아서 정신적으로나 육체적으로 힘든 일이었다.

이 재판을 담당한 가와히토 히로시川人博 변호사의 저서 『과로 자살과 기업의 책임』에는 클린룸에 대한 이야기가 나와 있다. 인용해보겠다.

"중앙노동재해방지협회가 1990년 9월에 작성한 보고서 「클린룸의 안전 위생 관리」는, 클린룸 작업으로 인해 '정신 활동이 복잡한 영향을 받을 가능성'이 있고 '특이한 정신·심리 상태가 되기 쉽다'고 지적하고 있다. (중략) 또한 클린룸에서 일하는 노동자의 건강 피해가 1990년대 이후 세계 각지에서 보고되고 있고, 화학물질에 의한 천식, 유산, 암, 기형아 출산, 백혈구 감소, 신경 질환 등 여러 가지 문제가 부상하고 있다."

그러나 회사는 전혀 정보를 공개하지 않았고, 유지 씨는 "돈을 모으기에는 딱 좋은 환경이다, 열심히 하자"라면서 의욕에 넘쳐 있었

다. 몸 만들기에 관심이 많던 유지 씨는 늘 건강에 신경을 써서 음식
도 자기가 직접 만들어 먹곤 했다.

2개월 후, 그때까지 낮 근무였던 유지 씨는 주야 교대 근무를 했
다. 낮 근무는 오전 8시 30분부터 오후 7시 30분까지, 밤 근무는 오
후 8시 30분부터 아침 7시 30분까지였다. 밤낮이 자주 바뀌는 불규
칙한 생활 때문에, 불면에 시달렸고 위장도 안 좋아졌다. 유지 씨는
설사나 구토 증세를 어머니에게 호소했다.

다음 해 3월에는 타이완으로 출장을 가게 되어 2주일 동안 타이완
에 있었다. 이것만 보아도 그가 정규직 사원에 뒤지지 않는 역할을
했다는 것을 알 수 있다. 처음 해외에 나갔지만 너무 바빠서 "며칠 동
안 과자나 빵 하나로 하루를 버티기도 했다"고 그는 귀국 후 어머니
에게 이야기했다.

출장 후에도 장시간 노동이 계속되었다. 5시간 반의 잔업, 15시간
을 넘는 휴일 출근, 반복되는 야근. 그리고 낮 근무 자리도 교체되었
다. 이 무렵부터 유지 씨는 "음식 맛을 모르겠다"고 어머니에게 이야
기했다. 그러나 그런 와중에 그는 다시 가혹한 출장을 소화해냈다.
"이번 출장도 엄청나요. 거의 잘 수가 없어. 새벽 2시경에 돌아와서 4
시간 정도밖에 못 자요. 몸 상태는 완전히 최악이에요." 유지 씨가 어
머니에게 전화로 한 말이다.

그해 여름, 유지 씨의 스트레스를 더욱 가중시킨 사건이 발생했다.
같은 시기에 입사한 파견, 청부 사원의 대부분이 정리 해고된 것이
다. 네크스타에서 파견된 사람 중 남은 이는 유지 씨뿐이었다. 유지
씨는 어머니에게 분노와 충격을 털어놓았다. "니콘은 별다른 계획도

없이 파견 사원을 무조건 채용해서는 제멋대로 해고해버린 거예요. 파견 사원이 그저 일회용이고 편리하다는 거죠. 처음 취직한 건데 너무 지독한 곳에 온 것 같아요."

유지 씨와 같은 숙소를 썼던 동료도 해고되었다. 남은 유지 씨는 상당한 압박을 느꼈을 것이다. 사람들이 없어진 만큼 유지 씨에게는 더 많은 일들이 몰려들었다. 몸이 안 좋아도 "지금 쉬면 해고될지 모르니 힘낼 수밖에 없다"고 하면서 출근했고, 니콘에 파견되어 1년쯤 지나서는 매일매일이 너무 피곤해서 그토록 좋아하던 요리도 거의 할 수 없게 되었다.

이즈음부터 그는 어머니와 통화하면서 집중력 저하나 호흡 곤란, 격렬한 두통을 호소했고, "열심히 해도 잔업이 줄지 않는다", "완전히 녹초가 됐다. 요즘엔 9시간 45분의 평상시 노동민으로도 니무 힘들다"는 등 아주 지친 모습을 보였다. 그러나 그런 와중에도 그는 전기주임 기술자(2종) 자격시험 공부를 하고 있었다. 가끔 어머니는 도쿄에서 유지 씨를 만날 때마다, 그가 바싹 말라가고 안색이 나빠지는 것을 걱정했다.

일상의 업무뿐 아니라 그 밖의 일에서도 스트레스는 끊이지 않았다. 출장 직전까지도 정확히 정해지지 않은 일정. 무엇이든 파견 업체인 네크스타를 통해서 소통을 해야 하는데 정작 그들의 대응은 요령부득. 거기에 또 빡빡한 타이완 출장이 겹쳤다. 그리고 1998년 12월, 이번엔 네크스타가 "숙소를 옮기라"고 이사 이야기를 들고 나왔다. 언제 이사해야 하는지도 모르고 그냥 기다리고만 있던 유지 씨는, 쉬는 날마다 혹시나 얘기가 있을까 해서 기다렸지만 더 자세한 이야기는 듣지 못하고 그대로 연말을 맞았다.

1998년 말부터 1999년 초까지 유지 씨는 가족과 함께 도쿄에서 보냈다. 그러던 새해 첫날, 유지 씨의 어머니를 놀라게 한 사건이 일어났다. 어머니가 외출한 사이에 유지 씨는 욕실 청소를 하고 있었다. 그런데 어머니가 집에 돌아와서 보니 밀폐된 방에 소독약의 독한 냄새가 가득 차 있는데 유지 씨는 전혀 냄새를 맡지 못하고 있었다. 놀란 어머니는 그에게 눈가리개를 씌우고 식초, 간장, 된장, 소스 등의 냄새를 맡아보게 했지만 유지 씨는 전혀 구별하지 못했다. 그다음에 어머니는 미각을 시험해보았지만 유지 씨는 맛도 전혀 구별하지 못했다.

새해 첫날을 가족과 보낸 유지 씨는 멍하고 무표정한 적이 많았다고 한다. "최근에 간단한 단어도 자주 착각해요. 머리가 멍한 것 같아요. 슬퍼요. 낮인지 밤인지 분간도 안 되고요. 시차 병이 이런 느낌일까?"라고 했다고도 한다. 2교대 근무는 분명 유지 씨의 몸을 갉아 먹었다. 그는 또한 손이나 팔 저림도 호소했다.

새해 휴일 마지막 날, 구마가야로 돌아간 유지 씨를 기다리고 있는 것은 갑작스런 이사 통보였다. 그는 선택의 여지도 없이 기존에 살던 곳보다 더 좁은 방으로 급히 이사해야 했다.

휴가가 끝나니 장시간 노동이 이어졌다. 어머니에게 전화로 "눈이 답답하다", "두통이 심하다", "냄새도 맛도 모르겠다", "피곤해서 키보드가 흐릿하게 보인다" 등의 증상을 호소했다. 1월에는 동생이 유지 씨를 찾아왔다. 유지 씨는 평소 별로 가지 않는 게임센터에 동생을 데려갔다고 한다. 그리고 자기는 게임을 하지 않고 게임에 열중한 동생을 싱글벙글 웃으며 그저 보고만 있었다고 한다. 재판에 의견서를 제출한 정신과 의사는 이 행동에 대해 "추억 만들기 행동의 가능성이 보인다"고 기술했다. 과로에 의해 이미 우울증이 발병한 것이다. 이즈음부터 유지 씨의 머리에는 '자살'이라는 말이 맴돌고 있었을지도 모르겠다.

그리고 1999년 1월 24일부터 2월 7일까지 유지 씨는 15일 연속, 단 하루도 휴일 없이 근무를 했다. 15일간의 연속 근무는 평균 약 11시간, 긴 날은 14시간이나 되었다. 게다가 지도해주는 사원이 없었던 날도 3일 있었고, 지도해주는 사원이 유지 씨만 남기고 퇴근한 날도 3일이나 있었다. 어머니는 이 무렵 유지 씨와 통화하면서 "비명에 가까운 느낌"을 받았다고 한다.

2월 도쿄의 어머니 집에 돌아온 유지 씨는 체중을 재보았다. 니콘에서 일하기 전에 65킬로그램이었던 유지 씨의 체중은 52킬로그램이 되어 있었다. 어머니는 충격으로 말을 잃었다고 한다. 이날 유지 씨는 어머니에게 "이제 그만두겠다"고 말했다.

2월 23일, 그는 퇴직 의사를 밝혔다. 그제야 그는 간신히 해방감을 느꼈을 것이다.

그러나 네크스타는 순순히 퇴직을 허가하지 않았다. 유지 씨는 불안감에 쫓기면서도 어머니에게는 "내일 야근할 때 니콘에서 이야기가 있을 테니까, 그때 내 의사를 분명히 말할게. 다음 직장은 취업 잡지에서 잘 알아보고 찾을게"라고 이야기했다고 한다.

다음 날 야근하러 가기 전에 유지 씨는 니콘에서 무슨 말이라도 있으리라 생각하며 어머니에게 뒷일—이삿짐을 보낼 곳이나 차의

면허 취득, 고용 보험에 관한—에 대해 이야기했다.

그러나 그날 니콘에서는 아무 말도 없었다. 네크스타에서 "절대로 니콘에 직접 이야기하지 말라"고 신신당부했기 때문에 유지 씨는 니콘에 말할 수도 없었다.

26일부터 유지 씨는 무단결근하기 시작했다. 니콘은 유지 씨의 아파트에 전화를 걸었지만 연락이 되지 않았다. 그러나 집으로 찾아가지는 않았다. 어머니가 몇 번이나 전화를 했지만 연락이 되지 않은 채 며칠이 지났다. 그리고 3월 3일 유지 씨에게 퇴직 신청서를 받은 네크스타 쪽 직원이 드디어 니콘 쪽 직원에게 퇴직 신청서를 전달했다. 네크스타 쪽은 그제야 유지 씨가 계속 무단결근하고 있는 것을 알았다. 그러나 그에 대해서는 역시 아무 대응도 없었다.

3월 6일, 50세 생일을 맞은 어머니는 다음 날인 7일 유지 씨에게 부재 중 메시지를 남겼다. 그러나 역시 유지 씨에게서 연락은 없었다. 걱정이 된 어머니는 3월 10일 네크스타에 연락했다. 네크스타 직원은 그날 비로소 아파트를 찾아갔다. 그리고 목을 맨 채 죽어 있는 유지 씨를 발견했다.

목을 맨 끈은 핫플레이트의 전기 코드였다. 방 안의 화이트보드에는 "헛되이 시간을 보냈다"고 쓰여 있었다.

사망 추정일은 3월 5일. 어머니가 당신의 생일을 알리는 전화를 했을 때 이미 유지 씨는 숨겨 있었던 것이다.

그리고 유지 씨가 숨진 지 1년이 지난 2000년 3월 16일에 비슷한 사건이 발생했다. 유지 씨와 마찬가지로 네크스타를 통해 니콘에 파견되었고, 역시 2교대 근무를 했던 26세 남성 K·T 씨가 허혈성 심장

질환으로 사망했다. 두 번째 희생자였다.

유지 씨의 어머니는 2000년 7월, 니콘과 네크스타를 피고로 하여, 도쿄지방법원에 총액 1억 4500만 엔의 손해 배상을 청구하는 소송을 냈다.

재판에서 유족 측은 과로 때문에 우울증이 발병하여 자살에 이르렀다고 주장했다. 네크스타는 "업무와 우울증 사이에 인과 관계는 없다"고 했고, 니콘은 "(그는) 하청 작업을 한 것이지 파견 사원이 아니었다"고 주장했다.

재판에 제출된 정신과 의사의 소견서에는, 유지 씨가 니콘에서 일을 한 지 1년이 된 1998년 11월경에 과로로 인한 우울증 발병이 인정된다고 쓰여 있다. 실제로 그 무렵부터 유지 씨는 어머니에게 "숨 쉬기 힘들다. 심호흡을 크게 해도 폐에 공기가 들어오지 않는 느낌이다"라고 호소했다. 이것은 불안 증상이다. 또한 "머리가 너무 뜨거운 것 같아 열을 재봤는데 정상이었다"고도 호소했다. 머리 부위의 위화감이나 체온 이상의 느낌도 우울증의 자율 신경계 증상으로 자주 나타난다고 한다. 2교대 근무에서 오는 만성 피로나 수면 부족 그리고 일 스트레스는 위통, 설사 등의 소화기 증상을 일으켰을 뿐 아니라 유지 씨의 정신도 갉아먹고 있었던 것이다.

그러나 유지 씨 본인은 그것이 병이라고 인식하지 못했다. 집중력이 떨어진 것에 초조함을 느낀 유지 씨는 통신 판매를 통해 알파파 발생 장치를 구입하기도 했다. 정신과 의사는 이 행동에 대해 "우울증은 자기 건강에 대한 불안감으로도 나타난다"고 지적했다. 또 "이것은 '자기 단련이 부족하다'는 생각 때문이었을 것이다. '계속 열심히 노력하면 역경을 이겨낼 수 있다'는 사고 패턴은 역으로 우울증이 되기 쉽고, 초기 우울증 환자에게도 자주 보이는 사고 패턴이다"라고 의사는 말했다.

연말에 어머니와 있을 때 유지 씨는 무표정하고 멍하게 있는 일이 많았는데, 이미 이 무렵에는 사고력, 주의력, 작업 능력이 현저히 감퇴했고, 현실감, 시간 감각도 상실하고 있었던 셈이다. 우울증은 더욱 악화되고 있었던 것이다.

또한 네크스타에 퇴직 의사를 밝히기 이틀 전부터 유지 씨는 일을 쉬고 있었다. 정신과 의사는 이것을 우울증의 증상으로 보았다. 즉 "'출근하는' 일이 본인에게는 마지막 난관이었을 텐데, 이때는 그것조차 돌파할 수 없을 정도로 기력이 저하되고 정신 운동에 대한 거부가 강해졌다"는 것이다.

23일에 그는 퇴직 의사를 밝히며 일시적인 해방감을 느꼈겠지만, 네크스타의 대응은 불분명했다. "'퇴직' 문제는 '자기 방어'의 방법이자 최후의 카드였다. 그런데 그것도 통하지 않아 그는 고통에서 탈출할 수 없다는 생각에 사로잡혔을 것이며, 억울한 기분은 증폭"되었을 것이고, "정신 운동에 대한 거부, 억울한 기분 증폭, 절망감 등으로 현실적 사고·판단·선택이 불가능"하게 되었다는 말이다.

왜 네크스타는 유지 씨가 퇴직을 신청했을 때 진지하게 받아들이지 않았을까? 게다가 왜 니콘은 그가 무단결근을 했는데도 그냥 방치했던 것일까?

유지 씨의 재판에 제출된 정신과 의사의 소견서에는 이렇게 쓰여 있었다.

"그(유지 씨)의 자살 배경에는 본인의 미래 설계가 파탄 났다는 심리적 요소도 놓여 있을 것이다. 즉 본인은 취직해서 일하면서 미국 유학 자금을 모으면서 틈틈이 이공학 등을 공부하며 유학 준비를 하고 싶었을 것이다. 그런데 면학에 힘쓸 시간은커녕, 오히려 우울증에 걸려 사고 정지 상태에 이르렀고, '이과 쪽의 간단한 공식조차 생각나지 않는'(어머니의 말) 것에 대단한 충격을 받았다. 또한 취미로 단련하여 건강했던 몸도 심하게 여위고 삐쩍 마른 상태가 되었다. 그는 완전히 상실감에 휩싸였다. 그리고 마지막으로 화이트보드에 남긴 메시지는 '헛되이 시간을 보냈다'는 것이었다."

유지 씨의 재판에서는 또 한 가지 큰 쟁점이 있었다.

그것은 위장 청부 문제였다. 유지 씨가 '파견 사원'이었는지 아니었는지가 큰 쟁점이 된 것이다. '파견 사원'이라면 책임은 주로 니콘에 있고, 그게 아니라면 네크스타 쪽에 있다는 말이다.

여기에 위장 청부 문제의 심각성이 있다. 유지 씨가 죽었을 때 어머니는, 네크스타 쪽 직원에게 "(유지는)어떤 일을 하고 있는지" 물었다. 돌아온 답은 "잘 모르겠다"는 것이었다. "클린룸이라는 방에서 일했지만, 저희는 들어가본 적이 없습니다."

그런 현장에서 무슨 일이 일어나겠는가? 청부 회사는 현장이 어떤지도 모르고, 노동자가 어떤 심한 취급을 받고 있는지도 모르기 때문에 관리라는 것도 소용이 없다. 파견처 회사는, 자기 회사 직원이 아니기 때문에 사람을 부리는 데에 어떤 방법이든 가리지 않는다.

유지 씨의 경우에 업무상 지시는 니콘이 내렸고, 네크스타는 업무 지시를 전혀 하지 않았다. 또한 유지 씨의 노동 시간에 대해서도 네크스타는 니콘에서 월말에 보고를 받아봐야 안다는 식이었고, 네크스타 쪽 직원은 유지 씨와 일주일에 한 번 정도 면담을 할 뿐이었다. 결국, 외부에서 온 노동자인 유지 씨는 약자의 입장이기 때문에 하고 싶은 말도 할 수 없었다. 그저 사용되기만 하다가 지칠 대로 지쳐 우울증이 생겼고 자살해버리고 만 것이었다. 이것이 구조적인 '살인'이 아니라면 무엇이겠는가?

지금 유지 씨의 어머니에게는 파견, 청부로 일하는 젊은이들의 비명이 쇄도하고 있다. 다음은 어머니의 홈페이지에서 인용한 것이다.

청부 회사가 일의 내용에 대해 잘 모르고 있다는 것은, 배속처 기업이 우리를 어떤 방법으로건 쓸 수 있다는 것을 의미합니다. (중략) 회사 직원이 아니라 외부 노동자를 사용할 때, 어떻게 이렇게 잔혹한 심리가 작용할 수 있나 싶을 정도로 깜짝 놀랄 이야기를 많이 들어왔습니다.

크고 무거운 물건들 아래에서 작업을 합니다. 만일 와이어가 끊기면 어김없이 추락사하겠죠. 인터넷 같은 건 없고요. 그런 일은 전부, 청부와 파견이 합니다. (후략)

눈이 아파 죽겠습니다. 가벼운 구토도 합니다. 가까이에 용제가 있어서 그렇다고 얘기하면 "너만 그래. 이 일에 안 맞으니 그만둬"라고만 합니다. 직원들에게는 그나마 간단한 마스크라도 나눠줍니다. 그러나 파견이나 청부에게는 없습니다. 그걸 따지니까 "저건 기체라서 상관없어"라고 하더군요.

여성 파견 사원이 작업 중에 이층에서 떨어졌습니다. 우리도 같은 곳에 있어서 무서웠습니다. 아래를 보니 반장들이 왔고, 잠시 들여다보더군요. 혼잡한 와중에 그들과 함께 그녀를 옮겼습니다. 구급차는 부르지 않았습니다. 전 그녀가 즉사했다고 생각했습니다. 그러나 그날 귀가할 때도 다음 날에도 사건에 대해서는 어떤 이야기도 없었습니다. 작업 장소에 방호 울타리나 방호망 등은 지금도 전혀 없습니다. (※울타리나 망은 작업 능률이 떨어진다는 이유로 설치하지 않는 것 같습니다.)

교대 근무를 하고 있습니다. 잔업이 사흘 연속되어 몸이 후들거리더군요. 그때 마침 옆에 있던 K군이 들고 있던 물건을 떨어뜨리며 넘어졌습니다. 리더가 달려와서 K군에게 뭐라고 했지만 K군은 의식을 잃었습니다.

리더는 제게 "네 차로 데려가라"고 하더군요. 저와 리더와 청부 회사 영업 쪽 세 명이 병원으로 데려갔습니다. 이렇게 이동해도 괜찮나 생각했는데 구급차는 절대로 안 된다고 하더군요. 병원에서 K군의 혈압을 쟀더니 200이 넘었습니다.

그런데 리더는 영업 쪽 사람에게 "다음에는 혈압 낮은 사람을 채용하라"고 말하더군요.

내용이 심각하면 할수록, 청부 회사에서는 대응해주지 않는다고 합니다. 배속처 회사의 일에 대한 비난이나 개선을 요구하는 목소리를 내면 바로 거래가 끊길 수도 있기 때문에 대부분 전달하지 않습니다. (중략) 따라서 뭐든 배속처에 그대로 맡기는 게 가장 이상적인 거고, 청부 단가가 싸면 쌀수록 최고의 청부 회사가 됩니다. 그런 청부 회사는 일이 몰리고 돈도 많이 법니다. 이 업계에서 많이 벌려면 쓸데없는 것은 아예 생각하지 않을수록 좋은 겁니다.

이것이 지금, 일본에서 일하는 많은 젊은이의 현실이다. 어느새 일본에서는 '파견·청부 사원'과 '정규직 사원'이라는 엄연한 신분 제도가 생겨난 것이다. 놀랄 만한 이야기지만 업계 전체가 돈 버는 일 말고는 전혀 생각하지 않은 결과가 이런 것이리라. 그 결과 오늘도 희생자가 양산되고 있다.

재판으로 돌아가보자.

4년 8개월에 걸친 재판은 유지 씨의 고용 형태가 실질적으로 '위장 청부'라고 판단했다. 자살은 과로에 의한 우울증이 원인이고, 유지 씨는 니콘의 노무 관리하에서 일하고 있었기 때문에 니콘의 기업 책임이 인정된다는 것이었다. 그리고 니콘과 네크스타는 함께 유족에게 2488만 엔의 손해 배상을 할 것을 명령했다.

이 판결은 처음으로 파견 사원의 과로 자살과 그에 대한 기업 책임이 인정된 획기적인 판결이 되었다.

그러나 네크스타는 당일 즉시 항소했다. 니콘도 며칠 후 항소했고, 이에 유족도 항소했다.

현재까지 재판은 도쿄고등법원에서 계속되고 있다.

지금 쟁점이 되는 것은 유지 씨의 자살이 '예견 가능'했는지의 부분이다. 즉 회사 측은 "설마 유지 씨가 죽으리라고는 전혀 예상할 수 없었다. 아무도 그의 몸이 안 좋은 것을 눈치채지 못했다"고 주장하고 있다. 말을 했으면 대처했을 텐데 몰랐기 때문에 어떤 조치도 취할 수 없었고 따라서 회사 측에 책임이 없다는 주장이다.

그러나 이 재판의 변호인인 가와히토 변호사는 유지 씨같이 일하면 몸이 망가질 수밖에 없다고 주장한다. 실제로 많은 과로사·과로 자살의 경우, 대부분의 사람들이 회사나 상사에게 그런 이야기를 못하고 죽어가고 있다고 한다. 특히 유지 씨 같은 입장에서는 더욱 말하기 어렵다.

이에 대해 회사 측은 현재 "자기 보건 의무"라는 말을 내세우고 있다. 회사에게 종업원을 지키는 "안전 배려 의무"가 있듯, 노동자에게도 자기 스스로 몸을 관리할 "자기 보건 의무"가 있다는 것이다.

그러나 유지 씨같이 일하고 있는데 어떻게 몸 상태를 관리할 수 있다는 것일까? 어린애들도 알 만한 터무니없는 주장이다.

위장 청부가 만연하고 있는 것이 주목되고 있는 지금도, 많은 사람들이 자기 권리를 빼앗긴 채 장시간 노동, 저임금 등의 조건 속에서 버티고 있다.

향후 그런 상황이 참작되어 유지 씨의 죽음을 헛되이 하지 않을 수 있는 판결이 나오길 진심으로 바란다.

원고 우엔단 노리코 씨 인터뷰

우엔단 노리코 씨는 이 재판의 원고이자 유지 씨의 어머니다.

　법원에서 본 그녀는 항상 늠름한 모습으로 강한 인상을 주었다. 니콘, 네크스타라는 거대한 상대와 싸우는 그녀에게 재판 후 이야기를 들었다.

우선 오늘 재판에 대해서 어떻게 느끼셨는지 들려주세요.

지금 재판에서 피고는 "자기 보건 의무"란 주장만 되풀이합니다. 같은 수면, 같은 노동 환경이니까 불평 없이, 그런 조건 속에서 자기 관리를 해야 했다는 얘기입니다. 클린룸에서 일하고 잔업으로 한밤중에 돌아오는데, 그 와중에 자기 계발하고, 휴식 취하고, 좋은 생활을 누리라는 말이죠. 그것이 개인의 의무라는 것입니다. 그 의무를 다하는 데에 필요한 것은 해주지 않겠다는 거고요. 말도 안 되는 거죠.

　이 사건이 일어났을 때 처음에 네크스타는 대단히 놀랐습니다. 네크스타의 대응은 정중하고 친절하다는 인상이었습니다. 네크스타 구마가야 영업소의 소장은 아주 젊은 분이었고 제 큰아들과 비슷한 나이 같았습니다. 그는 거듭 "죄송합니다, 정말 죄송합니다"라고 말하더군요. 변호사에게 부탁했을 때에도 네크스타 측 변호사는 처음 얼마간은 협력했고, 자료도 모아주겠다는 얘기를 했습니다.

　그런데 니콘 쪽에 따라야 할 상황이 되어버린 겁니다. 니콘은 법원의 두 번의 조정에 모두 불참했습니다. 두 번 다 출석한 네크스타는 그때도 놀란 것 같다는 얘기를 들었습니다. 당시 니콘에는 다른 청부 회사가 많이 들어와 있었습니다. 네크스타와 같은 크리스탈그룹의 회사도 여러 개 들어와 있었습니다. 그러니까 니콘을 적으로 돌리면 안 되는 거였죠. 청부 회사와 대기업은 대등한 관계가 아닙니다. 분명히 대기업이 위죠. 대등한 입장이 아닌 청부 회사 사람들이란, 대기업의 현장에서는 그저 나무에 매달린 이파리 같은 거예요. 그래서 이런 방식은 안 된다는 겁니다. 위험천만하죠. 원래대로라면 배속시킨 네크스타의 직원이 죽은 셈이니까, 유족 대신에 네크스타가 니콘과 싸워줘야 합니다. 그런데 살아 있을 때에는 유지에게 도움이 되지 않더니, 죽으니까 니콘의 방패가 된다는 건 말이 안 되죠. 이런 수법의 청부 회사나 파견 회사가 일본에서 늘어나는데도 노동자는 아무 힘도 없습니다. 이런 식으로 인건비를 줄이고 대기업은 "사상 최대 이익"이라고 말합니다. 위법 행위로 벌어들인 돈을 반납할 리도 없습니다. 부리는 쪽 멋대로인 무법 지대인 겁니다. 뭐 하나 납득할 수가 없습니다.

오늘 재판은 홈페이지에서 알았습니다. 처음 홈페이지를 개설하신 계기는 무엇인가요?

처음에는 증인을 찾기 위해(유지와 함께 일했던 사람을 찾기 위해) 시작했습니다. 증인이 되어주지 않는다 해도 당시 구마가야제작소의 상황을 상세하게 듣고 싶었습니다. 처음에는 탐정을 써서 찾았습니다. 1명을 찾는 데도 수십만 엔이 들었습니다. 돈이 '물처럼 새는' 것을 실감했습니다. 탐정을 써서 알게 된 것은 모두가 3개월마다 혹은 반년마다 일자리를 전전하고 있다는 것이었습니다. 저는 처음으로 그 형태(파견·청부 사람들이 3개월씩의 단기 고용으로 전전하고 있는 형태)를 알게 되었습니다. 멋대로 해고하는 겁니다. 정말로 짧은 기간에요. 모두들 입고 있는 옷조차 벗지 못한 채 곧바로 다른 직장과 주거를 찾느라고 안간힘을 씁니다. 이미 빚에 쫓기고 있는 분도 있고요. 탐정이 가니까 '결국 빚 받으러 여기까지 왔구나'라고 하며 '각오하고 있었다'고 말하는 사람까지 있었습니다.

재판에서는 '클린룸'에서 일한 것도 큰 쟁점이 되고 있는 것 같아요.
\\\\\\\\\\\\\\\\\\

유지가 일한 클린룸은 기압이 높은 곳입니다. 티끌 하나 없고. 거기가 심각한 장소라는 것은 잘 몰랐어요. 오감으로 알아차리기 어렵기 때문입니다. 기계가 가장 싫어하는 먼지만을 없애는 방입니다. 기계가 우선이기 때문에 인간에게 해가 되는 것은 부차적일 수밖에 없는 방입니다. 위험성에 관한 정보는 전혀 알려지지 않았습니다. 여기에서 말하는 클린룸은 반도체를 다루는 공업용 클린룸입니다. 청부 회사나 파견 회사의 모집 공고에 '반도체'라는 말이 있으면 이런 종류의 클린룸에서 일하는 것입니다. 여기에서는 '교대 근무'도 한 세트고요. 자기 몸은 자기가 지키라는 말은 유지나 K·T 군이 죽어간 것을 보면 완전히 무책임한 이야기입니다.

반도체 클린룸은 청정 공기를 유지하기 위해 바깥 공기가 들어오지 못하도록 되어 있습니다. 그것 때문에 보통의 방과는 달리 완전히 밀폐되어 있습니다. 그런데 이 완전 밀폐라는 게 인간에게는 각종 폐해를 끼치는 거죠. 청정 공기는 환류^{還流}해서 사용되는데, 실내에서 사용하는 유기 용제의 휘발이나 레이저 광선의 누출도 그대로여서 휘발한 유기 용제와 누출된 레이저 광선이 청정 공기와 함께 환류된다는 문제점이 있습니다. 폭로^{暴露}라고 표현하지만 피폭^{被爆}입니다. 실내의 노동자는 환류한 공기를 계속 흡입하게 되기 때문에 전문 서적에서는 그 위험을 분명하게 지적하고 있습니다. 노동자들이 각각 있는 장소에 따라서도 각기 다른 영향을 받는다는 내부 목소리도 있습니다. 레이저 광선을 흡수하기 때문에 손에 염증이 눈에 띄게 생긴다는 보고도 있어서 불안은 사라지지 않을 것 같습니다. 정상적으로라면 있을 수 없는 식으로 일이 이루어지기 때문에 피폭도 다반사라는 이야기도 있었습니다. 들어보니 얼마 전 뉴스(동해 임계 사고_{東海臨界事故}●에서 피폭 물질을 양동이에 섞은 일)와 비슷한 부분도 있었습니다. 회사나 청부 영업 담당자가 "괜찮다"고 하더라도 평소 일로 미루어볼 때 신뢰할 수 없으니, 일하는 본인들에게는 불안이 계속 남아 있습니다. 청부·파견 사원은 개별 검진도 받을 수 없기 때문에 일반 종합병원 등에 가더라도 피폭된 손은 치료 대상이 아니라고 말합니다. 다행인지 불행인지 청부·파견 사원은 여러 회사를 돌아다니기 때문에 각 회사마다 안전 위생에 큰 차이가 있는 것을 피부로 느낍니다. 이전 회사에서는 방어 도구가 있었지만, 다음 회사에서는 맨손으로 해야 하니 고민되는 것도 당연할 겁니다. 클린복을 입으니까 괜찮

● 1999년 9월 일본핵연료컨버전(JCO) 사에서 발생한 방사능 누출로, 439명이 피폭되고 2명이 사망했다.

다고 할 수는 없습니다. 클린복은 피폭으로부터 사람을 보호하는 옷이 아닙니다. 클린복은 사람에게서 먼지가 떨어지지 않도록 하고(머리카락, 체모, 화장품 가루, 옷에서 떨어지는 먼지 등), 기계에 해를 끼치지 않기 위해 착용합니다. 기계를 지키기 위한 보호 도구인 셈이죠.

　게다가 청정에 관해서 말하자면, '공기가 깨끗한 게 나쁜가요?' 같은 질문으로 해결할 수 없는 문제가 있습니다. 그들은 '1000등급'의 청정한 공기와 '100만 등급'이라는 일상생활 수준의 공기 속에서, 매일 거의 절반씩 생활합니다. 1000과 100만이라는 숫자는 어떤 일정한 용적 속에 들어 있는 먼지 양을 가리킵니다. '100만 등급'이 일상이라면 '1000등급'은 깨끗하고 청정하다기보다 사람의 몸에는 이상하게 여겨지는 수치입니다. 이 상황에 화학물질 영향이 더해지면서, 사람에게는 아주 극단적인 환경이 되는 겁니다. 현재 분진 관련 진폐 소송이 아주 시끄러운데요. 이 문제는 진폐 문제와는 완전 정반대예요. 분진 없는 깨끗한 환경에서 벌어지는 문제고, 관련 도서에서는 '천식' 문제를 지적합니다. 콜록거리고, 항상 잔기침이 납니다. 반도체 공장 클린룸은 사람을 심하게 혹사시키는 환경이기 때문에 검진은 반드시 필요합니다. 청부·파견 사원의 작업 환경과 복리 후생은 진지하게 부탁하고 싶은 문제입니다. 건강하게 취직했는데 병자가 되어 해고되고 있습니다. 과장이 아니라, 이렇게 환자가 많이 나오는 것이 현재 우리 나라의 상황인 것입니다. 클린룸에서 장기간 일을 시키지 않는 배려도 있어야 합니다. 클린룸의 교대 근무 요원으로만 채용되는 청부 사원이나 파견 사원 중에는, "한 달도 참을 수 없었다"는 사람도 있습니다. 배치 장소에 따라서는 안전 관리가 부족하기 때문에 치명적인 것 아닌가 여겨집니다. '끈기가 없다'는 식의 손쉬운 충고로는 안 될 일입니다. 특히 반도체 제조업에서 아마추어 관리자를 쓰는 것은 중대한 위법이 아닌가 합니다.

(클린룸에서 일하는) 여성들에게도 이상 징후는 있습니다. 여성들은 교대 근무는 하지 않습니다. 배가 아프고 생리가 멈추고 배란이 되지 않거나, 자궁을 절제한 아이도 있습니다. 이런 일이 정규직 사원보다 청부·파견 사원에게 두드러진다는 점을 볼 때, 역시 배속되는 곳의 안전 관리와 무관하지 않다고 여겨집니다. 놀랍게도, 인터넷으로 알아보니 미국에서도 반도체 클린룸 때문에 집단 소송이 일어나고 있습니다. 미국 IBM의 여성 노동자들의 증상은 일본 여성들과 아주 비슷합니다. 해외·아시아에서도 일본계 반도체 기업이 피소되고 있습니다. 가장 선진적인 기술을 담당하는 기업은 정보를 공개해야 합니다. 피해가 커지고 나서야 공개하는 건 아물지 않는 상처만 확대시킬 뿐입니다.

그런 환경에서 유지는 일하고 있었습니다. 유지가 왜 그런 곳에 투입된 건지. 정말 힘들었습니다. 일본은 이런 종류의 정보 공개에 관해서는 완전히 후진국입니다. 미국 IBM 소송같이 일본에서도 소송이 일어나면 정보 공개의 큰 계기가 되겠지만 저는 희생자의 소송보다는 정부의 행정력을 기대하고 싶은 겁니다. 여성 희생자들은 충격을 떨치고 다시 일어서는 것이 긴박한 과제입니다. 미국에서는 IBM 이외의 여러 반노제 회사에서도 많은 소송이 일어났습니다. IBM 건은, 미국 정부가 조속히 조사에 나서서 화해 교섭을 진행시켰습니다. 화해가 빨리 진행되었기에 사안의 중대함이 잘 전달되었습니다. 여성들이 소송을 제기한 것이 2003년, 화해로 종결된 것이 2004년이었죠.

이제 파견·청부라는 불안정 노동을 하게 될 젊은이들이 점점 늘어날 텐데요.
\\\\\\\\\\\\\\\\\\\\

고용 형태를 어떻게 하지 않으면 지금처럼 희생자는 계속 나옵니다. 보험에 들지 않은 데다가 병에 걸려서 해고되는 일이 두드러집니다. 나라 꼴이 어떻게 될지. 빨리 손을 쓰지 않으면 안 됩니다. 파견·청부 사원은 젊은 애들이 많아요. 젊은 사람들에겐 무리하게 일을 시켜도 먹히기 때문이죠. 나이 든 사람은 좀 무리하게 시키면 바로 몸져눕지만, 젊은 애들은 죽기 직전에 해고하면 되는 겁니다. 말도 안 되는 일이에요. 맘에 들지 않을 때는 버리면 된다는 거죠. 실제로 외부(파견·청부)의 회사는 아무것도 모르기 때문에 노동 조건을 정비하는 것도 불가능하고, 관리도 할 수 없습니다. 기업은 여러 이론을 대고 있지만, 지금대로라면 이건 고용되는 쪽이 모든 것을 잃는 노동 형태입니다. 워킹 푸어도 늘고 있고, 환자도 늘고 있어요. 생활과 노동 모든 면에서 여유가 없습니다. 기업은 많이 벌면 소득 재분배를 하겠다고 합니다. 그러나 기업이 돈을 버는 단계에서 노동자를 심하게 다치게 하기 때문에, 노동자의 건강이 회복되기까지는 2배나 3배의 돈과 시간이 들게 됩니다. 세계 경쟁에서 뒤쳐질 때마다 매번 이런 식이면 국력도 약해질 것입니다. 이런 식이 아닌 다른 뭔가를 일본식으로 생각해야 할 때가 아닌가 합니다. 외국이 모두 모델이라고 할 수는 없습니다. 이런 때야말로 '두뇌의 유연성'이 필요하지 않을까요. 노동이든 금융이든 여기저기서 유연화 얘기들을 하는데, 일본의 미래를 생각할 두뇌는 특정 방향으로만 굳어지고 있습니다. 끔찍한 사고방식이 아무렇지 않게 계속 추진되고 있고, 지역 경제 침체도 문제지만, 사람도 건강을 잃어가고 있습니다. 생각 자체를 유연화해야 합니다.

젊은이들이 제게 메일을 보냅니다. 단순 노동을 하는 사람이 많은데, "1분 동안 정해진 분량을 해내야만 한다"고 합니다. 1개라도 개수가 적으면 질책을 받는답니다. 그리고 겨우 해내면 "이런 건 보통이다"라는 얘기를 듣습니다. "고맙다는 말 한마디도 없다"고 합니다. 또 그렇게라도 힘내서 부지런히 마무리하면 "바보 같으니, 아직 멀었어"라고 한답니다. 그리고 3개월 정도 지나 익숙해졌다고 여길 때쯤 되면, 내일부터 나오지 말라는 통고를 받습니다. 두 번 정도 이런 일을 겪으면 누구라도 확실히 자신감을 잃고 우울증에 걸리기 마련입니다.

청부·파견 사원을 쓰는 측이 지금이라도 개선할 수 있는 일 중에는, 젊은이들을 지도하는 방법도 있을 겁니다. 한 가지만 바꾸어도 작업 능률도 오르고 병도 꽤 나아질 겁니다. 사용자 측의 마음가짐이 문제입니다. 일하는 젊은이들 대부분은 단순 노동은 하고 싶지 않다고 합니다. 시시하고, 같은 일만 하다가 지치고, 임금도 싸고, 일하는 시간만 길고, 대접도 못 받습니다. 이런 식으로 반복해서 질타받는다고 기술이 향상되는 게 아닙니다. 처음에는 마무리 상태보다 개수를 경쟁합니다. 다음으로 마무리 상태를 경쟁합니다. 마지막으로 마무리 상태와 개수를 경쟁합니다. 이런 건 아닌 것 같아요. 뭔가 방법을 생각해보면 좋겠습니다. 단순 노동이 없으면 일은 성립하지 않습니다. 중요한 역할입니다. 사용자 측에서 진심으로 조금이나마 고마움을 표현하면 노동자도 기분 좋게 일할 수 있습니다.

유지 씨가 죽고 나서 1년 후에 26세 남성(K·T 씨)도 사망했어요.
\\\\\\\\\\\\\\\\\\\\\\

그의 경우, 네크스타를 통해 니콘에 배치되고 1년 정도 일하다가 해고되었습니다. 급히 회사 숙소를 나와서 다음 일을 찾고 있었는데 2개월 후에 갑자기 네크스타에서 연락이 왔다고 합니다. 또 니콘에서 일해달라는 것입니다. 익숙한 곳에서 일할 수 있다는 생각에 그는 다시 니콘으로 갔습니다. 이때 교대 근무가 시작되었고, 게다가 그게 클린룸 안에서의 작업이었습니다. 그는 바싹 말라 죽었습니다. 키 크고 체격도 좋은 데다가 서글서글하고 착한 청년이었다고 합니다. 그랬는데 조금씩 안 좋아지더니 안색마저 흙빛이 되었다고 하더군요. 어머니는 아들이 못 알아볼 정도로 야윈 게 너무 불쌍했다고 우시더군요. 그 어머니가 니콘, 네크스타를 고소하지 않은 것은 개인적인 사정 때문이지, 결코 아들의 죽음을 받아들여서가 아닙니다. 저희는 재판 때 상황을 보고합니다. 이야기가 시작되면 저희 모두 아들의 사체를 본 그 날짜와 시간으로 돌아갑니다. 고통스러운 그 순간이 생생하게 떠올라 힘들지만, 그 기억이 강렬하게 남아 있기 때문에 마음을 굳게 먹을 수가 있습니다. 이대로는 안 됩니다. 절대로 승복할 수 없습니다. K·T 군의 어머니도 완전히 저와 같은 심정입니다. 재판 때 저는 유지와 K·T 군 두 사람을 생각하면서 앉아 있었습니다.

마지막으로 이것만은 꼭 말하고 싶다 하는 게 있다면 말씀해주세요.
\\\\\\\\\\\\\\\\

아이가 죽었을 때에는 '아, 이제 더 이상 무서울 것도 없다'고 생각했습니다. 저보다 먼저 아이가, 게다가 그런 식으로 부패한 모습으로 죽어 있으니, 세상에서 그 이상 무서울 것은 없을 것 같았어요. 얼마간은 사람들 웃음소리를 들으면 화가 났습니다. 뭐가 그렇게 기쁘냐고 화를 내면서 눈물을 뚝뚝 흘리곤 해서 저 자신도 정말 난처했습니다. 한번은 저녁에 장을 보러 갔어요. 저녁이라 사람의 얼굴이 똑똑히 구별되지 않고 실루엣만 보였죠. 그런데 거기에 23세쯤 되는 남자의 모습이 있는 거예요. 그게 뭔지 저도 압니다. 언제까지나 그 실루엣이 눈에 어른거릴 것 같아 괴로워집니다. 이건 평생 계속될 것 같습니다. 정말 그렇게나 희망을 갖고 의욕이 넘쳤던 아이였는데……. 소중히 대해줬으면 좋았을 텐데……. '일회용이라도 괜찮다'고 여길 부모는 아무도 없습니다. 그렇게 되고 싶은 아이도 아무도 없습니다.

도쿄고등법원의 판결은 2007년에는 나온다고 한다.*
1975년에 태어난 유지 씨는 나와 동갑이다.
우리는 비슷하게 취직 빙하기 시대에 사회에 방출되었는데, 고등전문학교를 나와 도립대학교에 편입한 유지 씨에게는 많은 기업에서 취직 안내가 쇄도했다고 한다.

그러나 미국 유학을 꿈꾸던 그는 청부 회사에 채용되었다.

유지 씨가 죽은 지 7년이 된 2006년 9월, 후생노동성이 움직이기 시작했고, 드디어 위장 청부 해소 문제에 착수했다. 이 움직임에는 유지 씨의 재판이 큰 영향을 미쳤다고 한다. 그러나 그 희생은 너무 컸다.

위장 청부가 사회 문제화된 지금, 무권리 상태에서 일하는 많은 젊은이들의 목숨이 이 재판의 판결에 달려 있다는 것을 재판관은 꼭 알아주었으면 한다.

재량 노동제와 정규직 사원의 과로 자살

스와 다쓰노리 씨, 향년 34세

2006년 일본에서는 일본판 화이트칼라 이그잼션white collar exemption이 큰 화제가 되었다. 외우기 어려운 영어 단어인 이 말은 일정 정도 이상의 연수입이 있는 노동자에게는 노동 시간에 구애받지 않고 자기 재량껏 일하게 한다는 구상에서 나온 것이다. 노동 시간에 구애받지

---

* (앞쪽) 2009년 7월 도쿄고등법원은 이 사건이 "파견법에 의해 금지된 노동자 공급 사업에 해당된다"는 것을 명확히 하고 니콘의 사용자 책임을 인정했다. 1심에서는 유지 씨에게도 과실이 있다며 손해 배상금을 2488만 엔으로 했지만, 고등법원의 판결은 "손해 배상금을 감액해야 할 사정은 인정되지 않는다"며 손해 배상금을 대폭 증액하여, 니콘과 네크스타가 함께 7058만 9,305엔을 지불할 것을 명했다.

않고 성과에 따라 급료를 지불하고 그 대신 잔업 수당은 지불하지 않는다.

언뜻 볼 때 '자유'롭고 '자율적인' 노동 방식을 이야기하는 것 같다. 그러나 "자율적 노동 제도"라고 얘기되는 이 방법은 "과로사 촉진법"이라고도 불린다.

이제부터 소개하는 스와 다쓰노리^{諏訪達徳} 씨는 재량 노동제하에서 일하다가 과로 자살에 이르렀다.

스와 다쓰노리 씨는 1965년에 태어났다.

형제로는 세 살 많은 누나가 있다. 스와 다쓰노리 씨는 어릴 때부터 얌전하고 온화한 성격이었다고 한다.

공업고등학교를 졸업하고 1984년에 대기업 기계 건설의 메카인 Y사(가명)에 입사했다. 입사 후 14년 동안은 기계 설계 부문에서 산업용 로봇 개발에 몰두했다. 그사이 사내 ABC 성적 평가에서 그는 항상 S(스페셜)를 받았고, 입사한 후 많은 특허를 취득했다.

그러나 그렇게 좋은 성적을 받으면서도 승진은 늦었다. 고졸이라는 학력의 벽이 승진을 가로막았던 것이다.

그러나 1997년, 회사의 방침에 따라 그때까지의 '학력주의'는 '성과주의'로 바뀌었다. 그에 따라 다쓰노리 씨는 단숨에 3계단이나 승진했다. 연수입도 약 500만 엔에서 750만 엔 사이였고, 그토록 원하던 맨션도 구입했다. 성과주의에 의해 소위 '승자'가 된 것이다.

1998년, 다쓰노리 씨는 전근했다. 그때까지 굴착기 등 중장비 분야를 선점했던 Y사가 새로운 분야에 착수하면서 레이저 개발 부문을 신설한 것이다. 다쓰노리 씨는 레이저 개발이라는 낯선 부문에 배속되었고, 그와 동시에 '프리타임제'라는 재량 노동제하에서 일하게 되었다. 이 제도는 실제로 일한 시간에 관계없이 일정 시간만 일했다고 간주하는 제도다. 일이 끝나면 아무 때나 귀가해도 좋다. 대신에, 일이 끝나지 않는다면 몇 시간이라도 남아 잔업해야만 한다. 또한 이전과 달리 잔업 수당은 붙지 않는다.

이 당시 다쓰노리 씨의 급여 명세에는 재량 노동제의 모순이 드러나 있었다.

재량 노동제가 아닐 때의 다쓰노리 씨의 월급 총액은 76만 엔, 실수령액은 52만 엔을 넘었다. 그중 잔업 수당 합계는 45만 엔을 넘었다. 그러나 이것이 재량 노동제가 되면서 잔업 수당은 없어지고 대신에 '프리타임 수당'이 가산되었다. 이것이 4만 7천~5만 8천 엔 정도. 즉, 아무리 잔업을 해도 4만 7천~5만 8천 엔 이상의 잔업 수당은 나오지 않았다. 그 결과 어떤 달의 다쓰노리 씨의 급여는 실수령액이 14만 엔까지 떨어지기도 했다.

전근하고부터 다쓰노리 씨는 그때까지 전문 분야였던 연구 개발뿐 아니라 영업 일이나 고충 처리 일까지 해야만 했다. 또 새로운 부서에서 담당하게 된 일은 세계에서도 거의 전례가 없는 레이저 기기의 개발이라는, 고도의 전문 지식과 최첨단 기술을 필요로 하는 일이었다. 함께 일하는 사람들 모두가 레이저에 대해 거의 아마추어인 탓에 다쓰노리 씨는 죽을 정도로 일에 쫓겼다. 성과주의가 도입됨에 따라서 아무리 일해도 성과를 내지 않으면 급료도 오르지 않고 평가도 받지 못하게 되었다. 따라서 노동 시간은 늘어갔다. 유족 조사에 의

하면 어떤 달의 다쓰노리 씨의 추정 노동 시간은 293시간에 이르렀다. 30일간, 하루도 쉬지 않고 일해도 연일 9시간 이상 일하지 않으면 이 숫자가 나올 수 없다.

다쓰노리 씨가 회사에서 새벽 3시가 넘어 친구에게 보낸 메일에는 이렇게 씌어 있었다.

"갑작스럽지만 하소연 좀 들어줘. 오늘도 늦게까지 열심히 했는데 설계가 잘 진행되지 않네……. 이런 식이면 추석 명절 때에도 계속 출근해야 하는데……. (중략) 샐러리맨은 너무 고달파. 내가 어째서 이렇게까지 일해야 하는 건지. 누굴 위해선지, 역시 나를 위해선가? 돈을 벌기 위해선가? 언젠가 이 노력을 보상받을 날이 오긴 할까? 언제까지 이런 생활이 계속될까? 이런 생각 중이야."

"아! 이렇게 살아도 되는 걸까, 인생 리셋 버튼을 누르고 싶어."

그러나 일은 끊이지 않았다. 새로운 부문에 대한 기대가 높았다. 현장을 알지 못하는 상사가 성과를 내기 위해 납기일을 무리하게 설정하곤 했다. 다쓰노리 씨는 그것을 수습하느라 장시간 잔업에 쫓겼다. 새벽 4시에 귀가할 때도 있고, 하루 노동 시간이 19시간을 넘는 날도 있었다. 납기일에 쫓겨 1개월 이상 쉬지 않은 적도 자주 있었다. 또한 모든 사람의 조정자 역할도 했기 때문에 후배의 상담에도 응해 주어야 했다.

다쓰노리 씨는 동료에게 지친 모습을 보이게 된다. "인간에게는 한계가 있어. 그런데 난 이미 한계를 넘어버렸어." "자연으로 돌아가고 싶어." "다람쥐 쳇바퀴에 있는 것 같아. 피곤해도 계속해야 돼. 이제 지쳤어."

이 무렵부터 다쓰노리 씨의 안색은 보랏빛이 되고 부종이 심해졌다. 건강 검진에서 재검사가 필요하다고 나온 것을 보고는 "나 간도 안 좋은 것 같은데"라며 불안과 염려를 누나에게 털어놓기도 했다. 비밀스레 "회사 그만두고 싶은데"라고 나지막이 털어놓기도 했다.

죽기 3개월 전, 다쓰노리 씨는 누나에게 고통스러운 심중을 고백했다.

"나는 회사에서 모두의 조정자 역할을 하고 있어. 여기저기에서 스와 씨, 스와 씨라고 말하면 미칠 것 같아. 날 좀 격하시켜주면 좋겠어. 이젠 무슨 일이라도 확 저질러버릴 것 같아 나도 무서워. 회사를 그만두고 싶어."

"어떻게 차를 타고 돌아온 건지 모르겠어."

또한 직장에서는 미숙한 상사가 내부에 집단 괴롭힘을 만연시키고 있었다. 상사가 자꾸 방침을 바꾸고 이기적으로 행동할 때마다 아랫사람들은 피해를 입었다. 아랫사람들의 불만은 누적되었고, 험악한 공기가 직장 내에 맴돌았다. Y사의 직원이 자주 가는 맥주집이 있었는데, 거기에서도 상사가 다쓰노리 씨에게 창피를 주는 등, 어린애 수준의 집단 괴롭힘은 회사 밖으로도 퍼지게 되었다고 한다.

그 무렵, 다쓰노리 씨는 맡았던 일에 실패했다. 그는 세계에서도 유례없는 대형 레이저 발진 장치 관련 업무를 맡았는데 일 자체가 매우 어렵고 고객의 요구 수준도 높은 일이었다. 시간과 노력을 들여 만든 제작도가 몇 번이나 반려되어 계속 다시 만들었고, 그러다가 그는 결국 납기일을 맞추지 못하게 되었다. 상사는 모든 사람 앞에서 다쓰노리 씨를 심하게 질책했다.

사망 이틀 전 다쓰노리 씨는 친구에게 "내가 하는 일은 세 사람 몫이야. 피곤해. 이번 일 실패했어. 상사에게는 면목 없게 됐어"라고 이야기했다. 또 같은 날, 단골 맥주집 여주인에게는 "일 때문에 죽겠어. 손님 있는 데에서 고함치고, 회사에 돌아가서도 고함을 치니 어째야 할지 모르겠어"라고도 했던 모양이다.

죽음을 택하기 몇 시간 전, 다쓰노리 씨는 친구와 함께 있었다. 거기에서 다쓰노리 씨는 "Y사는 좋은 회사야. 그런데 A씨(직속 상사)는 영 아니야. B씨(A씨의 상사)에게는 면목 없게 되었고"라고 말했다. 그날 다쓰노리 씨는 거의 말없이 맥주에는 입도 대지 않고, 피곤한 듯 시종 눈만 껌뻑이고 있었다고 한다. "회사를 그만두고 농사짓고 싶다"는 이야기를 듣고 친구는 놀랐다. 그리고 다쓰노리 씨는 입을 좀처럼 열지 않고 있다가 눈에 눈물이 가득 고인 채, "이젠 죽고 싶어. 내가 죽으면 가족은 슬프겠지. 그래도 용서해줄 거야"라고 말했다.

다음 날인 일요일 아침. 1999년 12월 20일 오전 8시 39분, 다쓰노리 씨는 Y사가 내려다보이는 자택 맨션에서 몸을 던졌다. 직전까지도 출근을 할지 말지 망설였는지, 컴퓨터 전원은 켜져 있었다. 그저 잠만 자는 장소였던 맨션에서 몸을 던진 다쓰노리 씨는 즉사했다. 목격자에 의하면 지면에 부딪힌 다쓰노리 씨의 볼에는 한 줄기 눈물이 흐르고 있었다고 한다.

다쓰노리 씨가 죽고 나서 반년 후, 이 회사에서도 역시 제2의 희생자가 나왔다. 전 동료가 자살한 것이다.

유족은 다쓰노리 씨가 죽은 지 한 달 후인 2000년 1월 24일에 다쓰노리 씨의 죽음은 과로 자살이라고 산재를 신청했다. 이것은 2년 8개월 후, 인정되었다. 재량 노동제하에서의 과로 자살이 곧바로 산재 인정을 받은 것은 극히 드문 일이다. 산재로 인정한 근거는 "항시적인 장시간 노동과 상당한 정신적 부하가 있었다", "과중 업무로 우울증이 발병했다고 판단된다"는 것이었다.

그러나 회사는 다쓰노리 씨가 죽고 난 직후부터 그의 죽음이 "업무와는 관계없다"는 주장을 굽히지 않았다. 유족은 2003년 7월, 다쓰노리 씨가 죽은 것은 과로가 원인이라며, 회사에 약 1억 8천만 엔의 손해 배상을 청구하는 소송을 냈다. 재량 노동제하에서의 과로 자살 재판으로서는 일본에서 첫 사례이다. 3년에 걸친 소송은 2006년 7월 화해로 종결되었다.

원고 스와 다쓰노리 씨의 누나 인터뷰

다쓰노리 씨의 재판은 부친과 누나가 원고였다.

누나인 료코原子 씨(가명)에게 이야기를 들었다. 료코 씨는 활달한 커리어우먼 스타일의 똑똑한 사람이었다. 다쓰노리 씨가 죽기 반년 정도 전까지 10년간 영국에서 살았다. 영국에서는 무역 회사의 인사부에서 인사 노무 일을 했던 료코 씨는 사망한 다쓰노리 씨의 얼굴을 보자마자 '산재'라는 말이 떠올랐다고 한다. 그녀의 이야기에는, 과로사, 과로 자살이 일어난 경우에 유족이 해야 할 일, 필요한 정보가 가득 들어 있었다.

다쓰노리 씨가 죽었을 때의 상황을 말씀해주시겠습니까?
\\\\\\\\\\\\\\\\

회사에 있는데, "다쓰노리가 죽었다"고 아버지께서 전화하셨습니다. 처음에 회사 측은 "베란다에서 떨어져 치명상을 입었다"는 식의 표현을 썼던 것 같습니다. 너무 놀라서 토할 것 같았는데 간신히 참으면서 택시로 병원에 갔습니다. 거기에 회사 사람들이 와 있었지만, 그들은 다른 사람 일로 온 것 같은 느낌이었습니다. 쓰러져 우는 저희 가족에게 아무 말도 하지 않고, 그저 멀뚱히 서 있더군요.

죽은 동생의 얼굴을 보았을 때 저는 이미, 이건 분명 사회가 죽인 것이라는 생각을 했습니다. 너무 힘들어 보이는 얼굴이어서 이건 '산재다'라고요. 그때부터 장례식장이든 어디든 모든 곳에서 산재를 증빙할 자료를 수집하겠다고 마음먹었습니다.

장례식은 회사가 멋대로 치렀습니다. 직원들을 모아놓고 회사를 위한 의식처럼 치렀죠. 유족이 울고 슬퍼할 시간도 없이 동생은 순식간에 재가 되어버렸고, 사람이 그렇게 간단하고 효율적으로 끝나는 것에 충격받았습니다. 화장장에서는 상사들이 "장시간 노동은 없었다", "평상시에는 일찍 귀가했다" 같은 이야기를 했습니다. 그들 사이에 이미 짜놓은 얘기가 있었다고 합니다.

장례식 후 사흘이 지나 상사가 갑자기 집에 찾아왔습니다. 동생의 성적표를 갖고 와서 "이렇게 좋은 평가를 받았기 때문에 성적이 나쁜 것을 비관해 죽은 것은 아니다"라고 하더군요. 자기들 보호를 위한 말이죠. 그것을 보고 동생이 빠르게 승진했다는 것을 알았습니다. 그래서 상사와 이야기를 하다가 "궁지에 몰리거나 한 일은 없었나요?"라고 했더니 "그런 일이 왜 있습니까!"라고 갑자기 화를 내더군요. "질타, 격려 등 저는 여러 가지를 했다고요!"라고 소리 지르더니, "내 우정의 표현이었던 겁니다"라고 외치더군요. 그 소리 지르는 모습이 대단했습니다. "혹시 그런 식으로 제 동생을 윽박지른 거 아닙니까?" 했더니 조용해지더군요. 결국 그 사람은 약점을 드러내러 온 셈이었습니다.

회사에는 동생이 죽었을 때의 상황을 알고 싶어서 갔습니다. 그때 총무부장에게 들은 말은 "업무와 일절 관계없습니다"였습니다. 저는 마지막 퇴근자 명단을 보고 동생이 꽤 압박받으면서 일하고 있었다는 것을 알게 되었습니다. 동생이 마지막으로 일한 날은 새벽 3시 33분까지 일했더라고요. 그 전날은 2시쯤. 그런데 "그런 건 대단한 게 아니다"라든지 "재량 노동제니까 저녁에 출근해도 괜찮았다"는 식으로 요리조리 피하고는 어서 돌아가라는 식으로 안절부절 못하더군요. 결국 그날은 "바보, 야 이 멍청아!"라는 말까지 듣고 기진맥진해져 돌아왔습니다. 그러니까 유족을 화나게 하면 안 되는 거예요. 당연히 정확한 설명을 해줘야 하는 것을 회사 측에서 소홀히 한 거였어요. 그게 이후 재판으로 연결되었습니다. 그런데 반대로 말하면 그만큼 증거가 분명한 과로사였다고 생각합니다.

동생 사망 후 먼저 무엇을 하셨습니까?

죽은 지 한 달 후, 산재 신청을 했습니다. 지금 유행하는 '자기 책임' 하에서 일하는 재량 노동제의 과로 자살로 산재 인정은 받았지만, 그

동안 한 달에 한 번 정도 노동기준감독서에 갔습니다. 압력 행사를 위해 한 달에 한 번 정도는 가야 했습니다. 그래서 상대가 부족한 자료가 뭘지, 무엇 때문에 곤란해할지 알아보고, 다음에 갈 때에는 그 자료를 갖고 갔습니다. 노동기준감독서에서는 우리가 아주 골치 아픈 존재였을 겁니다.

신청은 혼자 했습니다. 종종 뉴스 같은 데서 15년 걸려 드디어 산재 인정을 받았다는 얘기가 있잖아요. 그래서 산재 신청을 한다고 하면 그 집념이 대단하다, 무섭다는 이미지가 있지만, 지금은 시대가 바뀌었어요. 최근에는 3개월이나 반년 만에 신속하게 인정받는 경우도 늘었어요. 그리고 이쪽에서 먼저 대중 매체에 접근하지 않으면 세상에 알려지지 않습니다. 또, 변호사에게 의뢰하지 않더라도 관련 서적을 읽으면 혼자서도 신청할 수 있습니다. 신청하는 데 돈은 들지 않으니까요.

그 밖에 구체적으로 한 일은, 무작정 동료나 관계자에게 전화를 거는 겁니다. 저도 일을 하고 있는 입장이어서, 일 마치고 귀가할 때 역의 공중전화로 몇 번이고 걸었습니다. 동생이 어떤 일을 하고 있었는지, 그것을 30명 정도에게 물었고, 상사도 몇 번 만났습니다. 그런데 모든 사람이 하는 말이 같은 겁니다. 여러 사람에게 들으니 모든 게 딱 맞아떨어지는 거예요. 영업에 서툴렀는데 욕을 먹으면서도 그 일을 하고 있었다거나, 납기일이 너무 제멋대로 급하게 정해지니 그걸 지키기 위해 모든 사람들이 필사적으로 일해야 했다거나, 세계에서도 유례없는 레이저 장치 설계를 몇 번이나 다시 했지만 결국 실패해버렸다거나.

동료들은 동정적이었습니다. "다음 희생자가 나옵니다. 유족이 좀 어떻게든 해주세요"라고 하는 분도 있었습니다. 또, 아주 쾌활한 동료분이 한 분 있었는데, 그 사람은 항상 동생과 X씨라는 사람과 셋이서 밥을 먹었다고 합니다. 그런데 그분 말에 따르면, 동생도 X씨도 항상 "일이 힘들다"며 한숨을 쉬었다고 하더군요. 그리고 동생이 죽은 지 반년 후, 그 X씨도 맡은 일의 실패로 괴로워하다가 자살했습니다. 그 사람은 늘 같이 식사하던 두 사람이 모두 죽고 나니 "반년 만에 두 사람이나 자살하는 직장은 정상이 아니라고 생각한다"는 메일을 보내왔습니다.

끔찍한 이야기네요. 회사는 다쓰노리 씨에게 뭔가 금전적인 보상은 하지 않았나요?

거의 없었습니다. 저희 쪽에서 가만히 있었더니 47만 엔 정도로 끝내 버리더군요. 장례 비용으로 그 정도 받은 거네요. 나중에는 회사 단체 정기 보험의 사망 보험금이 200만 엔 정도 나왔고요. 그것을 받고 회사 쪽 공치사를 들었습니다. 조용히 있었기 때문에 그 선에서 끝나 버린 겁니다. 산재를 인정받고 1,000일분의 급료를 보상받았지만, 동생같이 부양 가족이 아무도 없는 경우엔 받을 수 있는 돈도 적습니다. 금액으로 치면 2천만 엔 정도. 혹시 부인이 있고 아이가 두 명 있다면, 합계 8천만 엔 정도를 연금 형식으로 받을 수 있다고 합니다. 두 명의 아이를 대학에 보낼 정도는 됩니다. 그래서 남편이 산재로 죽은 미망인이 있다면, 그냥 있지 말라고 하고 싶습니다. 그냥 가만히 있으면 자식에게 교육도 받게 할 수 없다는 것을 알려주고 싶습니다. 유족 연금이란 게 그렇게 많은 돈이 아닙니다. 회사에 신세를 졌다고 해서 뭐라 말하기를 꺼리고 산재 신청도 안 하는 사람이 있는 건 아주 안타까운 일입니다.

회사에 소송을 건 이유를 말씀해주세요.

산재 인정만으로는 납득이 가지 않아서, 누구에게 책임이 있는지 묻고 싶어서였습니다. 회사 쪽에선 계속 동생에게 재량이 있었다고 주장했지만, 실제로는 없었던 것 아닌가 싶었습니다. 프리타임제라고 해도, 진짜 선택이 아니라 선택을 시키고 있었던 거니까요. 사람을 더욱 형해화하고 있었던 겁니다. 회사의 노동 규제도 입수했는데요. 프리타임이라고 해도, 심야 노동이나 휴일 출근 시간에는 잔업 수당이 붙는데, 동생은 한 푼도 받지 못했습니다. 이전에는 월 잔업 수당이나 휴일 출근 수당이 40만~50만 엔 정도 붙었습니다. 말도 안 되는 장시간 노동입니다. 잔업 수당이 월급보다 많았던 겁니다. 동생이 죽고 나서 회사 측은 "죽기 일주일 전에 두 번 정도 조퇴했다"고 했는데, 실은 그 이틀간 동생은 출장 중이었습니다. 그들은 그걸 몰랐어요. 더 심한 것은, 직원이 어떤 식으로 일하는지 완전히 파악하지도 못했다는 겁니다. "재량 노동제"라고 말하면서 결국은 방임했고, 납기일만은 자기들 멋대로 징해버리는 식이었습니다. 연수입 400만 엔 이상인 경우 잔업 수당이 없는 제도, 즉 화이트칼라 이그잼션이라는 제도의 도입이 이야기되고 있지만, 그러면 지금까지 잔업 수당을 받았던 사람은 동생같이 한 푼도 못 받게 됩니다. 그리고 무제한으로 일해야 합니다. 위기감이 느껴지죠. 결국 과로사, 과로 자살이 나와도 기업에 대한 벌칙 규정은 없는 겁니다. 그것이 무섭습니다.

지금 다쓰노리 씨처럼 장시간 노동으로 고통받는 사람이 많이 있습니까?

저는 규제 완화가 문제를 악화시켰다고 생각합니다. 규제 완화 이후 교통사고가 폭발적으로 늘어났습니다. 저도 한번은 한밤중에 패밀리 레스토랑에 커피를 마시러 갔는데, 완전히 녹초가 된 웨이트리스가 제 무릎에 커피를 쏟은 일이 있습니다. 이를테면 제가 살던 영국과 비교해 일본은 뭐든 너무 편리한 거예요. 한밤중에도 식사가 가능하고 편의점도 24시간 열고 너무 편해요.

재판을 하면서 느낀 건데, 좀처럼 맞는 직업이 없어서 파견이나 아르바이트로 일하고 있는 거겠지만, 거기에서도 직원은 늘 죽기 일보 직전인 것 같습니다. 저랑 같이 일했던 25세 남자도 과로로 "심장이 아프다"며 발작한 적 있었고, 엘리베이터를 타도 새벽 2시, 3시까지 일을 해서 괴롭다는 이야기들이 자주 들렸어요. 그래서 저는 "모든 사람이 일찍 귀가할 수 있으면 얼마나 좋을까"라고 했더니, 얘기를 들은 사람들이 모두 아주 화를 내더군요. "일찍 집에 갈 수 없잖아!" 라면서요. 무섭다는 생각이 들었습니다. 회사 내부에 있는 사람이라고 뭐 할 수 있는 게 없고요. 파견 사원분한테 얘기를 들어보니, 정규직 사원도 아주 죽을 지경이고, 과로사나 과로 자살로 사람이 죽어도 회사가 3000만 엔 정도 내서 해결하는 것을 "그런 건 당연한 거니 말하지 마"라고 한답니다. 상사에게 "이상하다"고 하면 "회사 그만두고 싶어?"라며 질책받고. 그래서 내부에 있으면 아무것도 할 수 없는 거죠. 그럼 바깥에서 무얼 할 수 있느냐면, 전단을 만들거나 재판을 하거나 하는 정도밖에 할 수 없습니다. 정말로 바쁜 사람은 사회에서 동떨어져서 텔레비전도 볼 수 없고 신문도 읽을 수 없는 겁니다. 회사는 사람들을 일부러 그런 상태로 몰아넣는 건지도 모릅니다. 언젠가 노동기준감독서에 제출하려고 Y사를 비디오로 찍은 적도 있습니다. 한밤중에 회사 출입구에서 나오는 사람들과, 아침 일찍 회사에서 야근하고 나오는 사람들을 비디오로 찍었습니다. 찍으면서 보니, 다들 고도 5,000미터쯤에서 짐을 짊어지고 걷는 것처럼 비틀거리고 헉헉대면서 아침 일찍 회사에 가는 겁니다. 귀가하는 모습은 이미 피곤에 찌들었고, 비틀거리는 게 불안해 보였습니다. 조금 걷다가는 그냥 택시 안으로 쓰러지듯 들어가더군요.

동생분이 죽기 전에 뭔가 눈치챈 것은 있습니까?

안색이 너무 안 좋았습니다. 죽기 반년 전부터 얼굴이 너무 부어 있었고요. 눈꺼풀이 정말 너무 부었어요. 고질라 같은 느낌이었어요.

사실 정확히 말하면 상사가 문제였습니다. 과로사에는 반드시 3명 정도의 상사가 관련되어 있습니다. 못된 상사가 3명 있으면 죽습니다. 다른 유족에게 이야기를 들어보니 역시 3명이에요. 동생은 몸을 던지기 5시간쯤 전에 친구에게 "B씨에게 면목 없다"고 말했는데, 그 B씨가 동생에게 쉴 새 없이 일을 시키던 사람입니다. 그리고 동생은

"A씨는 싫다"고 했는데, A씨라는 사람은 우리 집에 찾아온 상사입니다. 또 한 사람, 영업 쪽 사람인데 동생을 공공연히 야유하던 상사도 있었습니다. 고객이 동생에게 항의하니까, 모든 사람 앞에서 큰 소리로 "네가 꾸중 들을 일을 한 거네"라고도 했고, 밤에 동생이 기분 전환을 하러 술 마시러 가면, 거기에서도 또 많은 사람 앞에서 큰 소리로 조롱하곤 했습니다. "얘는 아직 엄마 젖이 필요한 녀석이니까 잘 부탁해"라고. 이런 식으로 집단 괴롭힘을 당했어요. 동생에게는, 인간으로서 허용할 수 없는 상사가 세 명이나 있었습니다. 상사에게는 반성하라고 하고 싶습니다. 어떤 일이 있었는지, 피하지만 말고 직시해주면 좋겠습니다.

그리고 평소 늘 바쁜데도 친밀감을 이용해서 일 시키는 것도 과로사를 낳는 회사의 전형적인 특징이죠. 동생은 전 세계적으로 독일과 미국에서 각각 한 회사밖에 성공하지 못한 레이저 장치를 일본에서 처음 만드는 일을 했습니다. 그런 것을 당시 Y사에서는 반년 만에 만들어내라고 한 게 애초부터 잘못이었다고 생각해요.

재판을 하며 깨달은 것은 무엇인가요?
\\\\\\\\\\\\\\\\

역시 사람들이 교활하다는 거죠. 세상은 부조리해요. 상대편은 이야기를 완전히 만들어서 갖고 옵니다. 제가 남자를 자주 바꾸어서 동생이 골치 아파했다는 식으로요. 저는 단지 이혼 후에 애인이 생겼을 뿐인데 말이죠. 또 우리 아버지가 여든 가까운 연세인데 "자주 여자가 드나들어서 곤란했다"고 하거나 또 저에 대해 "성격 파탄자"라고도 하더군요. 또 동생은 빚 같은 건 없었는데도, "빚쟁이가 무서워서 집에 갈 수 없으니 회사에서 선잠을 잤다"고 한다든지. 아주 말도 안 되는 이야기를 만들어서 재판정에 제출하더군요.

상대방은 처음부터 끝까지 "자살이 아니"라고 했습니다. "죽기 일 주일 전에도 웃으며 인사를 주고받는 관계였으니 자살이 아니다"는 식으로요. 그쪽에선 처음부터 일관되게 실족사를 주장하고 있습니다.

회사 측에서 사과는 없었나요?

없습니다. 자주 쓰는 그 "유감의 뜻을 표한다"는 말만 있었고요. 상사에게 "사과할 마음이 있으면 한마디라도 좋으니까 부탁한다"고 사정했는데, "조의의 뜻은 표하지만 특별히 사과할 것은 없습니다"라고만 하더군요.

동생이 죽었을 때, 아버지는 계속 우셨어요. 장례식장에서 서럽게 우시던 아버지는 쭈글쭈글한 손으로 남동생의 뺨을 너무도 간절히 어루만지셨어요. 그냥 "애야", "애야"라고만 하면서 우셨어요. 이런 연로한 아버지께 제가 뭘 해드린 게 있나 싶네요.

그런데 이번 2006년 7월에 갑자기 화해가 되었는데요.

정말 갑작스러워서 혼란스럽습니다. 내년 3월 정도에 판결이 날 거라고 생각했는데, 저는 정말로 자신이 있었거든요. 증거가 꽤 있었고요. 그런데 반대로 그런 것이 화근이었나 싶습니다. 저는 동생의 죽음과 관련된 여러 정보를 모아오면서 과로 문제 재판이 끝나면 사회적으로 의미 있는 일을 하고 싶었습니다. 지금 규제 완화로 점점 노동 조건이 악화되어가고 있는 분위기에서, 기업은 직원을 소중히 여겨야 한다는 것을 사회적으로 호소하고 싶었는데, 그냥 갑자기 화해가 되어버렸습니다.

또한 화해 조항 속에, 화해의 내용을 공표해서는 안 된다는 얘기가 들어갔고요. 이 재판에서 이기면 꽤 크게 기사화되었을 텐데, 화해 조건을 사회에 알릴 수 없으니 사회적 의의는 없다고 여겨져서 너무 안타까워요.

이렇게 화해한 건 아무리 생각해도 정말로 안타깝지만, 끝을 내고 싶었습니다. 화해 조항의 내용은 겉으로 보기엔 아주 그럴듯하기 때문에, 이 이상의 판결을 원한다고 하면 유족의 이기심이 되어버립니다. 원고가 저와 여든 가까운 아버지인데, 아버지는 재판정에 가는 것도 무척 힘든 상태입니다. 재판정에서 쓰러지시진 않을까 늘 염려되었어요. 가스미가세키 전철역에서는 플랫폼에서 두 번이나 떨어지실 뻔도 했고요. 어딘가에서 일단락을 지어야만 했습니다.

화해 조건을 공표해서는 안 된다는 것은 저쪽의 입장이었는데, 그 조건에 이렇게 속박된 것은 제 탓입니다. 물론 이에 대해 변호사가 설명해주었고, 공표하지 않는 게 좋을 것 같기도 했습니다. 화해 조건을 공표하면 도둑이 든다든지 기부 단체가 와서 귀찮게 한다든지, 역시 "돈 벌어서 좋겠네"라고 빈정거리는 사람도 있으니까요. 이런 슬프고 괴로운 상황이 전부 돈으로 바뀌어 이해되는 게 두렵기도 했어요. 그래서 산재 인정은 받았지만, 동생의 죽음이 회사의 책임과 관련 있는지의 부분은 공적으로는 이야기할 수 없게 되어버렸습니다. 정말로 후회됩니다. "과실 상쇄過失相殺*가 없다"고 한 것만도 저희에겐 구원이고, 변호사에게 감사하고 있지만요.

마지막으로 뭔가 말씀하시고 싶은 것이 있다면요.
\\\\\\\\\\\\\\\\\

동생은 늘 "Y사는 좋은 회사이고 나는 Y사에 자부심을 갖고 있어"라고 말하면서 최선을 다해 일했습니다. 저는 동생 같은 직원을 잃은 것은 회사로서도 손해라고 생각합니다. 그만큼 성실하게 일해왔기 때문에 좀 더 살 수 있게 해주었으면 좋았을 텐데 말이죠.

그리고 기업은 불상사가 일어나면 회사 이미지에 타격을 입을까 봐 내내 그걸 숨기지만, 그러지 말고 겉으로 드러내서 바로 해결했으면 좋겠습니다.

또한, 자살 방지에 관한 얘긴데요. 전화번호부 첫 페이지쯤에 '생명의 전화' 전화번호가 실리면 좋겠습니다. 구급차나 소방차같이, 자살 방지는 긴급 사안이니까요. 외국에서는 첫 페이지에 싣습니다. 이건 꼭 되었으면 합니다.

마지막으로, 불행하게 과로사나 과로 자살이 일어난 경우, 유족은 꼭 산재 신청을 해야 합니다. 산재 신청을 하지 않으면 유족이 회사에 대해 '과로사의 면죄부'를 주는 셈이 되니까요. 아직 우리 나라에선 유족의 산재 신청이 아주 미미한 것 같습니다. 더 많이 신청하면

● 손해 배상금을 산정할 때 과실을 참작하는 것.

좋겠어요. 어느 정도의 세력이 없으면 회사도 나라도, 움직일 수 없습니다. 최근 분위기가 많이 바뀌어서 산재 인정을 받는 경우도 늘어나고 있으니 꼭 산재 신청을 하라고 얘기하고 싶습니다.

'화해'라는 것이 언뜻 보기에 기쁜 일 같았는데, 스와 씨의 이야기는 놀랍게도 '화해'하는 것 자체가 이렇게나 사람을 고통스럽게 한다는 것이었다. '화해'라고 하면 무심결에 '축하한다'고 하기 쉽지만, 유족은 이런 복잡한 심정이 되는 것이다. 게다가 화해 내용을 공표해서는 안 된다는 속박이라니.

다쓰노리 씨를 죽음으로 몰아간 노동 형태는 지금 많은 이들에게 해당되는 것이리라. 과로사와 과로 자살은 결코 남의 일이 아니라는 것을 우리는 잊지 말아야 한다.

6장

저항하는 사람들

—

프레카리아트 운동

여기까지 읽으며 독자들은 우리가 얼마나 무법 지대에서 살고 있는 지 생생하게 알 수 있었을 것이다.

그런데 이제 이런 상황에 침묵할 수 없다면서 비정규직으로 일하 는 사람들이나 젊은이들이 일어서고 있다.

우선 소개할 것은 프레카리아트 운동을 하고 있는 히노日野 씨(가 명)다. 덧붙이면 그는 앞에서 말한 메이데이 시위 때 체포되기도 한 사람이다.

히노 씨는 현재 39세. 학원 강사로 일하고 있다. 도쿄에서 태어난 그는 고등학교 졸업 후 대학에 들어갔다. 대학 때 학내 운동에 관계 했던 것이 운동의 세계에 들어간 계기였다. 그 후 반전 운동을 하기 도 했고, 대학 2학년 때 중퇴했다. 1993년경부터는 야스쿠니 신사에서 야스쿠니 반대 행동을 계속 해왔다. 이라크 전쟁 때에는 반전 운동에도 적극적으로 관여했다.

그런 히노 씨는 왜 노동 문제에 관심을 갖게 된 것일까?

"반전에서 노동 문제로 이행한 데에는 '생존의 옹호'라는 점이 연결되어 있어요. 2005년 메이데이 슬로건은 '일하지 말고 살자'였습니다. 이러저러하게 말이 많아도 노동이 윤리가 되고 있는 사회 아닌가요? 그 노동 사회를 겨냥한 것이었습니다."

여기에는 전환의 계기도 있었다고 한다. 2005년에 있었던 〈'패전 60년'으로 좋은가? 전시하 '야스쿠니, 프리터, 전장사戰場死'를 묻는 8·14~15 집회, 행동〉이 그것이다. 얼핏 보아 각각 다른 세 개의 이야기가 어떤 식으로 연결되고 있었던 것일까?

"가장 크게 걸린 것이 고다香田 군 사건*이었습니다. 그땐 자기 책임 비난이 극에 달할 때였고, 모든 이들이 이미 그가 살해된 것을 알고 있었습니다. 그리고 그걸 어쩔 수 없다고 결론지었죠. 그러나 그런 입장은 살해에 가담하는 것이나 다름없었습니다. 고다 군이 납치된 것은 미국의 전쟁 정책에 일본이 참여한 것과 관련되니 피할 수 없었다는 얘기는 이상한 거였죠. 조금씩 다르게 살아갈 자유가 있는데, 모두가 국가 정책을 내면화하는 삶의 방식을 택하는 건 이상한 겁니다. 대중 매체가 진실만을 전하는지 아닌지 알 수 없으니 현장에 가서 확인하려는 심정은 분명히 옹호되어야 할 겁니다.

---

* 2004년 일본이 이라크에 자위대를 파견한 후, 이라크 무장 단체가 그해 10월 일본인 배낭 여행객 고다 쇼세이香田證生를 참수한 사건.

그리고 '야스쿠니'는 생을 무조건 긍정하는 장소가 아닙니다. 칭송받아야 할 생과 비난받아야 할 생이 엄격히 구별되어 있습니다. 야스쿠니 신사에 참배하는 유족들은, 국가의 전쟁 정책으로 직접적인 피해를 입은 사람들입니다. 그럼에도 왜 그들은 피해를 보상하라고 하지 않을까, 또 왜 피해를 피해로 인식하지 않는 쪽 편을 드는 걸까, 그 부분의 이상한 점에 대해 무언가를 말하고 싶었습니다. 야스쿠니 신사는 죽은 자의 입을 봉해놓고, 아무 관계도 없는 사람으로 하여금 국가주의적 로망을 품도록 합니다. 죽은 자가 타인으로부터 침해당하지 않았으면 하는 마음이 있다면, 사실 그것을 가장 찬탈하는 쪽이 야스쿠니 아닌가 해요. 저희 슬로건은 '죽은 자를 세어서 늘어놓지 마라'입니다. 예를 들면 할아버지나 할머니께서 돌아가시면 어느 쪽이 어떻다가 아니라, 그냥 그분들 나름대로 고유한 생으로 보지 않나요? 이 점에서부터 야스쿠니는 기본적으로 죽이는 것에 의미가 있다는 겁니다. 공인된 생의 방식, 칭송받아야 할 생의 방식이 거기에서 드러나고 있습니다. 덧붙이자면, 야스쿠니 신사는 어쩌면 명백히 공무를 위해 죽어달라는 요구를 하고 있는 장소입니다.

그리고 '프리터'를 내건 것은 역시 프리터 차별에 대한 이야기를 하고 싶어서였어요. 의지가 없다거나 근성이 없다거나 하면서 자기 책임 운운하며 비난하는 것을 어떻게 받아들일 것인가와 관련됩니다."

2006년 메이데이 시위 〈자유와 생존의 메이데이〉는 이 지점들과 연결되었다. 히노 씨도 '프레카리아트'라는 말을 통해 모든 것을 정리한 사람 중 한 명이다.

"비정규직 문제 같은 건 내 일이 아니라고 여기고 있을 때 그 말을 알게 되었습니다. 『임팩션』이란 잡지에서요. 말이 가지는 힘은 대단합니다. 제 안에서도 잘 정리되었습니다. 지금은 정규직 사원이든 프리터든 어떤 노동 방식을 취하더라도 모두가 안심할 수 없습니다. 프리터도, 자영업자도, 사장도, 불안정한 사람은 모두 이와 연관되어 있습니다. 저도 학원 강사 일을 하고 있는데 늘 위기감이 있습니다. 예전에 체포되었을 때의 후유증으로 손 저림 증상이 아직 남아 있습니다. 학원 일은 손을 사용할 수 없으면 끝이고, 목소리가 나오지 않으면 끝납니다. 그런 불안정함에 어떻게 맞서나라는 고민은 이전부터 있었습니다. 프레카리아트라는 말은 소득을 축으로 계층을 파악하지 않고, 존재의 양식에 관련된 불안정함을 반영하는 말이어서 매력적입니다. 앞이 보이지 않는다든지, 10년 후 어떻게 될지 모른다든지 하는 질문을 포함해서요. 10년 후를 생각하면 울고 싶어져서 말이죠, 저는(웃음)."

프레카리아트 문제로 눈을 돌리게 된 큰 계기에는 사람들이 범법 행위로 체포되는 경위도 포함된다.

"그 사람들은 말이죠, 진짜로 불안정해요. '좀도둑'으로 체포된 젊은이도 있었는데요. 그는 대학을 그만두고 음식점 주방 아르바이트를 전전하다가 해고되었고, 살던 집에서도 쫓겨나서 생활을 할 수 없게 되었습니다. 그 이후 만화방에서 살다가 거기에서 옆 사람 지갑을 훔쳤습니다. 아르바이트도 하는데 돈이 없어서 그랬다고. 그래서 그는 체포되었죠."

또한 히노 씨는 학원 강사라는 입장에서 지금의 젊은이가 학교를 졸업한 후에 어떤 상황에 처하게 되는지 잘 알고 있었다.

"이전의 학원생 중에서 22세 정도의 아이가 있었습니다. 그 아이는 고등학교를 나와 취직했습니다. 그런데 이야기를 들어보니 어이없게도 매일 아침 직장에서 B4용지를 건네받아 거기에 자를 대고 선 긋는 일만 했다고 합니다. 그 종이들은 퇴근 시간에 회수되었는데, 그걸 어떻게 하느냐고 물으니 그대로 버린다는 겁니다. 완전한 집단 괴롭힘이죠. 그 아이는 출근 거부로 그만두었습니다. 본인은 '자기에게 능력이 없기 때문'이라고 하지만 절대로 그런 게 아닙니다."

사회에 나오자마자 그런 취급을 받았다면, 나라면 바로 집에 틀어박혀버렸을 것이다. 또한 히노 씨는 아이들의 일상적 스트레스에 대해서도 느끼는 것이 있었다.

"아이들이 나중에 누군가를 돕는 일을 하고 싶다고 생각하는 건 좋지만, 그런 생각이 지나치게 강해지고 있는 것 같습니다. 학원 아이들을 보더라도 '나중에 복지 분야에서 무언가를 하고 싶다'든지 '사람을 돕는 일을 하고 싶다'는 말을 자주 합니다. 성적이 상위권인 아이는 능력껏 하고 싶은 걸 하고, 그렇지 않은 아이는 사회에 뭔가 도움이 되는 일을 하라는 이야기 때문입니다. 그런데 생각해보면, 실은 그렇게 직접 도움이 되는 일이란 게 있나요? 지금 제가 필요하다고 생각하는 것은, 단지 살아가는 것만으로도 좋다고 긍정하는 태도입니다. 한편으로 보면 생의 동기 부여가 사라져가고 있달까요? 자기 능력으로 뭔가를 척척 해나가는 위치는 극소수밖에 획득할 수 없고, 누군가에게 도움이 되는 일이라면 간병 현장 같은 곳을 떠올릴 수 있겠지만, 그곳은 실제로 그렇게 만만한 곳이 아닙니다."

스스로가 살아 있는 것에 자긍심을 가지지 못하고, 자부심을 가질 무언가를 찾고 있는 사람의 마음에는 간극이 있을 수밖에 없다. 그런데 거기에 바로 애국이나 야스쿠니 신사 같은 것이 스며들게 된다는 것. 그것을 히노 씨 또한 지적한다. 애국이나 야스쿠니는 '의미 있는 생'을 부여해주기 때문이다.

"그런데 그걸 넘어서 센카쿠 열도 문제라든지 중국의 가스 유전 개발 문제* 등에 분노하는데, 생의 의미가 없다는 공허함을 인간은 그런 식으로 견디는 건가 생각하게 됩니다. 그런데 그런 층이야말로 프레카리아트이고, 그리고 그런 층이 고이즈미를 지지했다는 문제도 있죠."

상황은 대단히 복잡하다. 히노 씨는 프레카리아트가 자각의 문제라고 말한다. "자각하면 이기는 것"이라고 한다. 그러나 자각한 후에 어떻게 하면 좋을까? 한편으로는 자기가 불안정층이라는 것을 자각하면서 오히려 필사적으로 승자가 되는 것을 목표로 하는 사람도 나올 것이다.

"음. 그런데 그건 무척 어렵겠죠(웃음). 승자가 되는 것이 자기에게 무리라는 것을 많은 사람이 알아차리고 있습니다. 출구가 없다, 미래가 없다는 걸 알고 있습니다. 거기에서 필요한 것은 타인과 이야기할 장소입니다. 내 탓이 아니라는 말을 꺼낼 장소. 그게 없는 것이야말로 위기인 겁니다. 지금 경찰이 크게 증원되어 치안 관리를 하고 있는데, 절도 같은 범죄의 다수는 빈곤 문제에서 옵니다. 우리는 이것을 좀처럼 빈곤이라는 형태로 파악하지 않고 있지만, 사회에서 요구되는 소비 생활 수준과 실제 자기들의 소득을 비교하게 되면 이것은 빈곤 문제일 수밖에 없습니다."

오레오레オレオレ 사기** 집단을 취재한 지인에게서 이런 이야기를 들은 적 있다. 그들은 다음과 같이 얘기했다고 한다. "어차피 학벌이 안 좋아서 취직도 못하고, 프리터가 되어 일해봤자 월 20만 엔 정도밖에 받지 못하는데 그렇게 사는 건 멍청한 거다. 그래서 오레오레 사기를 했다." 어떤 의미에서 그들의 말은 틀리지 않다. 오레오레 사기까지는 아니더라도 많은 젊은이들의 생각은 그들과 같을 것이다. 스스로를 바보 같다고 여기면서도 일을 할지, 아니면 범죄의 길로 달려갈지만 남아 있을 뿐이다. 그러나 어느 쪽의 미래도 만족스럽지 않다. 히노 씨는 아우슈비츠 입구에 쓰여 있던 "노동이 너희를 자유롭게 하리라"라는 슬로건과 지금 일본의 상황을 대비시킨다.

"노동이 자유롭게 하리라는 슬로건 아래 살고 있지만, 일한다고 자유로워지지는 않죠. 아우슈비츠에서도 최종적으로는 죽음만이 기다리고 있었기 때문입니다. 격차 사회라는 말이 퍼지면서, 일을 하면 자유로워진다는 환상은 불식되고 있는지도 모릅니다. 단, 이런 생각은 들죠. '자유의 의미가 심하게 왜곡되어 있다.' 지금 정부가 얘기하는 자유는, 최선을 다해 살아남을 수 있는 수단을 선택할 자유예요. 그저 자유롭게 살아남으라는 얘기죠. '참견하지 않을 테니까 자기 능력을 계발하고 일하는 방법을 바꿔라, 그럴 자유는 있다. 그 자유를 스스로 살아남기 위해 사용해라.' 그런데 살아남기 위해 사는 게 아

• 동중국해의 6개 가스 유전 개발권에 대한 일본과 중국의 분쟁.

•• 우리말로 하면 '나야 나' 사기로, 보이스 피싱의 일종.

니잖아요. 무언가를 위해서 사는 게 아니라는 사실을 복권시켜야만 합니다. 생존 경쟁이 아닌 생존을 인식시켜야 해요."

이야기를 듣고 있으니 스스로 목숨을 끊은 내 주위 사람들의 얼굴이 스쳐 지나갔다. 그들은 확실히 그 '살아남을 자유'밖에 없는 세계에서 결국은 살아남지 못한 사람들이다. 살아남을 수 없는 사람도 정해진다는 걸 알고 난 후 부여받는 자유, '다른 사람을 밀쳐내고 살아남을 자유'란, 결국 손에 넣는다고 해도 어딘지 찜찜한 것이다.

그럼 이 불안정한 사회에서 개개인은 어떻게 해야 할까?

"일하지 않고 그냥 집에서 빈둥거리고 있으면 심심합니다. 일하는 것은 인간의 당연한 활동이에요. 사람과 만나거나 무언가를 만들거나 하는 것은 즐거운 겁니다. 그렇지만 지금처럼 강박관념에 빠져 일하는 건 아니죠. 그것에서 해방되는 것이 우선 필요합니다."

마지막으로 모든 불안정한 사람들에 대해 한마디해주기를 부탁했다.

"제가 대학 다닐 때는 호경기이기도 했지만, 소위 비정규직으로 고용된 사람은 취직 희망자의 5퍼센트였습니다. 그런데 지금은 대학 졸업 후 취직을 희망하지만 비정규직으로 고용되는 비율이 40퍼센트입니다. 그것을 자기 탓으로 돌리는 것은 잘못된 겁니다. 사회가 그렇게 되어가고 있는데 말이죠. 그것은 절대로 자기 탓이 아니고 사회 때문이라는 것을 깨달았으면 합니다. 폭력이 자꾸 내부를 향하는 경향이 있는데, 그것을 바깥으로 돌려야 한다고 생각합니다. 바깥으로 향하는 게 맞고요, 화도 내야 합니다. 지금 젊은 사람은 열 받지도 않고 화도 안 내고 다른 사람 탓도 안 합니다. 그런데 화내는 것은 자기중심적인 게 아니라, 정말로 다른 사람 때문이기도 한 겁니다. 그러니까 좀 더 열도 받고 화도 내자고요."

지금 젊은이들을 보면 말 못하는 초조함만 심해지고 있다는 느낌이다.

그런 분위기에서, 정당한 이유가 있는데도 화를 내지 않는 젊은이들은 전혀 상관없는 장소에서 화를 내곤 한다. 폭력이 부모를 향하기도 하고, 분노나 복수심이 오레오레 사기같이 교활한 형태로 노인 등을 향하기도 한다. 그래서 그것이 젊은이 전체에 대한 비난의 이유도 되고, 프리터를 저임금으로 쓰고 버릴 때의 구실이 되기도 한다.

그러나 우리는 화를 내도 된다. 화가 나면 화를 내고, 말로 표현하면 된다.

2006년 8월, 두 번째 프레카리아트 시위가 일어났다. 맨앞의 음향기기를 잔뜩 실은 트럭에는 "아르바이트, 파견은 일회용? 살기 싫은 세상이야"라고 쓰인 현수막이 걸려 있다. 모인 200명의 젊은이들은 "앞날이 깜깜해", "저항하지 않으면 살 수 없다!", "당한 채로 침묵하고 있으면 아무것도 없다!", "돈 내놔라" 같은 자기식의 말들을 담은 플래카드를 들고 외쳤다.

"기업은 벌고 있지만 나는 전혀 벌고 있지 않다!" "거기 전파상에서 팔고 있는 프린터, 내가 만든 거야!" "급료가 낮아서 결혼 같은 것도 못해!" "아이도 낳시 않겠나!" "시급을 올려라!" "파견 회사는 멋대로 방에 들어오지 마!"

4월에 있었던* 메이데이 시위와 달리, 이날 시위는 체포자도 없었고 성황리에 끝났다.

다음은 이 시위의 호소문이다.

불안정함을 강요하는 사회를 바꾸자. 살아가는 것이 이렇게나 힘든 것은, 세간에서 말하는 자기 탓이 아니다. 정작 이상한 쪽은, 일도 주거도 몸도 마음도 하루하루 살아가게 하는 모든 것을 불안정하게 방치하는 이 사회다.

과연 우리 눈앞에는 '자유'가 내걸려 있다. 생존을 위한 무한 경쟁의 끄트머리에, 서로의 생을 폄훼할 '자유'만이 주어져 있다. 그러나 아무리 생각해봐도 그것은 자유가 아니다. 가짜는 필요 없다. (중략) 우리 스스로가 바라는 것을 명확히 해야 한다. 그것은 그저 여기에서 만나고 이야기하고 놀라고 기뻐하며 살아가는 것이다. 우리가 바라는 것은, 생각하고 움직이고 표현하는 것 속에서 서로의 생을 교차시킬 자유다. 이 자유를 멋대로 농간하는 것을 용서하지 않겠다. 그것을 위해 전력투구하자.

프리터전반노동조합

프리터에게 강력한 아군이 나타난 것을 알고 계시는가?

바로 '프리터전반全般노동조합', 줄여서 프리터노조다.

● (앞쪽) 일본에서는 4월 말부터 5월 초까지가 메이데이 기간이다.

결성은 2004년. 프리터노조는 그때까지 "일하라"고 하지 마! 젊은 이의 인간력을 높이지 않는 비국민非國民 운동'이나, 프레카리아트 집회와 관련된 일을 해왔다. 2006년부터는 노동 상담도 하고 있는데, 단체 교섭이나 전화를 통한 노동 상담 등 프리터층의 문제에 적극적으로 힘을 쏟고 있다.

또한 'PAFF'라는 비정규 노동자를 위한 네트워크와 연계한 활동도 하고 있다. PAFF는 메일링 리스트를 중심으로 하는 느슨한 연합체. PAFF라는 이름은 Part-timer(파트 타이머), Arbiter(아르바이터), Freeter(프리터), Foreign worker(외국인 노동자)의 머리글자를 따서 만든 말이다.

프리터노조가 내세우는 문구는 "누구나 혼자라도 가입할 수 있는 노동조합"이다. 프리터, 비정규직 노동자, 정규직 사원, 실업자층도 포함해서 불안정한 생활을 강요당하는 사람(프레카리아트)으로 조직되어 있다.

프리터노조의 집행위원장인 오히라 마사미大平正巳 씨에게 이야기를 들었다.

오히라 씨는 현재 36세. 2006년 4월에 프리터노조의 집행위원장이 되었다. 의료 관련 사회복지사 일을 하고 있는 그는 항상 침착하고, 의지하고 싶은 형님같이 친근한 인상이다. 그는 왜 이 문제에 뛰어들게 되었을까?

"우리 세대는 호황기에 입사했지만, 그 후 전직하거나 일을 바꿀 때마다 점점 더 생활이 불안정해졌어요. 결과적으로 보니 주위의 우리 세대 다수가 프리터나 파견 혹은 일용직으로 불안한 생활을 하고 있는 겁니다. 지금은 학생도 학교를 나온 후에는 프리터가 되어버립니다. 완전히 무권리인 데다가 미래는 없는 상태가 되죠. 특히 우리 30대 사람들은 한번 일자리를 잃으면 정규직 사원으로도 돌아갈 수 없을 뿐 아니라 아르바이트도 찾기 어렵습니다. 그러면서 혼자 골방에 틀어박히는 상태가 되곤 하죠. 혹은 임시 고용으로 2개월 정도의 일을 전전할 수밖에 없습니다. 그렇게 해서 수입은 월 12만 엔, 교통비는 없고요. 이걸 어떻게든 하지 않으면 안 되겠다고 생각했습니다."

프리터노조의 활동은 우선은 눈앞에 닥친 노동 문제를 확실히 해결하기, 즉 체불이나 해고 같은 구체적인 문제와 씨름한다.

"또 한 가지, 노동 문제로는 접근할 수 없는 것 중 실업 문제가 있습니다. 지금 만화방에서 살고 있는 사람들이 있죠. 우린 이 문제를 생활 보호로 대응해갈 수밖에 없다고 생각합니다. 실제로 집도 없고 먹을 것도 없다면, 법률적으로는 생활 보호 대상입니다.

또 하나는 자기 책임론에 대한 저항입니다. 일을 찾을 수도 할 수도 없고 정규직 사원이 되지 못하는 것을, 당사자조차 자기 책임이라고 생각하고 있습니다. 그렇게 내몰려가면서 정신적인 병에 걸리게 되죠. 제 직장이 도야가이*에 있는데, 거기는 사회의 모든 망에서 누락된 사람이 마지막으로 모이는 장소입니다. 최근에는 젊은 사람들이 많습니다. 옛날 같으면 오지 않았을 30대, 20대들이 최근 2, 3년 사이 부쩍 늘었습니다."

• 일용직 노동자가 많이 사는 간이 숙박소 밀집 지역.

도야가이까지는 가지 않더라도 프리터의 상황은 열악하다.

"'내일부터 오지 마'라는 말은 일상적으로 듣습니다. 아르바이터에게도 해고 예고 수당을 지불하는 것은 상식이었는데, 지금은 지불하는 것이 오히려 비상식적이라고 여겨지고 있습니다. 아르바이트라고 해도 다들 하루 6시간, 주 5일씩 일합니다. 당연히 고용 보험을 적용받을 수 있지만 실제로는 아무도 적용받지 못합니다. 하다못해 파견직이든 아르바이트든 간에 같은 일을 하면 같은 임금을 받을 수 있고, 최소한 고용 보험은 적용받아야 하는데 말이죠. 저는 그런 것을 요구하고 싶습니다."

오히라 씨에게는 기간제 노동자 경험이 있는데, 지금 파견, 청부로 제조업에서 일하는 사람들의 상황은 그가 기간제 노동을 했던 2000년과 비교하면 혹독 그 자체라고 한다.

"진짜 몇 년 만에 이렇게 노동 상황이 변했나 싶어서 놀랐습니다. 저는 2000년에 30세였고 대학에 다시 들어갈 학비를 모으기 위해 기간제 노동을 했는데, 조건이 나빴다고 해도 월 30만 엔 정도는 받았습니다. 하루 12시간, 주 6일 일해서 30만 엔이 된 거죠. 또 기숙사에서 살았기 때문에 월 10만 엔 정도는 저금할 수 있었습니다. 그런데 지금은 생활비 빼고 수중에 남는 건 12만 엔 정도라고 들었고, 그러면 기간제 노동을 할 의미가 없어서 놀랐습니다. 그 당시 우리 감각으로는 기간제 노동은 한번에 큰돈을 벌겠다는 사람이 하는 일이었거든요. 그런데 지금은 전혀 달라요. 구인지에는 '월급 27만 엔'이라고 쓰여 있지만, 그것은 '27만 엔 가능'이라는 얘기일 뿐입니다. 노숙자 긴급 보호 시설에서 이야기를 들어보니, 그곳에 있는 많은 사람들이 이전에 기간제 노동을 하거나 불안정 고용 상태였다고 하더군요."

그런 오히라 씨에게서 프레카리아트 전체에 전하는 메시지를 들어보았다.

"괴로운 것은 당신 탓이 아니다. 방법은 있다."

프리터전반노조는 '누구나 혼자라도 가입할 수 있는 노동조합'으로 시작했습니다. 갑자기 잘렸다, 태도가 맘에 들지 않는다고 시급을 삭감했다, 파견 회사에게 영문도 모르고 경비를 빼앗기고 있다……. 조합에는 이렇게 호소하는 소리가 끊이지 않습니다. '이쪽에서 목소리를 내지 않기 때문에', '달리 갈 곳도 없으니까', '비정규직이라서', '그래서 이런 일이 되풀이되는 거고 난 능력 없는 거 아닌가?', '내 인내심이 부족한 걸지도 몰라…….' 많은 이들이 이런 생각으로 침묵합니다. 그런데 내용을 들어보면 법률적으로도 전혀 말이 안 되는 위법 행위투성이입니다.

노동조합은 큰 회사의 정규직 사원만의 것이 아니라, 파트타이머, 아르바이터, 파견 노동자 등 모든 일하는 사람의 것입니다. 이런 현상은 '현장'에서 일하는 우리의 행동으로 바뀔 수 있습니다. 지금 각지에서 불안정 노동과 불안정한 생활을 강요당하고 있는 동료가 노동조합을 결성하기 시작했습니다. 당신의 권리가 짓밟힐 때 노동조합은 분명히 도와줄 겁니다.

여러분, 일하면서 이상한 것, 납득할 수 없는 것이 있다면 우리와 상담해주세요. 프리터전반노조는 당신 곁으로 달려가겠습니다. 당신이 괴로운 상황에 있다면 그것은 개인의 '자기 책임'이 아닙니다. 우리가 일하는 방식을 정하는 회사나 사회 자체의 문제입니다. 많은 동료가 연결되고 힘을 모아 목소리를 내는 것으로도 상황은 분명히 바뀝니다.

여러분, 함께 방법을 생각해봅시다!

프리터노조의 단체 교섭에 잠입!

2006년 7월, 프리터노조의 교섭에 참가했다.

교섭이란 단체 교섭이다. 노동조합의 시작이다.

나도 32년간 살아오면서 설마 내가 교섭에 참가하리라고는 생각지도 못했다.

일은, 2006년 6월에 의료 기관에서 일하는 친구 A씨에게 한 통의 메시지가 도착하면서 시작되었다.

"이번 달 말에 그만두세요. 혹시 오기 어렵다면 짐은 보내겠습니다. 다음 아르바이트가 정해질 때까지 며칠 정도는 있어도 됩니다."

"이번 달 말"이라고 하고 있지만, 메시지가 도착한 날은 29일. 짐을 보낸다는 것은 '오지 마라'는 의미다. 실질적인 당일 해고였다. 일방적인 통보가 A씨에게 도착한 것은 밤 1시. 그것도 휴대전화 문자 메시지로. 다음 날 아침, 출근 준비를 하다가 메시지를 발견한 A씨는 망설임 끝에 원장에게 전화를 했다. 해고 이유를 물었더니 "초보자에게 전문적인 일을 맡기는 것은 솔직히 무리가 있었다"(그러나 그녀는 면접할 때 이미 경험이 없다고 밝힌 바 있다)는 답만 돌아왔다. 이것은 '솔직히 말해, 다루기 어려웠다든가, 지도하기 어렵다'는 의미다.

갑자기 일을 잃은 그녀는 어찌할 바를 몰랐다. 일하기 시작한 지 두 달 되었지만, 그녀는 감기로 한 번 쉬었을 뿐, 지각이나 무단결근 등은 하지도 않았다.

그녀 이야기를 듣고 내 분노에도 불이 붙었다. 과거 프리터 시절의 노여움도 되살아났다. 나는 즉각 프리터노조와 상담했다. 그것이 일련의 싸움의 시작이었던 셈이다.

우선 A씨와 프리터노조 면담.

프리터노조는 이번 해고에 대해 차근차근 법적 문제를 지적했다.

우선 실질적으로 3일 전에 통고하는 것은 노동 기준법 20조 1항 위반이다. 사업주는 최소 27일분의 평균 임금을 지불할 의무가 있다. 또한 해고 이유도 분명 이상하다. 경기가 나쁘고 일하는 게 서투르다는 이유만으로 해고하는 것은 부당 해고다.

잠시 이 일에 대해 설명을 해두자면, 그녀는 2006년 5월, 타운워크 사이트에서 이 일자리를 발견했고 면접을 거쳐 채용되었다. 시급 1,000엔. 일은 오전 9시 30분부터 오후 5시까지였고, 중간에 오후 1시 30분부터 3시까지는 휴식 시간이었다. 월요일부터 금요일까지 일하고 월급은 12만 엔 정도. 물론 그녀는 일을 계속할 마음이 있었다. 전화로도 일을 계속하고 싶다는 의사를 밝혔다.

그러나 돌아온 것은 "우리에게 좀 여유가 있었더라면 좋았을 텐데"라는 말이었다.

많은 프리터는 이쯤에서 물러나버릴 것이다. 저쪽도 힘들다면 어쩔 수 없지라며, 스스로 너무 힘들지만 그냥 순순히 손을 떼어버릴 것이다. 그러나 프리터노조는 그건 "저쪽에서 멋대로 붙인 이유"라고 지적한다. 말 그대로다.

그녀는 프리터노조의 조언에 따라 의료 기관에 해고 철회를 요구하는 내용 증명을 보냈다. 동시에 프리터노조의 조합원이 되었다. 또한 프리터노조에서는 의료 기관에 '노동조합 가입 통지서'와 '단체 교섭 신청서'를 송부했다. 이렇게 싸움의 도화선이 번지게 된 것이다.

그럼, 왜 단체 교섭을 신청해야 할까? 이 경우 A씨가 해고에 불만을 갖고 원장에게 이야기를 제안하더라도 원장이 '싫다'고 하면 끝이다. 그러나 노동조합을 끼고 이야기를 하자고 하면 원장은 거부할 수 없다. 노동조합은 단체 교섭권을 가지고 있고, 그것을 거부, 무시하면 노동조합법 7조의 부당 노동 행위로 처벌받기 때문이다. '조합원'이라고 하면 딱딱한 느낌이 들지만, 노동조합에 들어가는 것만으로 프리터는 이렇게나 유리해지는 것이다.

며칠 후 마침내 교섭이 이루어졌다. 원장과 프리터노조가 합의한 날짜에, 나와 A씨 그리고 프리터노조 조합원이 문제의 의료 기관으로 몰려갔다. 이런 일을 처음 경험한 원장은 긴장한 얼굴로 우리를 맞았다.

프리터노조는 원장에게 해고 철회를 요구했다. "의료 종사자로서 적절치 않다"는 것은 해고 이유가 되지 않는다, 어떻게 해서라도 일을 그만두기 바란 것이라면 해고는 1개월 전에 통보해야 한다, 1개월 이상의 해고 예고 수당을 지불해야 한다. 이런 요지의 이야기를 했다.

법적인 것을 이야기하는 프리터노조 측에 원장은 "재판도 불사하겠다"며 화를 냈다. 그러나 심경의 동요를 보이는 원장의 얼굴에는 시종 '아르바이터 하나 자른 건데 왜 이러나' 하는 당혹감도 엿보였다.

그렇게 해서 교섭은 일주일 후 회답하는 것으로 끝났다.

그 후 몇 번이나 이야기가 오갔고 결국 해고는 철회되었다. A씨는 원만하게 퇴직했고, 두 달치 급여(24만 엔)가 화해금으로 지불되며 화해했다. A씨가 손 놓고 단념하고 있었다면 해고되었을 뿐 아니라 아무 보상도 받지 못했을 것이다. 그러나 프리터노조에 들어가 단체교섭을 하면서 해고를 원만한 퇴직으로 바꿨고, 24만 엔을 받을 수 있었던 것이다. 진지하게 생각해볼 일이다. 이 정도 돈이 있으면 다음 일도 여유를 갖고 찾을 수 있을 것이다. 많은 프리터가 당일 해고를 당하고 한 푼도 보상 못 받은 채 다음 일을 필사적으로 찾는다. 일 찾는 데 2주일 정도 걸린다면, 생활은 순식간에 엉망이 되고 집세도 체납될 것이다. 부모에게 기대면 괜찮지만 기댈 사람이 없으면 그건 이미 홈리스로 들어가는 문이다. 그렇지 않다 해도, 사채를 빌려 집세를 낸다. 그리고 그런 일을 겪으면 빚은 엄청난 액수로 늘어나게 될 것이다. 그러므로 그녀가 얻어낸 이 '화해금'의 의미는 크다.

단체 교섭 후에 A씨는 밝은 얼굴이 되었다.

"이번 일을 겪으면서 법이 아르바이터에게도 친절하다는 것을 알았습니다. 아르바이터라 해도 생각보다 법률로 보호받는 면이 많이 있더군요. 이런 게 더욱 확대된다면 고용하는 측도 고용되는 측도 기분 좋게 일할 수 있을 거라 생각합니다. 그리고 문자 메시지로 해고되는 일도 있을 수 없겠고요. 성실하게 일했는데 고작 문자 통보라니요. 저를 아주 우습게 본 거라고 생각합니다. 저는 처음에 이건 노동조합과는 다른 세계의 일이고, 상담을 해도 아르바이터라서 상대해주지 않을 것이라고 생각했습니다. 그러나 정말 잘 대해주었어요. 정말 힘들었던 이야기를 차분히 들어주고, 저를 분명한 한 개인으로서 인정해준 것. 그게 아주 고마웠습니다. 해고가 돼도 그냥 조용히 따르는 게 미덕인 사회 분위기가 있지만, 모두가 함께 행동을 하면 되는 겁니다. 게다가 단체 교섭을 함께할 수 있는 사람이면 더 좋은 거고요."

현재, 프리터를 대상으로 하는 노동조합은 도처에서 결성되고 있다. 수도권청년유니온 역시 누구나 혼자라도 그리고 프리터라도 들어갈 수 있는 노동조합이다.

또한 위장 청부가 문제시되는 제조업 현장에서도, 파견·청부 노동자들의 노동조합이 점차 결성되고 있다. 2006년 10월에는 캐논에서 일하는 청부 쪽 사람들의 노동조합이 결성되었고, 제조업의 비정규직 사원을 위한 '가텐계연대'*도 생겼다. 대기업 청부 회사인 일연총업日研総業에서 일하는 청부 노동자들도 노동조합을 결성했다. 또한, 일하는 여성의 과반수 이상이 비정규 고용인데, 그런 사람들을 위한 '일하는 여성의 전국센터'도 결성되었다.

---

* 가텐계는 토목, 건축, 조리사, 엔지니어 등 기술직에 종사하는 사람을 뜻하는데, 단지 육체노동자라는 의미로 사용되는 경우도 있다.

제일 권리가 없는 비정규 고용 상태의 사람들이야말로 노동조합이 필요하다. 따라서 무언가 일이 있을 때에는 이런 프리터를 위한 노동조합에 꼭 연락을 주면 좋겠다.

가까이에 그런 노동조합이 없다면 스스로가 만들어도 된다. 노동조합은 두 사람 이상이, 간단한 규약을 만들고, '노동조합을 만들었다'고 경영자에게 통보하면 가능하다. 누군가의 허가도 필요 없다. 그렇게 해서 단체 교섭권을 가지게 되는 것이다.

이제 비정규직 노동조합은 점점 늘어날 것이다. A씨같이 당연한 권리를 주장해야 한다. 그것은 많은 경영자에게는 청천벽력 같을지도 모르겠다. 설마 프리터에게 역습당한다고는 생각지도 못하고 당일 해고나 일삼는 경영자가, 단체 교섭에서 어떻게 허둥대는 모습을 보여줄지. 생각만으로도 통쾌한 기분이 든다.

프리터전반노동조합 연락처

전화·팩스 03-3373-0180
이메일 union@freeter-union.org 홈페이지 http://freeter-union.org

POSSE

반격을 시작하고 있는 것은 노동조합만이 아니다.

노동 문제를 집중적으로 다루는 비영리 조직도 2006년에 결성되었다. 그것은 'POSSE'다.

POSSE는 젊은이가 '일하는 것'을 주제로 활동하고 있다. POSSE 란 라틴어로 '힘을 가진다'는 의미이고, 영어 슬랭으로는 '무리(패거리)'를 의미하며, 힙합 가사 등에서도 자주 사용되고 있다고 한다.

주오대학교, 히토츠바시대학교, 도쿄대학교 등의 대학생과 프리터가 중심이 되어 시모기타자와下北沢*에 사무소를 차렸다. 프리터 대상 노동 상담이나 무료 신문 발행 활동 등을 한다. "아르바이트하는데 혹사당해서 힘들다", "일을 찾지 못하고 있다······" "부모님에게 언제까지 프리터 할 거냐는 얘기를 들었다. 계속 이렇게 가면 어떻게 될까······" "유급 휴가라는 게 뭐야?" POSSE 사람들은 젊은이들에게 쉬운 말로 '일하는 것'에 관한 여러 가지를 생각하게 한다.

2006년 6월과 7월, 그들은 시모기타자와와 하치오지八王子**의 거리에서 〈젊은이의 '일' 설문조사〉를 실시했다. 설문 응답자 수는 3천 명을 웃돌았고, 설문은 그간 실태를 가늠하기 어려웠던 프리터나 젊은 정규직 사원 문제에 초점을 맞추어 행해졌다.

여기, 그들이 실시한 설문 결과가 있다. 대상은 15세부터 34세. 이 설문으로 여러 현실이 부상했다.

우선 '게으르다', '야무지지 못하다'라고 여겨지는 프리터지만, 70 퍼센트 이상의 프리터가 주 5일 이상, 하루 7시간 이상 일하고 있다는 결과가 나왔다. 그럴 만도 하다. 시급제 프리터는 그 정도로 일하지 않으면 정말 먹고살 수가 없다. 그러나 그만큼 일해서 진짜 먹고

---

* 도쿄 세타가야世田谷 구에 있고, 젊은이들이 많이 찾는 문화의 거리라는 이미지를 가진 곳.
** 도쿄 서부 다마의 중심지.

살 수 있는지가 애매하다. 예를 들면 시급 1천 엔으로 주 5일, 하루 7시간 일했다 해도 월급은 14만 엔이다. 부모님과 같이 살고 있다면 괜찮지만, 혼자 사는 경우 집세, 광열비, 각종 보험료 등을 내면 정말 한 푼도 남지 않는다. 본가에서 살고 있다 해도 언젠가는 자립해야 한다. 종종 프리터에 대해서 "부모 밑에 있으니 문제없다"는 식의 말도 안 되는 얘기를 하는 사람이 있지만, 부모는 언젠가는 죽는다. 그리고 지금 프리터인 사람은 평생 프리터인 채로 살 확률이 점점 높아지고 있다. 월 14만 엔으로 뭐가 어떻게 '괜찮다'는 건가. 또 설문 결과에서는 젊은 정규직 사원층의 장시간 노동도 눈에 띄었다. 정규직 사원의 30퍼센트 가까이가 하루 평균 11시간을 일하고 있었던 것이다.

사회 보험 문제도 있었다. 프리터인데 사회 보험에 들지 않은 경우는 61퍼센트. 한편 정규직 사원의 13퍼센트가 사회 보험에 들지 않았다. 그렇다면 이게 과연 '정규직 사원'이 맞는 건가? 회사로부터 "후생 연금에 가입하라"는 권유를 받은 정규직 사원도 있다고 한다.

잔업 수당 체불도 두드러졌다. 정규직 사원인데 잔업 수당을 받지 못한 경우는 48퍼센트. 프리터의 경우는 28퍼센트. 그리고 악질적이게도 잔업 수당 체불은 별 지식 없는 아르바이트 고교생이나 위치가 불분명한 정규직 여성 사원에게 주로 행해졌다.

이런 상황은, 많은 젊은이가 노동 기준법을 몰라서라고 생각하는 사람도 있을 것이다. 그러나 그들의 노동 기준법 지식에 대해서도 설문이 말해준다. 결과는 의외였다. 프리터의 62.4퍼센트, 정규직 사원의 61.8퍼센트가 "노동 기준법을 알고 있다"고 응답한 것이다. 그

중 많은 젊은이가 알고 있다고 답한 항목은 "8시간 이상 일을 시켜서는 안 된다"라는 것이었다. 그러나 그들은 그 이상의 시간을 당연스레 여기며 일하고 있다. 젊은이들은 노동 기준법을 알고 있으면서도 실제 노동 현장은 그것과 매우 괴리되어 있기 때문에 포기하는 것 아닐까? 노동 기준법이 유명무실해지고 있는 것은 매우 심각한 일이다.

POSSE의 대표 곤노 하루키今野晴貴 씨에게 이야기를 들어보았다.

곤노 씨는 23세. 현재는 주오대학교 4학년생이고, 히토츠바시대학교 대학원에 진학할 예정이다. POSSE의 회원은 현재 130명 정도. 학생도 있고 프리터도 있고 정규직 사원도 있다. 평균 연령은 20~21세. 우선 왜 POSSE를 시작했는지 들어보았다.

"아는 사람이 노동조합 쪽 사람에게서 '젊은이들의 상황을 알려주면 좋겠다'는 얘기를 들은 것이 계기였습니다. 격차 사회가 문제시될 무렵, 젊은이들이 모여 여러 이야기를 하고 있었는데 우리 또래의 노동조합 사람들은 그런 걸 잘 모르고 있으니 우리가 나서주면 좋겠다고 하더군요. 이런 문제는 우리 세대가 나서야 한다는 생각을 강하게 하고 있었기 때문이기도 했고요. 실제로 우리 선배 중에도 취직에 실패하고 프리터가 된 사람이 있는데 그런 사람의 상황을 보면 정말로 비참해요. 밤낮도 바뀌고, 아르바이트가 생겨도 일하는 날 당일이 되어야 알게 될 때도 많고요. 일하다가 다쳐도 산재 신청은 하지 않습니다. 기숙사는 늘 열려 있고, 상사가 갑작스레 아침 일찍 깨우러 그냥 들어옵니다. 잠에서 깨어나 정신 차려보면 방은 청소 중이거나 소지품을 검사당하고 있거나 했다더군요. 뭐랄까 아주 감옥 같은 삶이랄까요. 급료도 그렇게 좋지 않았습니다. 그런 이야기를 들으며, 우리가 나서야겠다고 생각한 겁니다."

POSSE가 씨름하고자 하는 것은 노동 문제만은 아니다. 이들은 노동으로 상징되는, 현재 젊은이를 둘러싼 사회 상황과도 종합적으로 맞설 작정이다.

"예를 들면 젊은이 문제라고 할 때 그들의 노동 조건이 나쁜 것은 말할 것도 없습니다. 그런데 그것을 당연하게 여기는 사회의 분위기는 바로 젊은이 비난을 통해서 만들어진 거죠. 게임 뇌* 이야기라든지, 치과 의사가 쓴 『뇌가 퇴화하고 있다』같이 말도 안 되는 이야기들. 그런 걸 신봉하는 사람은 별로 없을 거라고 생각합니다. 같은 직장에 상사와 부하로서 아저씨와 젊은이가 있지 않습니까? 그런데 아저씨는 많은 급료를 받고 있는데 젊은이는 너무나도 헐값으로 일합니다. 장시간 노동인데도 말입니다. 아저씨들이 그런 상황에 의문을 품지 않는 것은, 젊은이를 비난하는 분위기가 만연해 있기 때문이라고 생각합니다. 그 분위기를 맹목적으로 받아들이지는 않는다 해도 왠지 지금 젊은이들은 문제가 있는 것 같다는 식으로요. 젊은이가 버릇도 없다, 프리터나 니트족은 제멋대로다라는 분위기가 있으니 아저씨들도 그걸 쉽게 받아들입니다. 그리고 더 심각한 것은 그러한 억압적 담론이란 게, 억압받는 당사자에게 강력하게 작동하고 있다는

---

* 모리 아키오가 쓴 『게임 뇌의 공포』에 나오는 조어. 범죄와 게임 사이의 관련성으로 젊은 층의 범죄 증가 원인을 설명하는 데 자주 이용되었다.

겁니다. 노동 조건이 나쁘니 스스로도 힘들고 현 상황이 싫겠죠. 그런데도 내가 능력이 없어서 그렇다는 생각을 먼저 합니다. 경쟁 때문이라든지 여러 이유를 붙여서, 뭘 어떻게 할 수 없다는 식의 자기 책임론을 내면화합니다. 세대 간 문제나 기업 횡포는 문제 되지 않는 그런 구조가 이미 갖춰져 있습니다. 그래서 저는 문화나 담론 같은 여러 가지를 종합해서 생각하려 합니다."

POSSE의 회원 중에는 10대도 많다. 어리기 때문에 잘 몰라서 다양한 문제에 부딪히는 경우도 있다. 상담한 사례에 대해서는 직접 교섭한다.

"요전에도 임금 체불 건으로 저하고 상담을 하는 자리에서 사용자와 통화한 사람이 있었는데요, 그 사람은 등록형 파견으로 3일 일하고 임금을 한 푼도 받지 못한 경우였습니다. 그 사람은 18세였어요. 어리니까 얕보고 저쪽에선 얼렁뚱땅 둘러대는 겁니다. '통장 없는 사람에게는 지불할 수 없다'고요. 그런 건 사람을 우습게 여겨 해고한 것이라고밖에 생각이 안 들어요(웃음). 그래서 어쩔 수 없이 통장을 만들면, '그 통장은 안 된다.' 다른 통장을 만들어 가면 이번에는 '생각해보니 자네는 클레임이 들어왔기 때문에 임금을 지불할 수가 없다.' 이런 건 명백히 지불할 마음이 없다는 겁니다. 50세 아저씨에게는 그렇게 할 수 없을 거예요. 18세니까 가능한 거죠. 나이가 어리면 어릴수록 그런 상황에 처하게 됩니다. 결국 그 일은, 법적인 수단을 몇 번 취했더니 논이 늘어왔습니다."

비난받아야 할 것은 이런 위법 행위를 당연하게 여기는 회사라든지 일당 수천 엔까지도 빼먹으려는 쪽 아닌가. 그러면서 프리터를

'꿈을 좇는 유형', '모라토리엄 유형' 같은 식으로 제멋대로 분류하는 것에 대해서는 논할 가치도 없다.

"프리터든 니트족이든 간에, 그들이 처해 있는 생활 조건을 못 본 척하면서 그저 심리학의 표본으로 접근하면 안 됩니다. 프리터가 되는 사람의 사상 경향이라나, 요즘 그런 걸 따지는 게 유행이죠. 그런데 꿈을 좇는 유형이라고 분류되는 사람도 말이죠, 사실은 자기 처지를 싫어하거나 어쩔 수 없이 프리터인데 꿈을 좇고 있다고 스스로를 속이는 사람이 많을 거예요. 실제로 프리터인 친구를 보면 그렇게 한가하지 않습니다.

그리고 출산 감소에 대한 논의 같은 걸 보면 아주 웃겨 죽겠어요. 지금 같아선 절대 아이를 낳을 수 없죠. 젊은 여자가 아이를 낳지 않는 걸 도덕의 저하라는 둥 하는데, 어지간히들 하라고 해요(웃음). 그러고는 아이 낳고 잘 못 살면 '부모답지 못한 부모' 소리나 하는 겁니다."

그들은 10년 후, 20년 후 일본에 '거리의 아이들'이 생길 것을 염려한다. 나도 동감한다. 현재 네트카페net cafe 난민*이 그것의 시작같이 보여도 어쩔 수 없다. 16세에 부모가 죽고 그대로 홈리스가 된 소년이 있다면 앞에도 썼지만 16세의 그는 홈리스인가? 아니면 거리의 아이인가?

곤노 씨는 거리의 아이들이 일본에 나타날 때 무슨 말들이 나올지 쉽게 상상할 수 있다고 한다.

"'부모답지 못한 부모가 아이를 거리에 버린 셈'이라고 이야기될 겁니다."

미간을 찡그리며 그런 상투적인 말을 하는 미노 몬타[**]의 표정이 뇌리를 스쳐가지 않는가?

문제는 "젊은이의 도덕 저하" 같은 말로 단정할 수 없다는 것이다. 이것은 사회 전체의, 아니, 경제의 글로벌화 같은, 이미 전 지구적 규모의 일에 대한 문제다.

"지금 일본은 거품 경제 때보다도 더 벌고 있지 않습니까? 그런데 임금은 조금도 오르지 않습니다. 그 이유에 대해 생각을 해볼 때, 애초부터 정부나 재계는 프리터를 늘리려고 해왔다는 것을 알 수 있습니다. 예를 들면 1995년에 일경련이 낸 『새로운 시대의 일본식 경영』에는 이미, 불안정 고용을 확대하자는 제언이 나와 있었습니다. 즉 저임금 프리터를 늘려서 경기를 회복하겠다는 전략이 있었던 셈입니다. '고이즈미 개혁'에 의한 고용 파괴 정책은 결국 이런 재계의 의향을 받아들인 것이었습니다. 가령 현재 일본의 제조업은 중국 제조업과 경쟁하고 있어요. 그래서 제조 비용을 줄이기 위한 임금 삭감 압력을 받고 있습니다. 세계가 글로벌화하고 있는 한, 분명히 그렇습니다. 프리터가 증가하는 것은 젊은이들의 심리가 아니라 그런 경제 구조에 원인이 있는 겁니다."

곤노 씨는 또한 노동 현장에서 위법 행위가 합법인 양 이루어지는 상황을 지적한다.

"지금, 기업은 법을 지키지 않음으로써 법 자체를 바꿀 수 있습니

---

[*] PC방 같은 인터넷 카페를 전전하며 사는 사람들.

[**] 일본 젊은이들을 비난하는 망언을 일삼는 것으로 유명한 연예인이자 실업가.

다. 예를 들면 지금 서비스 업계에 만연한 문제는, 재량 노동제나 화이트칼라 이그잼션 등 '잔업 수당을 지불하지 않아도 된다'는 새로운 법 제정에 의해 '해결'되고 있습니다. 또 파견법 위반이 횡행하는 것과 관련해서는 그것을 합법화하는 파견법 개정이 모색되고 있습니다. 이런 상황이기 때문에 기업은 더욱더 법을 위반하려고 합니다. 그러면 그 위법 행위가 '새로운 법'이 되니까요. 그래서 지금 특히 법률 위반의 희생양이 되고 있는 젊은이가 나서서 그것을 지적하는 것이 중요한 겁니다. 그러나 현실에서는 거꾸로 젊은이가 법에 대해서 냉소하고 있죠. 이런 상황은 꼭 바뀌어야 합니다."

앞에서 젊은이를 대상으로 한 설문을 소개했는데, 그 설문에서는 스스로가 법률 위반의 희생양임에도 구체적인 해결책을 모르는 젊은이들의 모습도 드러났다.

"잔업 수당 체불 문제와 더불어 '직장에서의 고민' 내용에는 인간관계가 압도적이었습니다. 직접 이야기를 나누어보면 임금이나 잔업 문제가 많지만, 본인은 그걸 상사와의 관계나 상사의 인격 문제로 파악해버리는 겁니다. 한편, 그것에 '어떻게 대처합니까? 또는 누구와 상담하나요?'라는 항목에서는, 대부분의 사람들이 상사, 친구와 상담하거나 아니면 참거나 포기한다는 대답을 했고, 노동조합이나 행정기관과 상담한다고 답한 사람은 3천 명 중 몇 명에 불과했습니다. 일하는 중에 일어난 문제를, 법률이나 사회의 문제로서 파악하는 회로가 없는 겁니다. 자기가 문제가 있어서 인간관계가 원만치 않다고만 할 뿐, 적극적으로 사회를 어떻게 해보자는 발상이 나오지 않는 겁니다."

마지막으로 곤노 씨는 말했다.

"프랑스 같은 나라도 그렇지만 정부는 왜 젊은이들의 노동 조건을 바꾸려는 걸까요? 그건 지금 젊은이들부터 바꾸어서 그들이 익숙해지면, 30년 후에는 전체 세대가 그렇게 될 것이기 때문입니다. 예를 들면 '지금 50대부터 먼저 전부 시급 1,000엔으로 한다'거나, '해고하기 쉽게 하겠다'고 하면 사회가 불안해집니다. 그래서 젊은이가 타깃인 겁니다. 지금 정부는 자신들이 원하는 사회 구조를 만들려고 젊은이들부터 바꿔가고 있습니다. 10대나 20대 초반의 젊은 사람은 사회 구조를 잘 모르지 않습니까? 그런 맥락에서 정부는 차근차근 미래의 밑그림을 그리고 있습니다. 노동 법제도 바꾸려 하고 있습니다. 미래에 가장 막대한 영향을 받는 쪽은 그런 사회에서 살아야만 하는 지금의 젊은이인데, 이 젊은이들이 그런 문제에 전혀 참여하지 않습니다. 그렇기에 우리 세대는 지금 이때 의견을 말하지 않는다면 대체 언제 말할 수 있겠느냐고 하는 겁니다."

그가 말하는 대로, 첫 번째 당사자인 젊은이는 방치된 채 아주 제멋대로 개혁이 진행되어왔고, 지금도 그 개혁은 진행 중이다.

젊은이 비난 풍조에 편승하고 있는 중노년층이라면 대충 느끼고 있을 것이다. 그러나 경제의 글로벌화 같은 것을 생각하면 너무 아득하게 여겨져 골치 아프다. 역시 젊은이가 문제라고 해버리는 편이 고민도 동요도 없이 편한 것이다. 이걸 구조적인 문제라고 생각하면 자기 존재까지도 흔들려버리기 때문이다.

그러나 그것은 분명히 도피에 해당한다. 아무리 젊은이 탓으로만 돌려봐도 편안하지 않다. 노동 법제의 개악은 중노년 정규직 사원층

도 타깃으로 하고 있지 않은가? 젊은이는 외국인 노동자화하고, 중
노녀도 젊은 불안정 노동자와 크게 다르지 않는 입장으로 점차 내몰
리고 있는 것 아닌가?

그런 지금이야말로 POSSE가 하는 일의 의미는 큰 것이다.

POSSE 연락처

전화 03-5779-1890　팩스 03-5779-1891
이메일 posse-npo@hotmail.co.jp　홈페이지 http://npoposse.jp/

가난뱅이대반란집단, 고엔지니트조합, 아마추어의 반란

앞서 소개한 프리터노조는 노동조합 형태로, POSSE는 비영리 조직
형태로 현재 젊은이들의 상황을 바꾸고자 하고 있다.

그런데 여기 노동조합도 비영리 조직도 아니면서 형용하기 어려
운 모습으로 '혁명'을 일으키려는, 아니 이미 일으키고 있는 사람들
이 있다.

그중 한 명이 '가난뱅이대반란집단', '고엔지니트조합'을 주재하고,
'아마추어의 반란'이라는 가게를 경영하는 마쓰모토 하지메^{松本哉} 씨
다.

'가난뱅이대반란집단'은 "이제 난폭해질 수밖에 없는 가난뱅이들
이 가진 자들을 가격해서 넘어뜨리기 위한 군단"을 자처한다.

그들이 발행하는 가난뱅이 신문에는 다음과 같은 슬로건이 나온다.
"집세를 지불할 수 없어!" "버스·전철은 무임승차해!" "부자를 발견하면 우선 쫓아가자!" "먹을 것을 보면 우선 먹어 치우자!" "빌린 돈 떼어먹자!" "사장의 가발 빼앗아 도망치자!" "주가 대폭락, 우리는 알 바 없는 일!" "은행의 대합실에서 낮잠 잘 수 있게 해라!" "후생연금 낼 수 없다! 오히려 줘라!" "조나단*의 드링크 바에 먹을 것도 놔라!" "부자들 집 주위를 어슬렁거리자!" "집세 너무 비싸다! 밥도 비싸다! 입을 옷도 없다!" "일본은행은 돈을 나눠줘라!" "도서관에서 피서하자!" "모르는 파티에 끼어들어 밥 먹자!" "월드컵 때 온 세네갈인은 돈이 없어서 아직도 못 돌아간다." "가난뱅이는 맘대로 설치자!"

그런 가난뱅이대반란집단은 가난한 젊은이들에게 압도적 지지를 받고 있다. 그럼 그들은 목표가 전혀 없는 걸까?

주모자인 마쓰모토 하지메 씨에게 이야기를 들어보았다.

마쓰모토 씨는 1974년생으로 32세다. 본인 왈 "변두리 빈민가"인 도쿄의 가메이도龜戸에서 소년기를 보냈다.

"고등학교 때까지는 정말 변두리 동네의 개구쟁이였던 것 같습니다."

그렇게 이야기하는 마쓰모토 씨는 지금도 충분히 변두리 동네 개구쟁이 같다. 고등학생 때까지는 재밌는 일만 찾았다고 한다.

• 일정 금액으로 음료를 무한정 이용할 수 있는 패밀리 레스토랑.

"그런데 세상이 말이죠, 재미있는 게 너무 없지 않나요? 뭔가를 하고는 싶은데, 그냥 이대로 시시한 인생으로 끝나는 건가 하는 생각이 들었습니다. 취직한다고 해서 앞날이 보이는 만족스러운 인생이 되는 것도 아니고요. 그래도 우선은 그런 거 보류하고 대학이라도 가볼까 하는 생각을 했죠."

그러면서 그는, 이후 대활약의 무대가 될 호세法政대학교와 만났다. 그의 눈에 퍼뜩 들어온 것은 전단지로 무장한 학생이 느닷없이 캠퍼스에서 집회를 시작하는 광경. 거기에서 그는 활기를 느꼈다. 재수 후 입학해서는 '노숙동호회'라는 가난뱅이 여행 동아리에 들어갔다. 얼간이들만 모인 것 같은 동아리였다. 후지 산정 합숙에서는 현지 집합, 현지 해산을 했다. 홋카이도 추위 견디기 합숙에서는 영하 33도에서 노숙했다. 그는 그와 병행하여 '신문회'라는 동아리에서 신문을 만들기도 했다. 거기에서는 등록금 인상 같은 문제를 진지하게 다루었는데, 진지하고 딱딱한 신문을 아무도 읽지 않는 게 현실이었다. 한편 노숙동호회 쪽은 별 볼일 없는 일들 위주였지만 인기도 높았고 주목도 많이 받았다.

"2년 정도는 양쪽 활동을 모두 했지만, 3년째 되면서 운동을 재미있는 감각으로 하면 어떨까 싶었습니다. 그래서 아예 한술 더 떠서 '호세대학교의 궁상스러움을 지키는 모임'을 만들었던 겁니다."

그것이 1997년이다. '호세대학교의 궁상스러움을 지키는 모임'이란, 전국의 대학에서 진행된 대학의 '단정화, 아담화, 깔끔화'에 반대한다는 의도에서 시작되었다. 본래 너무도 궁상스러운 학교였는데 갑자기 깔끔해지면 다니기 거북할 것 같다는 단순하고 분명한 이유 때문이었다. 또한 호세대학교 당국이 대학은 "국가나 기업에 기여하는 인재를 양성해야 한다"고 한 것에도 저항했다. 대학은 취직 예비학교가 아니다라는 슬로건으로 활동을 시작했다. 마음에 안 드는 것이라면 뭐든지 문제 삼겠다는 태도였다. 처음 한 일은 '학생식당 투쟁'.

"학생식당 밥이 양도 너무 적고 맛도 없어서 가격 인상은 도저히 용납할 수 없었습니다. 그래서 그거 무찌르러 가자는 식이었죠(웃음). 20엔 정도 가격 인상이었지만 모두들 화가 났어요."

친구와 세 명이서 전단을 수천 장 만들어 학내에 붙였다. 전단에는 "학생식당 돌입 집회 결행!"이라고 적었다. 겨우 세 명이 한 일인데, 당일 120명 정도의 학생이 모였다.

"생각지도 못한 대성공이어서 캠퍼스 한가운데에서 집회를 하고, '노숙도 하자!'는 분위기로 모두들 학생식당으로 돌진했죠. '비싸다!'라는 말을 외쳤고, 반쯤은 폭도처럼 식기를 훔치기도 하고 아주 엉망진창이었어요(웃음). '밥 먹고 도망가자!'는 동시 구호도 외쳤고요(웃음)."

힘을 얻은 '호세대학교의 궁상스러움을 지키는 모임'은 그 후 학생식당 투쟁을 확대시킨다. 타깃은 물론 학생식당이 아니었다. 그들은 그 후 '찌개 투쟁'이라는 싸움을 시작한다.

"수업 끝나고 바로 귀가하는 사람이 많았는데요, 대학을 우리의 근거지로 하자는 의미에서 우선 귀가하는 사람들을 모았어요. 그리고 모두들 찌개를 끓입니다(웃음). 해방구를 만든다랄까, 모두들 알아서 냉장고나 텔레비전이나 난로를 갖고 와서는 캠퍼스 한구석을 점령

해서 집으로 만들어버렸어요(웃음). 거기에서 매일 찌개를 끓이거나 고기를 굽거나 2주 정도 그냥 거기에 묵거나. 수업 끝난 사람들에겐 '술 마시러 갑시다'라고 권하기도 했고(웃음)."

찌개 투쟁은 학내에서만 끝나지 않았다. 신가이드라인*이 화제가 되었을 때에는 '신가이드라인 분쇄! 방위청 앞 찌개모임'이라고 이름 붙이고, 방위청 앞에서 기동대에 둘러싸이면서 찌개 요리를 해먹었고, 남은 음식을 방위청에 쏟아버리는 투쟁(?)도 벌였다. 또한 가난뱅이 총궐기 집회를 열었고, 캠프파이어를 했고, 총장실 습격도 했다. 캠퍼스에서 주점도 열었고, 숙주 많이 먹기 대회나 낫또 많이 먹기 대회 같은 것도 개최했다. 오로지 호세대학교의 궁상스러운 분위기를 지키기 위해 매일 분주했다. '무엇을 위해?'라는 질문은 일단 내려놓자.

그러나 대학 측은 이걸 멈추게 하려고 난리가 났다. 깔끔한 분위기의 대학으로 만들고 싶은데, 구질구질한 학생들이 대학 한구석을 점거하고, 연일 고타쓰에 찌개 요리를 하고 있는 것이다. 곤란해진 대학은 마쓰모토 씨의 부모에게 "댁의 자녀가 학내에서 고타쓰를 내놓고 술을 마시고 있어서 문제입니다"라는 멍청한 소리를 한 후 '견책 처분'을 냈다. 처분 이유는 캠퍼스에 난로를 내놓고 학내에서 술을 마셨다, 수업을 방해했다, 경거망동(!)했다 등이었다. 그러나 이 처분은 오히려 '호세대학교의 궁상스러움을 지키는 모임'을 유명하게 만들어버렸다.

그들의 활동은 오픈 캠퍼스**에서도 이어졌다.

"대학이 기업에 기여하는 인재를 만드는 곳이라고 하는 것에 반발

했습니다. 오픈 캠퍼스 같은 것도 고등학생들 모아서 거짓말만 하는 거 아닌가요. 그런 걸 방해했습니다. 대학 팸플릿에 우리 학교 취직률이 이렇게나 높다는 말 같은 거 쓰여 있잖아요. 그래서 우린 가짜 팸플릿을 만들고 '취직할 수 없다'는 말을 잔뜩 썼어요(웃음). 또 오픈 캠퍼스 날, 양복을 입고 직원인 척 책상 앞에 있으면 착각한 부모가 자식을 데리고 와요(웃음). 그럼 그 사람들에게 '우리 대학은 최근 취직률이 낮아지고 있어요'라는 말을 하곤 했죠. 또 역 앞에 가서 '오늘 오픈 캠퍼스는 취소되었습니다'라는 입간판을 세워 모두 돌아가게 한다거나. 아무튼 큰 문제가 되었었죠(웃음)."

처음 얼마간은 교수 중에서도 재미있어 하는 사람이 있었지만, 이게 계속되니 대학 측에서도 점점 진짜로 화를 내기 시작했다.

"취직 설명회를 방해했고, 또 대학의 상징 같은 총장의 동상을 부숴버린다거나 했으니(웃음)."

그러나 나중에 알고 보니 '호세대학교의 궁상스러움을 지키는 모임'은 전국 13개 대학으로 불똥이 튀어 있었다. 각 대학에서 일어난 빈곤 대학화 운동***은 '전일본빈곤학생총연합', 줄여서 '전빈련'이라 불렸고, 매스컴 등에서도 크게 다루어졌다.

결국 마쓰모토 씨는 대학을 7년 다녔고 2001년에 졸업했다. 하지

• 미국과 일본의 군사 동맹 범위를 아시아와 태평양 지역 전체로 확대하는 내용의 미일 신빙위협력 지침. 중국의 군사력을 견제하기 위해 일본의 군사력을 키우고 내외 군사 활동을 확대하는 목적을 갖고 있다.

•• 해당 대학 진학을 원하는 학생과 학부모를 대상으로 하는 대학 탐방 행사.

••• 말 그대로, 빈곤한 대학으로 만들자는 운동.

만 다시 통신교육부*에 재입학했다. 그러나 이번엔 경찰에 체포되어 퇴학당했다.

"체포된 이유는 대학 총장을 페인트 범벅으로 만든 것이었어요(웃음). 어느 날 호세대학교에서 심포지엄이 있었는데, 호세대학교 총장이나 와세다대학교 총장, 오릭스**의 미야우치_{宮内} 회장 같은 훌륭한 분들만 모였어요. 학생을 더욱더 기업을 위한 개가 되도록 교육시키자는 프로그램을 만들려는 것 같았습니다. 그래서 거기에 20명 정도가 난입해서 풍선에 페인트를 채워 터뜨렸습니다(웃음). 훌륭한 분들 모두가 우왕좌왕하시고, 거기에 또 소화기를 뿌려댔더니 바로 체포되더군요(웃음)."

그리고 마쓰모토 씨는 4개월 반을 유치장과 구치소에서 보냈다. 첫 체포의 느낌은……?

"정말 재밌었어요! 7명이 한 방을 썼는데 야쿠자나 외국인, 좀도둑, 살인죄, 사기죄로 온 사람이 섞여 있었죠. 밥은 맛있었고, 에어컨이 있고, '몸 상태가 안 좋다'고 하면 바로 의사가 오고, 그런 행복한 생활은 없었죠!"

그는 전혀 뉘우치지 않는 듯했다. 체포되기 전후로 마쓰모토 씨는 '가난뱅이대반란집단'을 만들었다. 2002년 5월에는 『가난뱅이 신문』 창간호를 발행했다. 그러면서 활동의 거점은 대학에서 거리로 옮겼다.

---

* 우리나라의 방송통신대학 같은 제도.
** 일본 최대의 종합 금융 그룹.

"대학 때는 대학 안에서 재밌는 것을 해보려고 했습니다. 그런데 정작 대학을 나오고 보니 거리의 사람이 되더군요. 그래서 이젠 거리를 재밌게 만들고 싶어졌어요. 게다가 전에는 대학도 하나의 커뮤니티로서 존재했지만, 지금은 그냥 수업받고 취직하기 위해 이력 만드는 곳으로 변했죠. 그럼 직장은 어떤가 하면, 아무도 직장을 자기 커뮤니티라고 생각하지 않습니다. 그럼 거리나 동네 같은 장소에서 재밌는 공간을 만드는 건 어떨까 했죠."

처음 시작한 것은 역시, 거리에서 술 마시기였다. 신주쿠 역 앞에서 술자리를 시작하니 점점 사람이 모였다. 새해 직전(12월 31일)에 했더니 굉장한 일이 되었다.

"카운트다운 같은 것의 의미를 잘 모르는 경향이 있지 않습니까? 거기에 합세해서 사람들 분위기를 부채질했어요(웃음). 먼저 신주쿠 역 앞에서 불꽃을 나눠주거나 하면 모두가 폭도가 되는 거예요(웃음). 발연통 같은 걸 그 근처 녀석들에게 주면 정말로 태우고요(웃음). 엉망진창으로 혼란스러운 와중에 경찰이 로켓 불꽃을 맞기도 했죠. 그래서 정말 희한하게 분위기가 고조되었고, 그대로 '모두 야마노테선 타자!'고 하며 전철에 올라타서는 차량 대부분을 점거해서 잔치를 벌였어요. 그리고 각 역마다 사람이 타지 않습니까? 그럼 새로 승차한 사람에게 술을 권하거나 했죠(웃음)."

2003년 크리스마스에는 롯폰기힐즈에서 〈크리스마스 분쇄 집회〉를 열었다.

"거리에 나오면 뭘 해도 돈이 드는 세상 아닌가요? 직장에서는 바가지만 쓰고, 노는 것조차 돈을 뜯기며 노는 셈이고요. 공원 벤치도 사라지고, 쉬려고 해도 스타벅스 같은 곳에서 돈을 받아 챙기는 시스템이 되었잖아요. 그리고 그런 상업주의에 관련된 것이 크리스마스 잖아요. 그래서 그 바가지주의의 상징 같은 롯폰기힐즈에 쳐들어갔던 거죠. 모두들 도테라*를 입고는 냄비라든지 야채 같은 것들을 이 것저것 가지고 롯폰기힐즈의 번화가 한 곳에 밥상을 차리고, '산타를 죽여라' 같은 현수막을 내걸었죠(웃음)."

그런데 딱 그러는 순간에 경찰이 들이닥쳐 그들을 해산시켜버렸다. "롯폰기힐즈를 불바다로"라는 전단을 수천 장 배포했더니 경찰이 300명이나 동원되었던 거다. 단지 찌개 요리 때문에.

"우릴 둘러싼 경관들이 '설마 찌개를 끓이려는 건 아닐 거야!'라고 하더군요. 그렇지만 그들은 찌개를 탄압하러 온 거죠(웃음). 또 모두가 일부러 꾀죄죄한 모습을 하고 있었는데, 마침 그 자리에 우리와 전혀 관계없는 꾀죄죄한 차림의 사람이 지나가고 있었어요. 그런데 경찰이 딱 멈춰 세워서는 직장이 어디냐고 검문을 한 거예요. 그 사람 충격받았다죠(웃음). 갑자기 경찰이 '너 가난뱅이지?!'라고 뭔 소린지 모르는 소리를 하고 있으니 말이죠(경찰은 그들을 '가난뱅이'라고 부른다). '너, 찌개 끓이려는 거 아냐?'라는 얘기도 듣고(웃음). 그 사람 너무 안됐어요. 정말 우리하곤 상관없는 사람이었는데 느닷없이 '너 가난뱅이지?'라고 크리스마스 밤에 롯폰기힐즈에서 경찰에게 검문을 당하니 아주 충격받았을 거예요(웃음)."

그들은 찌개 요리뿐 아니라 시위도 했다. 2005년 여름에는 '고엔

* 방한용 솜옷.

지니트조합' 이름으로 '내 자전거를 돌려줘' 시위를 했다. 역 앞에 자전거를 세워두면 철거되고, 찾으러 가면 3천 엔 정도 내야 하는 것에 반대하는 시위다.

"거리 전체를 재밌게 만들자는 의미에서, 제일 마음에 안 드는 게 뭔지 이야기를 나누었는데, '자전거를 갖고 가는 것은 말도 안 된다'는 거였어요. 그래서 자전거 철거 반대 시위를 하자고 했죠. 시위 신청을 위해 '고엔지니트조합'이라는 이름을 걸었어요. '니트족 애들 3명이서 그 부근에서 시위를 하고 싶다. 20명 정도 올까 말까 할 거다'라는 식으로 바보스럽게 말했죠. 차도 아는 철물점에서 빌릴 거라고 했고요. 경찰은 '20명이나 온다고? 그냥 3명이 하는 거 아니야?'라며 무시했죠. 그러나 막상 시위가 시작되니 6미터 정도의 엄청 큰 2톤 트럭에 밴드가 세팅되어 있고 DJ 부스 같은 음향 시스템도 실려 있고, 100명 정도가 참가해서 난리가 났죠(웃음). 모두들 '내 자전거 돌려줘!', '찾으러 갈 돈 없다!'라고 외치며 폭도 집단처럼 굴었고요(웃음). 경찰도 아주 열받았죠. '얘기가 완전히 다르잖아!'라면서요(웃음)."

게다가 그들은 '바람맞히기' 시위라는 비법도 갖고 있었다. 크리스마스 밤과 그해 마지막 날 밤, 200명이 시위를 한다고 신청해놓고는 실제로는 거의 나가지 않았던 것이다. 그 결과, 경찰이 크리스마스 밤과 그해 마지막 날 밤에 몇백 명이나 동원되었고 공안 형사도 배치되었지만, 그들은 바람맞았다.

마쓰모토 씨는 매일 시위나 찌개 요리만 하고 있는 건 아니다. 그는 지금 '아마추어의 반란'이라는 재활용품 가게의 경영자이기도 하다. '아마추어의 반란'은 고엔지에 점포가 다섯 개 있다. 5호점과 8호점을 마쓰모토 씨가 경영하고, 다른 가게는 헌옷 가게, 카페 등으로 운영하고 있다. 또한 9호점 '아마추어의 반란 카페'는 낮엔 카페, 밤엔 바^{bar}로 운영한다. 가격은 믿을 수 없을 만큼 싸다. 우롱차가 나오는 '혁명 런치'는 530엔. 혁명 블렌드 커피는 200엔. 아, 그런데 왜 이름에 '혁명'이 붙었냐 하면, 이 가게 커피의 원두는 멕시코의 사파티스타민족해방군이 재배한 것이기 때문이다.

그럼 그는 왜 재활용품 가게를 시작한 걸까?

"예전부터 벼룩시장이나 재활용품 가게를 좋아했는데, 직접 좀 해보니 굉장히 재미있었어요. 뭐 고치는 일도 좋아했고, 또 물건이 모이더군요. 이벤트 같은 걸 할 때에 기증도 들어왔고, 또 다른 장사에 비해 손님과 유대도 꽤 강했어요. 동네 사람들과도 친해지게 되었죠. 만일 일본 정부가 망한다 해도 우리가 있으면 그럭저럭 우리끼리 DIY할 수 있습니다."

그의 가게에는 항상 맥주가 있기 때문에 거기 들르는 사람들은 맥주를 마실 수 있다. 5호점에서는 인터넷 라디오 방송도 하고 있다. 매주 토요일 밤에는 무료로 영화 상영회도 하고 있다. 상영회에는 상가 사람들도 모이고, 아침까지 성황을 이룬다. 밤부터는 인터넷 라디오 방송도 하고 '아마추어의 반란 카페'에서 식사를 하거나 술을 마시거나 영화를 보거나 한다. 동네 사람들과 밀착해 있기 때문에 마찰도 없다고 한다. 현재 '아마추어의 반란'이 있는 상가는, 그들이 오기 전에는 오히려 쇠퇴하고 있던 곳이었다. 그러나 '아마추어의 반란' 계열의 가게가 몇 개 생기면서 젊은이들이 상가를 많이 찾게 되었고 갑자기 활기를 띠게 되었다. 마쓰모토 씨는 상가 모임이나 반상회 모임에도 부지런히 출석했고, 여러 가지 일도 유치했기 때문에 신뢰 관계가 형성된 것이다. 그런 토대 위에서 토요일 밤 해방구는 성립한 것이다. 아주 행복한 장소를 만드는 방법이었던 것이다.

"이젠 하루하루가 즐거워서 어쩔 줄 모르겠어요. 스트레스가 전혀 없어요."

그렇게 말하는 마쓰모토 씨는 정말로 스트레스 없는 사람의 표정을 하고 있다. 지금 많은 젊은이들은 아주 가난하다. 그래서 즐겁게 살아가는 사람도 아주 적다. 어떻게 하면 마쓰모토 씨처럼 스트레스 없이 살 수 있는 것일까?

"역시 가난뱅이 친구를 만드는 것 아닐까요? 친구가 있으면 어떻게든 되니까요. 아는 사람이 있어도 직장 상사이거나 고용 관계에 있거나 한데요, 그러면 평범하게 인간관계를 구축하는 건 어렵지 않나요? 그러나 가게를 만들거나 해서 외로운 사람들끼리 연결되면 재밌잖아요. 자기 하는 일을 푸념하러 오는 사람도 많을 테니까요. 저는 입만 열었다 하면 그런 사람들에게 '포기하지 않으면 좋겠다'는 말을 해요. '가게, 여는 게 좋겠어요' 같은 말. (자기한테) 맞기도 하고 안 맞기도 하겠지만 더 자유로운 삶의 방식을 택하는 쪽이 좋다는 말이죠. 프리터 일이 괴롭거나 과로사할 것 같으면 바로 그만둬버리는 게 나아요. 그냥 단번에 그만두어야 한다는 거죠. 어떻게든 됩니다. 저는 취직한 적도 없고 할 생각도 전혀 없지만, 뭔가 하고 싶은 일 같은 걸 하면, 어떻게든 될 거니까요. 일이 잘 안 풀려도 죽지는 않아요. 세상의 이상한 굴레를 먼저 벗어버려야 해요. 뭔가 진지하게 살아야 한다고들 하지만, 그런 거 말이죠, 전부 환상이에요. 자기 집을 갖고 있어야만 한다든가, 차를 갖고 있어야 한다는 말들, 그런데 그런 거 진짜 필요한가요?"

모든 프레카리아트에게 얼마나 든든하게 들릴 말인가? 그런 마쓰모토 씨에게 장래 꿈 그리고 목표를 들어보았다.

"이를테면 지금 (고엔지의 '아마추어의 반란' 근처가) 언젠가부터 혁명 후 세계가 되고 있어요. 이걸 흉내 내는 이들도 생기고 있고, 다른 거리에서도 이런 재밌는 일을 하는 사람들이 있어요. 또 '가난뱅이대반란집단' 같은 집단이 각지에 있고, 또 그런 집단들끼리 연결되어 있어요. 일본 안에서 그렇게 되면 이미 혁명 아닌가요? 그렇다면 이제 어딜 가도 자기들의 독립적인 힘으로 네트워크가 만들어지고, 미디어에 의해 조작될 수도 없게 됩니다. 정부에 기댈 필요도 없고요. 자기가 진짜로 좋아하는 것을 만들어가면 정말 그렇게 돼요. 그렇게 해서 혁명을 실천하는 거죠. 왠지 진짜 운동을 조직하고 정면충돌해서 바꾸는 것보다, 즐거운 부분을 먼저 보여주는 게 훨씬 매력적인 거죠. 우선 혁명 후 세계를 만들어놓고는 '이쪽으로 오면 재밌어요' 하는 쪽 말이죠."

마지막으로 마쓰모토 씨에게 프레카리아트 전체에 전하는 메시지를 들었다.

"이젠 터트려야 해요. 이젠 어찌 되든 간에 세상을 난장판으로 만드는 편이 나아요. 세상이 맘에 들지 않으니까 이건 정말 즐거운 거예요. 말하는 거 안 듣겠다고, 태도를 바꾸고 정색하며 선언하는 게 좋죠. 아무것도 무섭지 않게 돼요. 그래서 동료를 만드는 게 좋은 거예요. 우선 뭐라도 드러내세요. 이 부근에 사는 사람이 있다면 찾아오세요, 고엔지로. 그러면 우선 동료가 1,000명 정도 생기는 거니까."

2006년 여름, 고엔지니트조합은 "월세 무료로 해라 봉기"라는 이름의 시위를 주최했다.

봉기를 알리는 유인물에는 "월세가 너무 비싸! 매일 수백 엔의 밥 때문에 괴로워하고 있는데, 어째서 월세가 수만 엔이나 하는 거냐! 돈 못 내! 이렇게 되면 봉기할 수밖에 없지! 가난뱅이 제군들이여, 목소리 좀 내서 가난뱅이들 무서운 걸 알게 해라!"

그런 말에 촉발된 가난뱅이들이, 가난뱅이 밀집 지역인 나카노의 공원에 집결했다. 모인 가난뱅이들은 "봉기"라고 쓰인 돗자리를 내걸고 "준공 30년", "다다미 4조반", "체납은 계획적으로", "넓은 방에서 섹스할 수 있게 해줘", "넓은 방에서 난봉 피워도 되게 해줘", "집에 못질할 수 있게 해줘"라는 말들이 쓰인 플래카드를 손에 들고, 소리치는 본진으로 몰려갔다. "무료로 살게 해라!", "이제 월세 못 내!"라고 외치는 가난뱅이 시위대의 선두에는, 테크노에서 엔카*까지 폭음이 흐르는 음향 기기 트럭이 있다. 그리고 섹스 피스톨즈의 노래 〈노 퓨처No Future〉의 가사가 진짜 미래 없는 사람들에게 쏟아진다.

가두에서도 점점 시위대로 합류하는 젊은이들이 있다. 괴상한 열기의 시위대 중앙에는 '이동식 거실'이 있다. 다다미 위에 밥상이 놓이고, 거기에서 노테라를 입은 마쓰모토 씨가 확성기로 "이제 월세

• 일본 트로트 가요.

못 내!"라고 구호를 외친다. 그 주위에서는 벌레잡이 연막탄을 피우는 바보, 술 취한 바보, "월세를 30엔으로 해라!", "돈 줘!", "고기 좀 먹게 해줘!"라고 확성기에 대고 외치는 바보, 시위대 옆에 붙어 있는 경찰관을 가리키며 "이 시위는 월세를 낼 수 없는 순경 양반들 시위입니다!"라고 외치는 바보까지 출현한다(사실 그건 거의 나지만……). 시위대가 고엔지에 도착할 무렵에는 갑자기 "고엔지니트조합"이라고 쓰인 가마가 "영차! 영차!" 하며 등장하고 축제 분위기는 최고조에 달해서 고엔지는 혁명 전야의 고양감으로 가득 찬다.

이후에도 '가난뱅이대반란집단', '고엔지니트조합', '아마추어의 반란'은 계속 주목해야 할 것이다.

7장

왜 젊은이들은 불안정해졌나

신자유주의 시대의 프리터

우리는 더 화내도 된다

신자유주의 시대의 프리터

사회학자 이리에 기미야스 씨에게 듣다

일억 총중류라는 말이 통용된 것은 극히 최근인 것 같다.

그러나 우리 사회는 이미 격차 사회라는 말이 완전히 정착했고, 격차를 용인한다 만다 하는 아무 의미 없는 논의만 확대되고 있다. 문제시되어야 할 것은, 불안정한 생활에 쫓기며 빈곤이라고밖에 말할 수 없는 젊은이들의 현실, 앞이 보이지 않는 그들의 상황인데도 말이다.

왜 이렇게까지 되었을까? 그 이유를 잘 몰랐던 탓에 나는 오랫동안 불안에 시달렸다.

그러나 어떤 사람의 이야기를 들으면서부터 그 이유가 잘 정리되었다. 그것은 앞에서 말한 〈자유와 생존의 메이데이: 프레카리아트의 기획을 위해〉 집회에서의 일이다. 거기에서 이 상황을 아주 시원하게 분석한 이가 사회학자 이리에 기미야스入江公康 씨다. 그의 이야기를 듣지 않았다면 나는 절대로 이 문제에 대해 자각할 수 없었을 것이다.

그는 이 사회를 '신자유주의'라는 말을 통해 알기 쉽게 분석한다. 그러니까 지금 우리의 상황은 '신자유주의'라는 상황으로부터 초래된 것이다.

노동 운동사가 전공인 사회학자 이리에 씨에게 이야기를 들어보았다.

이리에 씨의 이야기를 듣고 나서, 이 상황의 원인이 '신자유주의'에 있다고 생각하게 되었습니다. 그 점에 대해 여쭙고 싶은데요. 신자유주의란 어떤 건가요? 잘 모르는 사람을 위해서 알기 쉽게 설명해주세요.

언제부턴가 기업에서는 비용 절감을 위해 점점 정규 고용을 비정규 고용으로 대체해왔습니다. 일본에서는 1990년대에 시작되었습니다. 인건비를 삭감하고 기업의 군살을 빼려는 거죠. 정부에서는 법인세도 인하해서 기업을 무작정 우대합니다. 그렇게 안 하면 세계에서 경쟁할 수 없다고 겁을 주면서요.

이렇게 모든 것을 시장 안에서 돈과의 교환에 맡겨둡니다. 물건과 인간을 함께 그 안에 배치시키면 노동력 가격을 깎는 일이 얼마든지 가능해집니다. 그런데 당연한 얘기지만 사람은 물건과 다르죠. 임금 제도가 존재하는 이상 노동력도 상품과 다르지 않긴 하지만, 그렇더라도 종래에는 노동법이나 노동조합의 힘 등을 통해 규제할 수 있었고, 고용이나 임금은 지키려고 해왔던 측면이 그래도 있었습니다. 유연화란, 그런 노동 시장의 규제를 없애고 인간도 물건과 같이 수요 공급에 따른 자유로운 가격 결정에 맡기자는 것입니다. 그래서 임금은 그런 조건이 있으면 얼마든지 깎을 수 있죠. 그 때문에 점점 해고하기도 쉬워졌던 겁니다. 그런데 노동자도 인간이라서, 임금이 일정 정도 이하로 떨어지면 생명이나 생활을 유지할 수 없습니다. 노동자도 살기 위해서는 어떻게 해서든 노동력을 팔아야만 합니다. 형식적으로는 사는 쪽과 파는 쪽이 대등하게 계약한 합의라고 해도 판매자만 불리한 거죠. 그래서 노동자는 '보호'되어야만 합니다.

그런데 기업 쪽에선 그런 '보호' 장치로서의 규제가 있으면 방해가 되니까, 자기네 사정대로 언제라도 자르거나 고용하거나, 일회용으로 쓸 수 있도록 한 것입니다. 규제 완화 혹은 민영화도 무턱대고 강조하죠. 경제의 이런 존재 방식이 신자유주의라고 할 수 있습니다.

이 신자유주의의 조류가 현재 '격차'를 노골적으로 만들어낸 셈입니다. 지금 모두가 느끼고 있겠지만 정규직 사원과 비정규직 사원의 수입 격차는 압도적이죠. 그렇다고 정규직이 안정적이라는 건 아니에요. 정규직은 또 정규직대로 과로사할 정도로 일해야 하죠. 아무리 일해도 생활 보호 수준에 미치지 못하는, 워킹 푸어라 불리는 노동자도 등장하고 있습니다. 파견도 증가하고 있어요. 파견은 원래 전후戰後에는 금지되었던 것입니다. 1980년대 즈음부터 서서히 승가했는데 사후적으로 그때그때 현재를 추인하는 식으로 진행되었고, 지금은 당연하게 여기게 된 것입니다. 그리고 법적으로도 근거를 갖게 되었죠. ILO(국제노동기구)는 간접 고용을 금지하고 있지만, 노무 공급이라는 게 옛날에는 야쿠자의 일이기도 했습니다.

시장에서 깎기 경쟁 상태가 만들어진 탓에, 점점 노동 환경은 열악해졌습니다. 이런 식으로 노동자가 서로 경쟁하게 되었고, '살아남는' 것만 목적이 되어버린 거죠. 노동력을 사는 쪽에게 이만큼 좋은 상태는 없었을 겁니다. 예전에도 그 경향은 있었지만, 고이즈미 정권 하에서 그것이 본격화되었습니다. "작은 정부"라고 하면서 원래 빈약했던 사회 보장이나 복지를 아무렇지 않게 축소시키는 분위기가 만연하고 있죠. 물론 요즘 '격차 사회'라는 게 매스컴에서 다뤄지면서, 다들 조금씩은 눈치채고 있는 것 같지만요. 그러나 눈치채고 있다 해도 세간의 분위기는 불공평을 시정한다는 점에 대해서는 좀 소극적이라는 느낌이에요.

지금 이야기하신 '작은 정부'란 어떤 거라고 생각하시나요?

'작은 정부'라고 하니까 국가 권력이 작아져서 좋은 거 아닌가라고 생각하곤 하지만, 사실은 그 반대예요. 국가 권력이 작아지는 게 아니라 오히려 강력해집니다. 복지나 사회 보장은 축소되고요. 단적으로 말해 경찰, 군대가 강해지는 것이라고 생각하면 됩니다. 사회 보장이 필요한 '약자' 따위는 경제 경쟁에 필요하지 않아요. 즉 짐이에요. 그래서 사회 보장을 없애라, 그들은 그냥 죽어도 된다, 덤비면 용서치 않고 단속하겠다, 탄압하겠다고 하는 거죠.

그러므로 작은 정부의 본질이란, '니들이 병들고 다쳐도 난 모른다,

일을 잃거나 먹고살 수 없는 임금을 받아도 알 바 아니다, 뭘 어떻게 못하겠으면 사회에 폐 끼치지 말고 그냥 죽어버려'라는 식입니다. '작은 정부'를 권력이 축소된 것으로 착각해서 지지하는 사람은 함정에 빠지는 겁니다. 진짜 그래요. 신자유주의를 강화하는 것은 바로 정부니까. 노동 시장에서 노동력은 어디까지나 상품이지만 사회 보장 제도는 그런 취급에서 벗어날 수 있게 돕습니다. 그러니 사회 보장 제도를 유지하거나 지지해서는 깎기 경쟁을 강화할 수 없습니다. 우린 이런 걸 탈상품화라고 말하지만 '작은 정부'는 그런 흐름을 그냥 놔두지 않습니다.

왜 '작은 정부'가 된 걸까요?

\\\\\\\\\\\\\\\

정부에선 '이 이상으로 경제 성장이 불가능하기 때문에'라는 구실을 대죠. 정부의 부채가 늘어나고 여유가 없기 때문에 어쩔 수 없다고 하면서요. 이전에는 성장, 즉 나라의 경제 규모가 커져서 세수稅收가 오르면 정부도 같이 커졌습니다. 나라가 돈을 빌려서라도 공공사업을 했고요. 왜냐하면 성장하는 한, 그 본전은 뽑을 수 있다고 생각했기 때문이죠. 국민 생활 수준도 나름대로 높아졌습니다. 기업과 타협해서 임금도 올랐고, 저항적인 노동 운동도 계속 존재했죠. 남자 정규직 사원이 중심이긴 했지만, 고용을 유지하면서 생활의 최저 수준을 끌어올리려고 했습니다.

　그러나 이제 그런 건 그만두겠다는 거예요. 서구에서는 1970년대부터 이미 경험했어요. 영국의 대처 정권, 미국의 레이건 정권이 그

대표였죠. 일본에서는 그것이 1990년대에 본격화한 거고요.

규제 완화나 민영화 같은 말이 나온 김에 그와 관련된 얘기도 해주세요.

민영화란 정부가 맡던 것을 민간에게 돌리는 겁니다. 즉 사기업으로 만들어서 돈벌이주의를 가능케 하는 거죠. 민간 회사에 넘기면 돈벌이도 추구할 수 있고 혹은 도산도 하게 될 텐데요. 그렇다면 비용 삭감 문제가 우선적으로 노동자에게 전가되는 셈입니다. 임금을 깎거나 해고하는 식으로요. 좀 전에 말했듯이 규제 완화라는 것은, 기업 활동의 자유를 방해하는 법적 규제를 줄여간다는 겁니다. 기업이 하고 싶은 대로 할 수 있는 조건을 만들어주는 거죠. 노동과 관련해서라면, 파견업을 대대적으로 허용한다든지 최저 임금을 없앤다든지 장시간 노동을 허용한다든지 하는 거겠죠. 그런 게 갈 데까지 가면 노예 노동 같은 것도 허용되어버릴 겁니다.

이런 것의 전형이 라틴 아메리카였습니다. 1970년대부터 미국은 남미 정부에 개입해서 경제의 신자유주의화를 점점 진행시켰습니다. 그러면 미국 자본이 물밀듯 들어가 자기들 멋대로 할 수 있으니까요. 그런데 그 나라 정부에 자국 산업이나 노동자를 보호하는 정책을 유지하도록 내버려두면 그런 건 불가능합니다. 그래서 미국은 압도적인 군사력을 바탕으로 정권을 붕괴시키고자 했고, 태연하게 신자유주의를 진행시켰습니다. 미국에 반항하는 정권에 대해서는 쿠데타가 일어나게도 했죠. 아주 말도 안 되는 거였죠.

파탄난 경제, 도시에 확대된 방대한 슬럼 그리고 압도적인 빈곤.

남미 민중은 그런 상태에 계속 노출되어 있었습니다. 그러나 현재 베네수엘라 차베스 정권에서 볼 수 있듯, 미국에 대항하려는 움직임이 나오고 있습니다. 신자유주의에 대해 '반대'라고 말하기 시작했습니다. 그런데 일본은 중남미의 경험을 보면서도, 그걸 참고하기는커녕 미국에 계속 꼬리 치며 따라가고만 있는 상태입니다. 일본 총리도 미국이 '안 돼'라고 하면 목이 날아가지 않습니까?

막연하지만 좀 알 것 같습니다. 그러니까 지금 젊은이들의 궁핍은 만들어지고 구조화된 것이라는 점이 분명히 이해되네요. 그럼 이 흐름은 언제부터 시작된 걸까요?

미국에서는 1980년대에 본격화되었습니다. 인플레이션과 부채 때문이에요. 어떻게 복지 국가 요소들을 약화시킬까 하는 것에 고심하는 경제학이 지배적인 사고방식이 되어갔습니다. 그때까지의 주류는 소위 케인즈 경제학이죠. 케인즈의 사고방식은 '실업을 어떻게 해소할까, 실업이 사회에는 악이다'라는 발상 위에 서 있습니다. 구멍 파서 메우는 데도 정부가 돈을 내면 거기에서 고용이 발생합니다. 적자가 나든 빚이 되든 어쨌든 정부는 그걸 합니다. 그런 사고방식이었습니다. 그 케인즈 경제학을 무너뜨리는 데 주력한 학자들이 언젠가부터 미국의 정권 중심에서 큰 영향력을 가지게 되었습니다. 이걸 통화주의monetarism 혹은 공급supply side 경제학*이라고 합니다. 다른 말로 균형 재정주의라고도 하고요. 회계 연도에서 가능한 한 수지를 맞춥니다. 정부는 돈을 쓰지도 말고 빌리지도 말라는 것입니다.

이런 사고방식을 배경으로 해서 일본의 경우, 1987년 나카소네 정권 때 국철이 민영화되었습니다. 이런 조류의 배후에 가토 히로시加藤寬 같은 경제학자가 있죠. 일본 신자유주의의 대표 격인 사람이고요. 그 후로는 쭉 그쪽 입장을 얘기하는 사람만 있었던 것 같네요. 맞아요. 그런 사람뿐이었어요.

그래도 신자유주의라는 말이 일본에서는 무얼 의미하는지 많은 사람들이 잘 이해하지 못하고 있는 것 같아요.

\\\\\\\\\\\\\\\\

맞아요. 그런데 이제 남미 같은 곳에서는 신자유주의라고 하면 그게 뭔지 바로 이해합니다. 그래서 지금 남미에서는 점점 평등화를 추진하는 정권이 생기고 있는 것 아닐까 해요. 일본에서는 여전히 '그게 뭐야?'라고 반응하는 것 같고, 신자유주의가 그냥 시대의 추세라고 생각하고 있죠. 복지나 사회 보장에 충실해야 한다고 하면 재정은 어떻게 할 거냐는 반박이 바로 나오기도 하고요.

그런데 고이즈미 내각에서 어떻게 되었나요? 은행이 회생하지 않았나요? 옛날 거품 경제 때 엉망이 된 은행들이 말이죠. 얼마 전에 정부가 불량 채권 처리를 위해 은행에 공적 자금을 투입해서 구제한 거였죠. 말하자면 정부가 말도 안 되는 돈을 사용해서 은행이 지금 전후 최대의 수익을 올릴 수 있게 된 겁니다. 한편에서는 홈리스가

• (앞쪽) 수요보다 공급을 중시하는 경제학. 대규모 감세와 규제 완화를 통해 민간 투자와 기업 성장을 도움으로써 국내 경제를 활성화한다는 입장.

거리에서 동사하거나 아사하고 있다, 빈곤 가정에도 생활 보호가 중단되고 있다, 그런 이야기뿐인데 말이죠. 그러는 동안 은행은 소비자 금융을 지배하면서 폭력을 행사해서라도 돈을 회수합니다. 임금 삭감하고 고용도 파괴하면서, 뼈 빠지게 일하게 하고 빚질 정도로 돈을 쓰게 하면서 철저하게 이용하려는 겁니다. 그러므로 신자유주의의 핵심 중 하나는 금융에 의한 지배입니다. 또 대기업에 유리하게 가는 겁니다. 기업이 하고 싶은 대로 할 수 있게 하는 거죠.

그런데 그런 신자유주의 정책을 진행시킨 고이즈미가 불안정한 젊은이층에게 지지받았다는 사실도 지적해야 할 텐데요.
\\\\\\\\\\\\\\

민영화나 규제 완화가 진행되면, 현재 힘든 환경에 있는 사람들은 이렇게 생각하곤 합니다. 기업 위쪽에서 단물을 빨아먹는 공무원이나 정규직 사원이 배제될 테니, 자기들이 대신 올라갈 수 있겠다고요. 그런 원한들이 쌓여 꿈틀대고 있는지도 모르겠네요. 민영화는 공무원을 겨냥하는 것이고, 정규직 사원을 몰아세우는 건 고용의 발밑을 무너뜨리는 것이어서, 결국은 자기들에게도 그 영향이 갑니다. 그런데 그 자리가 나한테 올 거라고 생각하는 거죠. 그래서 그런 울분 폭발의 측면이 있는 게 아닐까 합니다. 자민당을 때려부순다거나, 저항 세력을 무너뜨린다거나, 개혁 단행 같은 것만 지지하면서 잠깐 울분을 해소하는 식입니다. 물론 그런 기분을 모르는 건 아닙니다. 실제로 그 정규직 사원에 의해 차별 대우를 받아온 게 비정규직 노동자였기 때문입니다. 정규직도 정규직대로, 비정규직에 대한 배려를 하지 않았죠. 그러나 어쨌든 그렇게 해서 잘되리라는 것은 환상일 거고요, 덤으로 환경만 더 나빠질 뿐입니다. 포퓰리즘 정치를 저쪽에서는 맘껏 이용하고 있는 거죠. 그런 층을 겨냥해서 계속 부채질하는 셈입니다. 게다가 자기네 계략을 알아차리지 못하게 다른 데로 눈을 돌리게 하려고 바깥에서 적을 만들면서 말이죠.

이리에 씨는 미국의 버려진 노동자들의 교도소행에 대해서도 지적하고 계신데요.

////////////////////

그 이야기는 주로 흑인 게토에 대한 것인데요. 경제가 축소, 침체되면서 노동자들 일자리가 없어지는 것에 대한 이야기입니다. 미국에선 신자유주의 정책이 진행되면서 1980년대에서 1990년대에 실업자가 거리에 넘쳐났습니다. 범죄를 실제로 저지르는지 아닌지의 문제보다도, 그런 가난한 사람들이 범죄자와 동일시되고 있다는 것에 대한 얘기였습니다. 아무 짓도 안 했는데, 혹은 대수롭지 않은 죄 때문에 쉽게 감옥에 보내지는 것. 그들은 교도소 출입을 반복하고 있습니다. 그런 게 지금의 미국 상황 아닐까요. 그런 환경에서 벗어나고 싶은 가난한 젊은이가 만일 대학에 가고 싶다면 장학금을 받아야 합니다. 그러려면 군대에 지원해서 이라크 같은 곳에 병사로 가야 하죠. 이런 건 아주 끔찍한 겁니다. 전쟁터에 가서 먼저 죽는 사람은 가난뱅이인 겁니다.

저도 화가 나는데요, 일본도 그렇게 되어가는 거 아닌가 합니다. 이리에 씨는 제가 알기론 '도시가 요세바화하고 있다'는 것을 최초로 지적하신 분이기도 한데요. 왜 만화방에서 사는 집 없는 프리터가 늘어나고 있다고 보십니까?

도시가 요세바화하거나 요세바적인 것이 확산된 것은 역시 파견 같은 것을 허용하면서부터입니다. 기업도 비정규 고용을 늘려서 철저하게 인건비를 줄입니다. 노동자 보호 법률이든 정책이든 정부나 기업에 뭔가를 요구하지 않는 것은 안타깝다고 생각합니다. 정부 여당은 오히려 불안정화를 심화시키고 있습니다. 재계의 의지를 실행하는 게 지금의 여당이기 때문에 당연하죠. 또 지적하자면 노동조합이 잘못한 점도 있습니다. 대기업의 정규직 사원 고용만 지키고자 했지, 비정규직에 대해서는 그냥 손 놓고 있었던 것 같아요.

현실의 구체적인 요구 중 하나로, 최저 임금을 좀 더 높이자는 얘기도 있습니다. 간단히 해고하는 문제도 그렇고요. 장시간 노동도 금지해라. 그리고 생활 보호라도 제대로 해라. 이런 요구들이 지금 나오고 있습니다. 현장에서는 아예 입구에서 신청서를 돌려보내거나, 불합리한 이유로 중단시키는 식의 제재만 있습니다. 미군에게는 아무렇지 않게 3조 엔을 내주면서 말이죠. 그러나 본래 헌법에는 국민의 최소한의 생활을 보장한다고 똑똑히 쓰여 있기 때문에 우리는 생존권을 내세워야 하는 겁니다.

예전에는 프리터가 자유로운 삶의 방식으로서 아주 상찬되었는데 실제로는 그런 것 같지 않아요.

//////////////

1980년대 말부터 매스컴에서는 프리터가 자유로운 노동 방식이라는 이야기를 확산시켰죠. 꿈을 갖고 자유롭게 즐기며 살아가는 이미지 같은 거요. 원하는 시간만 일하면 좋지 않냐는 거였죠. 그런데 그들은 임금이 낮을 뿐 아니라 복리 후생도, 건강 보험도, 고용 보험도, 보너스도 없어요. 그리고 그에 대해 변명도 불평도 못하니, 경영자에게 이렇게 편리한 노동력은 없는 겁니다. 그러나 프리터는 한 사람이 아니고 노동력의 무리 속에 있습니다. 스스로 의식하지 않더라도, 노동 시장에서 가격을 싸게 파는 경쟁 속에 놓이지요. 그래서 임금이 하락합니다. '난 다른 누구와도 다른, 오로지 하나뿐인 존재다. 내겐 꿈이 있고, 자유로운 나다'라고 해봤자, 저쪽에서 보면 그저 교체 가능한 노동력일 뿐입니다. 우린 그런 '프리터 개인주의'에 함몰되어 온 셈이죠. 그러나 아시겠지만, 지금은 프리터로 살고 싶어 하는 사람은 없어요.

이리에 씨는 소비와 노동의 컬트화를 지적하신 바 있는데 그에 관한 이야기를 들려주세요.

//////////////

우리는 돈도 없는데 자꾸 무언가를 더 사려고만 한다는 얘기입니다. 소비자로서의 정체성이 선동되면서 우리 기분도 함께 들썩거린다는 것. 새로운 무언가를 늘 향해야만 할 것 같은 강박이 있다는 말입니다. 오래된 것을 언제까지나 지키고 있으면 안 된다는 걱정에 휩싸입니다. 그렇게 부추겨지고 있다는 겁니다. 저들은 우리로 하여금 지금 어떤 물건을 싫어지게 하고, 새로운 물건에 대한 기호^{嗜好}를 만들어서 그걸 사도록 합니다. 즉 뭐든 바로 싫증나게 하는 것이죠. 그런 식으로 눈이 소비에 고정되어 있으면 우리는 더 필사적으로 돈을 벌려고 합니다. 기업은 그런 약점을 겨냥합니다.

　이것은 인간에게 있어서도 마찬가지입니다. 스스로도 그렇지 않나요? 지금 내 자신이 싫다. 진부한 나, 초라한 나. 그것을 잊어버리기 위해 다른 사람과는 다른 자신이라든지, 초라하지 않은 자신을 위해 어떻게든 최선을 다해 자기 계발을 하려 합니다. 기업이 강조하는, 꿈이라든지 자기실현 같은 게 바로 그런 것 아닙니까? 그리고 자기실현이란 게 잘 이해되지 않아도, 어쨌든 기분이라도 나아지려고 일에서 그것을 찾곤 하죠. 자기를 실현하는 건 좋지만, 그게 또 말로 한다고 되는 건 아닙니다. 한때 자기 계발 세미나 같은 게 유행했었죠. 그게 가장 쉽게 이해되는 자기실현의 예겠지만, 자기 능력을 높인다든지 자격증을 따는 것에 목숨을 건다든지, 무슨 연수를 받아본다든지 하는 것. 저들은 자기실현을 미끼로 낚시질하고 있는 겁니다. 일종의 컬트죠. 스스로를 믿지 않는다, 긍정할 수 없다. 그래서 스스로를 그저 소비할 뿐인 겁니다.

이리에 씨는 일본의 실입률 추산 방법이 외국과 다르다고 하셨는데요, 그것에 대해서도 얘기해주세요.

일본의 경우, 구직 활동을 하지 않으면 실업자로 치지 않습니다. 이건 세계 기준에 비춰볼 때 실업자 수가 아주 많다는 얘깁니다. 일본에서는 엄청난 실업자가 계산되지 않고 있습니다. 구직 활동을 포기해버린 사람이나 홈리스는 거기에 들어가지 않습니다. 은둔형 외톨이도 안 들어가고, 전업주부 역시 안 들어갑니다. 그러나 구직하지 않을 뿐이지 그들도 실업자라는 점을 감안하면 일본의 실업률은 상당히 높아질 겁니다. 지금은 수치상으로는 줄어들고 있는 것 같지만, 실제로는 10퍼센트는 가볍게 넘어가버릴 겁니다. 그러나 그런 식으로 실업자가 많이 있다고 하면 정치적인 실패를 의미하는 것이니, 정부에서는 가능한 한 낮은 실업률을 내세우는 것이지요.

'가족'과 신자유주의에 대해서도 이야기를 듣고 싶습니다.

'가족이 중요하다'라는 식으로, 무작정 강조하는 게 좀 섬뜩합니다. 예를 들어, 프리터가 자립해서 살아갈 수 있을 만큼의 수입도 없는데 그들이 왜 거리에서 방황하거나 아사하지 않고 그나마 근근이 살아갈 수 있느냐 하면, 그건 돌봐주는 부모와 집이 있기 때문입니다. 정부나 기업은 거기까지 간파하고 있습니다. 임금이 낮아도 살아갈 수만 있으면 괜찮은 거 아니냐면서요. 즉 가족을 노동력 저변의 완충 지대로 이용하려는 것이죠. 그들은 그래서 가족은 중요하다고 말하고 싶어 합니다. 혹은 가족을 과잉 인구, 즉 실업의 완충 지대로도 여기고 있습니다. 그런 충격 완화 역할을 하는 게 가족입니다. 이쪽에서는 당연히 개인으로서 자립할 수 있는 임금을 제대로 지불하라고 말해야 하죠. 아니, 아예 '웃기지 마, 최저 임금 3천 엔으로 올려줘 봐', 차라리 이렇게 요구했으면 해요.

그리고 신자유주의가 강조하는 게 '자기 책임'이라는 말인데, 여기에 대해서는 어떻게 생각하시나요?

정말 자기 책임 같은 거 져야 하나? 이런 의문이 들지 않나요? 위험은 혼자서 부담해야 한다는 건데, 예를 들어 위험한 건설 현장에서 사고를 당해 팔 하나가 잘려나가면, 그런 게 자기 책임인가요? 위험하다면 기업이 제대로 대책을 마련해야죠.

　자기 책임이란 걸 말해서 가장 먼저 누가 이득을 얻는지 생각해야 합니다. 누가 그것을 강조하는지, 그것은 어떤 동기에서 비롯되는지. 예를 들어 자기 책임하에서 장기를 팔아도 된다는 식이 되면 어떻게 합니까? 빚에 허덕이는 사람은 정말 그렇게 할지도 몰라요. 실제로 제3세계 사람들이 선진국 사람들에게 장기를 파는 일은 종종 있습니다. 또 그 중간에서 돈 버는 사람도 있고, 거기에서 일종의 비즈니스가 성립하는 거죠. 산재도 실업도 자기 책임이고, 장기를 파는 것도 자기 책임, 전쟁에서 죽는 것도 자기 책임이요, 노예 노동에 종사하는 것도 자기 책임이다, 그런 식 아닌가요? 그런가 하면 한편에는 맘편히 잘 되는 일만 하면서 걱정 없이 아무 책임 지지 않는 사람도 있잖아요? 즉, 자기 책임이란 걸 그렇게 얘기하면 안 되는 겁니다.

신자유주의의 공기로 뒤덮인 사회에서, 많은 젊은이가 고통스럽게 살아가는 걸 절절히 느끼고 있는데요.

///////////////

능력에 대한 사고가 과잉된 측면도 있지 않나 싶어요. 신자유주의를 부정하는 말, 예를 들어 사회 보장을 강화하자고 말하면, 그건 스스로에게 능력이 없어서 그런다, 엄살이다라고 여기는 분위기가 가득합니다. 앞서도 말했지만 '능력도 없는데 아무 걱정 없이 잘 사는 녀석들이 있다, 나한텐 경쟁에서 살아남을 재주가 있다, 경쟁 원리에 철저해지면 그런 녀석들은 제칠 수 있다, 난 엄살도 피우지 않아', 이런 생각은 이것대로 문제입니다. 진짜로 능력이 있다 해도 '능력 없는 녀석이 설치지 못하게 하자'는 식의 분위기. 기업은 이런 것도 노리는 거죠.

프리터 스스로가 자기 책임론을 들고 나오는 현상도 있습니다.

///////////////

그건, '혼자 몫'이라는 것을 인정하고 싶지 않다는 이유도 있을 겁니다. 아니면 인정받기 위해 최선을 다하는 게 그런 모습으로 나온다고도 볼 수 있을 것 같습니다. 그런 의미에서 우린 어떤 '도덕'에 얽매여가는 것이라고도 할 수 있죠. 프리터뿐 아니라 니트족도 안 된다, 홈리스는 안 된다, 생활 보호를 받고 있는 녀석은 안 된다는, 아래층에 대한 불만이 생기는 것도 그런 맥락일 겁니다. 우선 자기 상황이 힘들고 한심하게 여겨지니까 더욱더 그것을 인정하고 싶지 않다는 감정이 존재합니다. 그런 감정 상태에 있으면서 다른 사람, '엄살 피우는' 인간을 보면 용납하지 못하겠다는 거죠. 나아가 신자유주의를 더 진행시키자는 주장으로 이어질 수도 있고요. 물론 그 기분을 모르는 건 아닙니다. 모두 죽어버리면 좋겠다, 자기 책임의 이면에는 그런 게 있을지도 모릅니다. 파멸을 바라는 셈인 건데, 초조함이나 울분이 꼬여 있는 감정이 패배의 모습으로 나오는 것이기도 하고요. 그런 게 자기 책임론을 적극적으로 받아들이는 토양이 된다는 것을 알수 있습니다. 그런데 그건 다 같이 망하는 겁니다. 또 한편으로는 모두가 그런 걸 눈치채고는 있지만, 좀처럼 그런 사실을 받아들이기 어려운 부분이 있을 겁니다. 반대로, 파국이 닥치면 나도 새출발 할 수 있겠지라는 사고방식도 나올지 모르고요.

프리터의 홈리스화도 시작되고 있습니다. 뭐랄까, 이젠 모두 홈리스가 되어버리면 차라리 속 편한 거 아니냐는 건지도 모르겠어요.

그럴지도 모르겠는데, 그런데 이제껏 프리터는 좋지 않다고 얘기되어 온 상황이라서요. 이런 분위기에서 홈리스도 괜찮다고 하게 되면, 상대방만 이득이잖아요. 일회용이 되어도 괜찮다고 하면 기업은 득의양양할 겁니다. 그렇기 때문에 우리는 우선 저항을 해야 합니다.

그렇군요. 그런데 왜 이렇게 불평등하게 되어버린 걸까요?

평등이라는 개념이 근래 멸시받아왔습니다. 새삼스럽게도 평등이라는 것이 나쁜 어감을 띠게 된 분위기가 있죠. 평등하다고 하면 모두가 개성 없이 똑같고, 획일적이고, 좋지 않다는 이미지 말이에요. 그런데 왜 평등한 게 나쁜 걸까요? 저마다의 개성에 따라 일하는 방식에는 다양성이 있다는 얘기, 아무렇게나 다양성을 강조하는 이야기는 경계하는 게 좋아요. 임금 격차가 있어도 괜찮고, 굶어죽는 홈리스가 있어도 괜찮고, 휴양지에서 크루즈 여행을 하면서 가난뱅이를 멸시하는 갑부가 있어도 괜찮고, 엉뚱하게도 그런 식으로 세상의 다양성을 강조하는 분위기가 있습니다.

그리고 자주 이야기되는 거지만, 정규 고용이 관리직 업무에 한정되고 있습니다. 사람을 감시, 관리, 평가, 서열화하는 그런 업무 말입니다. 고용을 정규와 비정규로 나눈 것은, 바로 그에 관한 의미가 있다고 봐야 할 거예요. 정규가 비정규를 감시, 관리, 서열화한다. 즉 관리하는 자와 관리되는 자가 서로 적대시하고 분열한다, 서로를 적으로 만드는 게 좋다는 식으로요.

이야기를 들으니 이제 약자가 나서야 할 수밖에 없겠네요. 다른 나라에서는 어떤가요?

신자유주의의 세계화, 즉 글로벌라이제이션에 대한 반대 운동은 1990년대부터 전 세계적으로 일어나고 있습니다. 직접적으로는 시애틀의 WTO 회의를 중지시킨 일도 있었죠. 세계의 노동조합, 환경 운동 단체, 여성 단체, NGO, 농민 등 젊은이들이 관련된 운동을 하고 있습니다. 이런 이야기가 있습니다. 하버드대학교에서 글로벌화에 반대하는 학생이 있었는데요, 자기 대학교 청소 직원의 임금이 너무 낮은

데 놀라서 학장실 앞에서 버티고 농성을 했다고 해요. 말하자면 자기 발밑을 보니 바로 글로벌화의 흐름이 있었다는 거죠. 그리고 프랑스의 경우 재밌었던 것은 'AC!'●라는 실업자 운동이에요. 슈퍼에 카운터 있죠? 가게에 사람이 없을 때는 10대 중 3대 정도에만 카운터를 보는 사람이 있습니다. 그래서 그 3대에 줄이 길게 늘어서죠. 거기에서 'AC!' 사람들이 무얼 했냐 하면, 가게에 막 들어가서 비어 있는 카운터에 붙어 섭니다. 그리고 줄 서 있는 손님을 불러 카운터를 보기 시작합니다. 그렇게 일정 시간 동안 일을 하고는 돈은 선뜻 내놓는 그런 시위. 이것은 말하자면, 우리도 일할 수 있어, 직장 보내줘라고 호소하는 거죠. 이런 이야기를 들으면 괜찮네라는 생각이 듭니다.

그 밖에, 실직 후 살던 집을 잃을 위기에 처한 사람들에게 사회 활동가들은 빈집 점거squatting를 권유하곤 합니다. 또 프랑스에서는 최근 CPE법에 대한 학생을 비롯한 젊은이들의 반대 운동이 있었습니다. CPE법은 초기 고용 계약법으로, 26세 이하라면 2년 이내에는 해고를 자유롭게 할 수 있다는 법률인데요, 여기에 반대하는 운동이 크게 일어났습니다. 그래서 결국 법률은 폐기되었죠. 파업을 하거나 시위를 하거나 모두들 즐거워 보입니다. 주어진 상황은 똑같다고 해도 일본 쪽이 더욱 심한 셈이에요. 신자유주의의 비참함에 대한 대응이 여러 모습으로 나타나고 있는 걸 아는 것은 재밌습니다. 그런 걸 보고 우리도 그렇게 하자는 분위기가 생긴다면 좋겠죠. 실제로 일본에서도 등장하고 있고요.

● Agir Ensemble contre le Chôage(실업에 저항하여 함께 행동하자)!의 약칭.

이리에 씨는 기본 소득이라는 것도 말씀하고 계신데요, 기본 소득이란 어떤 건가요?

\\\\\\\\\\\\\

여러 사람들이 그 이야기를 하고 있습니다. 지금 그런 사고방식이 소개, 수용되기 시작하고 있습니다. 기본 소득이라는 것은, 사람마다 각자 일하는 방식이 있겠지만, 남자든 여자든 어른이든 어린이든 일본인이든 외국인이든 어쨌건 살아가고 있는 한, 무조건 일정한 임금을 지불한다는 것입니다. 그런 주장이 유럽에서 나오고 있습니다. 또 미국에서는 실업하면 지불하는 생활 임금 living wage 주장도 있습니다. 이것은 일을 하면 받을 수 없게 되는 생활 보호 개념과는 전혀 다릅니다. 일하지 않는데 임금을 주어선 안 된다는 의견을 비롯해서 기본 소득에 대해서는 여러 비판도 있고 논의도 많지만, 월 8만 엔이라면 바로 가능하다는 계산도 있는 것 같습니다. 프리터로 월수 12만 엔으로 사는 건 간당간당합니다. 그런데 거기에 더해서 8만 엔을 받을 수 있다면 간단히 말해 좋은 거 아닌가요? 뭐랄까, 미군에게 3조 엔 쓰는 돈을 이쪽으로 끌어들일 수 있다고도 봅니다. 별일도 하지 않으면서 고급 관사를 저렴하게 빌려 살고 있는 고급 관료들도 있고요. 펀드같이 클릭 한 번으로 몇천 억을 벌어들이는 그런 세계도 있는데 다른 쪽에는 수입 없이 길거리에서 죽는 사람이 있고요. 이런 건 확실히 문제 있는 거죠. 그래서 기본 소득 같은 주장은 좀 더 진지하게 고민되어도 좋을 겁니다.

그렇지만 나라에서 돈을 받으면 불평을 털어놓기 어려울 것 같기도 합니다. 사상적으로 잘 무장한 사람은 어떨지 모르겠지만, 대부분의 사람들은 저항할 기운을 잃을 수 있달까요. 예를 들면, 기본 소득을 받지 않을 자유를 택할 사람도 있다고 생각합니다. 나라에서 돈을 받게 되면 저항할 권리가 박탈되는 것 아닌가 하는 의구심도 드는데, 이런 건 어떻게 생각하십니까?

받더라도 불평할 게 있으면 하면 되는 것 아닌가요? 원하지 않으면 돌려줘도 되고. 혹은 누군가에게 주어도 되는 거고. 만일 기본 소득이 실현되어 그것이 권리로 인정된다면, 그 점에 꺼림칙함을 느낄 필요는 없습니다. 지금 우리가 그런 걸 받지 않는 상황이라고 해서, 그만큼 저항을 하느냐 하면 그것도 의문이고요. 그런 것보다는 가능성을 모색하는 쪽으로 생각하는 게 좋지 않을까요.

총리가 고이즈미에서 아베로 바뀌었는데, 이후 신자유주의적인 분위기는 어떻게 바뀔 것 같습니까?

고이즈미 정권보다는 어쩌면 좀 더 나아지는 게 있을지도 모르고, 혹은 그렇지 않을지도 모르죠. 더 나빠질지도 모릅니다. 배타적 민족주의로 확 돌아서버릴지도 모릅니다. 포스트 신자유주의 단계에 들어서고 있다는 느낌이 듭니다. 좀 더 확실히 해둬야겠는데요. 저항 없이 이대로 가면 이 앞에는 파시즘 같은 게 있을 겁니다. 일본은 이제까지 신자유주의가 침투하는 과정에서 중국이나 한국, 북한 등 적을 바깥에 만들어왔습니다. 그래서 국내의 문제, 예를 들면 '격차' 문제에 주목하기보다 그쪽으로 시선을 돌리도록 해왔습니다. 지금 경기가 호조기라곤 하지만 왠지 그쪽에 의해 문제가 가려지는 분위기예요. 한편, '재도전' 같은 말을 하는 많은 젊은이들이 어느새 '패배'해가고 있습니다. 지금 젊은이는 단적으로 말해서 우습게 여겨지고 있기 때문에 더 화를 내도 됩니다. 저쪽에선 불만을 잠재우기 위해 적당히 자기들 알리바이를 위한 대우도 해주겠지만, 그것으로 만족해버리면 안 되죠.

또 '희생의 누진성'이라는 것이 있습니다. 『신자유주의 현대 생활 비판 서설』 편집자 중 한 사람인 시라이시 요시하루白石嘉治 씨가 최근 이걸 문제 삼고 계시는데요, 가령 이런 겁니다. "네가 처한 상황 같은 건 다른 나라의 더 가난하고 힘든 사람들에 비하면 아무것도 아니다. 예를 들면 제3세계를 봐라. 일본은 선진국이라서 풍요롭다." 이런 식으로 말한다는 거죠. 이런 얘기를 하면서 현재의 자기 문제에서 눈을 돌리게 하고, 현재 그가 처한 곤경을 억누르는 것. 그런 방법이나 분위기를 '희생의 누진성'이라고 불러야 하는 것 아니냐는 겁니다. 훨씬 더 힘든 다른 사람들이 있으니, 실제로 그 사람들의 힘들고 끔찍한 생활에 관해서 솔직하게 호소하면 좋은 거겠죠. 그런데 그렇게 되면 현상의 문제점이 은폐되어버립니다. 신자유주의의 방법이란, '희생의 누진성'을 최대한 활용하는 게 아닐까요. 정규직 사원의 장시간 노동보다도 비정규직의 저임금이, 비정규직의 비참한 노동보다도 홈리스의 가혹한 생활 환경 쪽이, 일본의 홈리스보다도 제3세계 슬럼의 빈민 쪽이…… 이런 식으로 오로지 인내만 강요합니다. 그러면 젊은이들은 그런 식으로 토끼몰이당하거나 자가당착에 빠지곤 하죠.

그런데 일본이든 미국이든, 본인이 고생 끝에 굶어죽을 정도로 활용되고도 임금을 받지 못하거나 노예처럼 취급당한다면, 그렇게 말함으로써 이득을 얻는 것은 누굴까요? 그걸 강조하는 건 누굴까요? 그렇게 말하는 동기는 무엇에 근거하고 있는 걸까요? 그런 점을 깨달아야 합니다.

전적으로 동감합니다. 그럼 마지막으로 프레카리아트 전체에 전하는 메시지를 부탁드립니다.

임금이 낮은 것도, 능력이 없다는 말을 듣는 것도 모두 여러분 탓이 아닙니다. 여러분은 아무것도 없거나 능력이 없는 것이 아닙니다. 딱히 능력에서 1백 배 차이가 나는 게 아닌데도 수입에서는 1백 배 차이가 나는 게 제일 이상한 겁니다. 게다가 1백 배가 문제가 아니라, 1천 배, 1억 배의 차이가 있습니다. 돈이 중요하지만, 그런데 돈만의 문제도 아닙니다. 사람이 연대해서 공통성을 이루어 산다는 것, 그런 것을 우린 계속 소홀히 해왔고, 그래서 지금 이 세계는 붕괴해간 거예요.

　당연한 이야기지만 살아가는 게 이토록 힘들다는 것은 이상한 일입니다. 우린 그렇게 생각해야 합니다. 그런데 그 살기 힘듦에 대한 대응이란 게 전부 여러분 스스로를 공격하는 식입니다. 자해, 자살도 그렇죠. 은둔형 외톨이노 _그렇습니다. 현상의 나쁜 상태를 안쪽을 향해 표현할 수밖에 없게, 그렇게 되어가고 있습니다. 혹은 범죄 같은 것도 그렇게 볼 수 있는데, 그건 그런 살기 힘듦에 맞서는 한 양태이고, 어떤 울분이 타인을 공격하는 형태로 분출되는 거라고 생각할 수도 있습니다. 집단 괴롭힘도 그렇죠. 애들 세계뿐 아니라 어른 세계에도 집단 괴롭힘이 있습니다. 타인을 따돌리고 구박함으로써 현상의 비참함을 대충 건너뛰려는 측면도 크지 않을까요? 여러분은 그런 불행의 악순환에 빠져 있습니다.

사는 것의 기쁨을 모르는 것은 불행한 일입니다. 그러므로 그것을 실현하기 위해 어떻게 해야 할지 생각해야 합니다. 여러분 스스로에게 향하기 쉬운 분노를, 말을 통해 밖으로 표현했으면 합니다. 위축되지 않고 자기 언어를 갖는 겁니다. 일을 못할 수도 있겠지만, 안 된다는 말을 들을 수도 있겠지만, 무능하다는 얘길 듣기도 하겠지만, 단지 살아 있다는 것만으로도 괜찮다는 사실을 더욱 긍정해야 합니다. 그래서 어떤 말을 듣더라도 '그렇지 않다'고 떨쳐버릴 만큼의 확신, 그걸 더 많이 가져주면 좋겠습니다. 거기서부터 지금의 암담한 현실을 뒤집는 뭔가가 나오면 더욱 좋겠죠. 그렇지 않습니까? 별것 아닌 파업으로 기차가 멈추더라도, 시위 때문에 도로의 차들이 다닐 수 없더라도, 공장이나 직장에서 노동자가 시위를 하더라도, 그런 걸 민폐라고 여기는 생각은 그만하자는 겁니다. 그게 정상적인 거니까. 지금까지 오랫동안 힘든 상태였으니까 이제 슬슬 그렇게 되어야 하고, 그렇게 될 겁니다.

이리에 씨의 이야기를 다 듣고 나자, 세계가 다르게 보였다.

이제껏 이유를 알 수 없어서 막연하게 느껴졌던 것이 지금은 분명하게 구조의 문제로 부상하고 있다.

우리도 모르는 새에 이런 세계가 되어갔다는 사실에 나는 아주 화가 났다. 그러나 동시에 큰 돌파구를 발견한 기분도 들었다. 잘못된 것은 우리 자신인가 사회인가? 지금 많은 젊은이들이 은연중에 자기를 탓하고 있다. 그러나 당신은 오히려 그 상황에 근거를 두고 '나는 잘못되지 않았다'라고 말할 수 있다는 것이다. 이것은 일종의 희망이다.

이제 독자들은 이리에 씨의 이야기를 들으며, 프리터에게 자기 책임이라느니 게으르다느니 말을 하는 것은 그 말을 퍼붓는 이들 스스로의 무지를 드러낼 뿐이라는 것을 알게 되었으리라. 고작 이 정도의 책략이 지금 우리의 상황을 지배하고 있다. 그러나 이건 분명히 정책의 실패다. 그리고 자기 책임이라는 말은 국가의 책임을 가리는 말일 뿐 아무것도 아니다.

나 스스로도 프레카리아트 문제에 관심을 가지고부터 주위 사람에게 기분 나쁜 말을 들은 적이 있다. 그들은 왠지 히스테릭한 반응을 보였다. "프리터는 다부지지 못하다, 프리터의 권리 같은 걸 말할 바엔 기술을 갈고닦아 자기를 시장에 내놓는 노력을 하는 게 좋다"는 식으로.

그런 사람들의 소리가 크고 언뜻 정론으로 들리기 때문에, 프리터는 위축되어간다. 자기 목소리를 내기 어렵다. 프리터를 비난하는 이들은 아마 필사적으로 그렇게 살아왔을 것이다. 그렇게 살면서 그들 스스로의 기술이 언제 쓸모없어질지 모르는 채. 언제까지나 그들은 기술을 강박적으로 계속 닦아갈 것이고, '능력 있는' 자신을 팔고자

할 것이다. 그들의 히스테릭한 반응 자체가 그것을 드러낸다. 그들 스스로도 그 속에서 상처 입고 녹초가 되고 있다는 사실 말이다. 끝없는 경쟁 속에서 녹초가 되면서도 사람들은 계속 그래도 자기 책임이라고 말한다. 확신 같은 건 없다. 그저 어떻게든 그것이 옳다고 여길 것이다. 그 속에서 죽어라고 노력해서 지금 자리를 얻어냈고, 앞으로도 계속 그것에 매달려야만 하기 때문이다.

신자유주의에 대해 상세하게 알고 싶은 분은 이리에 씨가 인터뷰에서 얘기한『신자유주의 현대 생활 비판 서설』을 한번 읽어보면 좋을 것이다.

우리는 더 화내도 된다

『프리터에게 '자유'란 무엇인가』의 저자 스기타 구치코미 씨에게 듣다
프리터에게 '자유'란 무엇일까?

프리터의 프리(자유)란 기업의 '자유'라고 한 사람은, 앞에서 요시다 군에게 싫은 소리 한 그 아저씨다.

지금 등장하는 스기타 구치코미杉田俊介 씨는 나와 동년배다. 우린 둘 다 취직 빙하기를 경험했고 여러모로 불리했다고 느끼는 세대다. 스기타 씨는 2005년에 심혈을 기울여 쓴 프리터론,『프리터에게 '자유'란 무엇인가』를 출판했고, 많은 프리터에게 충격을 주었다. 책 띠지에는 이런 말이 적혀 있다. "우리는 더 화내도 된다."

이 책에서 스기타 씨는 이렇게 쓰고 있다.

"이상한 일인데, 왜 많은 우리 또래는 '내버려둬도 어떻게든 될 거다', '누군가가 그럭저럭 해줄 거다'라는 말을 계속 믿고 있는 걸까?"

시원스런 이 말에 찔리는 프리터가 많을 것이다.

스기타 씨는 이 책에서 프리터에게 질문을 던진다.

"당신은 어떻게 느끼는가?

행정이나 자본이, 아니 놈들(적대자)이 좀 더 쉽게 이득을 얻고 부를 효율적으로 한쪽에 집중시키기 위해서, 대량의 프리터 노동자를 굳이 만들어내고는 쓰고 버린 후—특히 그 '미래'를!—그 '책임'을 당사자 쪽의 '자기 책임'으로 떠미는 것. 그리고 세대 이기주의를 통해 지켜지는 안온함 속에서 인생을 마치도록 하는 것. 나아가 '지금 젊은이는 노동 의욕이 없다', '근성이 없다', '징병제 실시해라'(자기는 병역을 이행한 적도 없으면서)라고 말하며 이 세상을 염려하는, 추악한 아저씨풍 설교를 토해내는 광경에 대해서 어떻게 느끼는가?"

스기타 구치코미 씨에게 이야기를 들어보았다.

우선 왜 프리터 문제를 생각하게 되었는지 듣고 싶어요.

원래 대학원에 있었는데요, 재능도 없고 돈도 없어서 결국 연구자는 되지 못했고, 대학원을 그만두었어요. 25세 때예요. 하고 싶었던 일은 할 수 없었고 달리 노동 기술도 없었고. 또 마침 인간관계에도 여러 가지 일이 좀 있었고. 개인직으로는 아주 힘들었습니다. 그때 서점이나 편의점 아르바이트, 경비원 일 등을 했습니다. 단순 노동이었고 미래가 역시 보이지 않았다랄까요. 점점 쫓기고 있었어요. 제 상황이라고 할 만한 게 뭔지도 잘 모르겠었고요. 제가 처해 있는 상황이 우선 궁금해지더군요.

스기타 씨 자신이 스스로의 프리터 경험에서 그런 것을 생각하게 된 거군요. 25세면 2000년 정도였겠네요.

당시 제가 괴로웠던 건 확실했는데 그 이유를 잘 몰랐어요. 전부 제 책임 같은 생각도 들었고 또 한편으론 그렇지 않다는 생각도 들었고요. 어쨌든 그런 답답한 느낌에 대해 좀 생각해보고 싶었습니다. 당시에는 '프리터는 계급이다'라고 하는 사람은 적었죠. 4년쯤 전부터 이쿠다 다케시生田武志 씨, 오사와 노부사키大澤信亮 씨, 구리타 류코栗田隆子 씨 등과 함께 '프리터즈 프리Freeter's Free'라는 활동을 소박하게나마 하고 있었는데요, 프리터 문제를 생각할 때에 프리터에 대해서'만' 생각하고 싶진 않다는 게 있었어요. 예를 들면 파견직 여성이라든지 노숙자 문제를 동시에 생각하자는 거였죠. 달리 말하면요, 사실 저 스스로가 대졸이지만 지방 빈곤 문제도 잘 몰랐어요. 신자유주의란, '올바른 삶의 방식'을 먼저 설정해놓고 거기에서 튕겨져 나오는 사람들을 사회적으로 배제하는 움직임을 포함합니다. 그러니까 프리터도 은둔형 외톨이도 노숙자도 사회적으로 배제되고 있는 겁니다. 바꿔 말하면, 배제되었기 때문에 공통의 플랫폼에 서게 되었고, 그것이 연대의 조건이 되는 측면이 있을지도 모르는 거죠.

그러니까 그 층이 프레카리아트라는 거군요. 배제됨으로써 연결된다는 얘기를 들으니 저를 괴롭힌 자해 같은 것과도 통한다고 생각합니다.

원래 프리터 문제란 여성 노동 문제라고 생각합니다. 1970년대 중반부터 파트타임 노동자같이 여성의 문제로서 존재했던 건데, 1990년대가 되어 남성도 비슷한 비정규직의 상황에 직면하게 되자, 처음으로 그게 '사회 문제'로 비쳐진 셈이죠. 어떤 여성들은 '뭘 새삼스레 지금 와서'라고 느낄지도 모릅니다. 원래 프리터의 60퍼센트는 여성이었고, 파견 노동자의 90퍼센트 이상도 여성이었기 때문입니다. 비정규 고용 문제와 자해, 거식·폭식 등, 여성의 신체 문제를 연결 짓는 논의는 아직 충분치 않지만 아주 중요하다고 생각합니다. 동시에 거기에는 '남자답지 못한 남자'들의 살기 힘듦의 문제도 얽혀 있습니다. 은둔형 외톨이도 그런 거라 생각하는데요, 그렇다면 거기에서 괴로워하는 남성 약자들의 문제도 서로 연결되어 있다고 할 수도 있는 거죠.

지금 많은 젊은이들이 억압 속에 있는데, 그들의 분노는 어디를 향하고 있다고 생각하시나요?

노동 조건 면에서는 프랑스 젊은이들보다 일본 젊은이 쪽이 열악한데 왜 일본에서는 폭동이 일어나지 않는가라고 묻는 분이 계십니다. 그런데 프랑스와 일본은 좀 다르죠. 일본의 경우 인생의 안전망이 가족이라고 생각합니다. 복지의 음성 자산이라고도 합니다. 국가나 공

적인 것이 아니라 가족 속에 문제가 응축되는 구조가 있습니다. 즉 이것은 미야모토 미치코宮本みち子 씨도 말씀하셨지만, 이런 이유 때문에 은둔형 외톨이나 가정 폭력이나 자해 같은 형태로 폭력이 산발적으로 일어나고 있다고 생각합니다. 그러니까 어떤 의미에서 폭동은 이미 일어나고 있는 거죠. "왜 젊은이는 화내지 않는가?"라고 묻는 사람들도 있지만 어떤 의미에서 젊은이들은 이미 분노하고 있는 겁니다. 단, 화를 표출하는 방향이 잘못되었고, 분노의 대상이 자기 신체나 어머니 쪽이 되어버렸지만요.

그런 식으로 분석하니 살기 힘듦의 문제도 잘 정리가 되네요.

분노라든지 치욕의 감각이, 그 수위는 높아지고 있지만 어디로 분출해야 하는지 그 방향이 잘 보이지 않는 것이라고 생각합니다.

그렇군요. 그럼 프리터는 왜 이렇게 증가했다고 생각하시나요?

거칠게 말해, 기업은 늘 저임금 혹은 유연한 노동력을 필요로 하고 있습니다. 어느 시기까지는 그게 외국인 노동자였죠. 일본 기업이 중국이나 동남아시아에 진출해서 아주 낮은 임금의 노동력을 확보했어요. 그런데 1990년대 정도부터 좀 바뀌었죠. '외국에서 찾을 건 아무것도 없다, 국내에 비렁뱅이처럼 살고 있는 젊은 녀석들이 얼마든지 있으니'라는 식의 인식이 기업에 퍼졌달까요. 제3세계의 문제가 국내로 역류해온 겁니다. 실제로 전 세계적으로 비정규 고용화는 확대되고 있지만, 일본은 1990년대부터 이미 그 최전선이었습니다. 그런데도 불안정함과 빈곤의 관계에 대한 문제의식이 일본인의 경우 아주 빈약한 것 같습니다. 기아 같은 절대적 빈곤과는 다르다, 진짜 빈곤은 따로 있다, 이런 식으로요. 당사자에게도 그것이 인식되지 않고, 빈곤 자체가 처음부터 '없었던 것'으로 만들어져온 것 같아요.

결정적인 계기는…….

자주 하는 말이지만, 1995년 일경련의 『새로운 시대의 일본식 경영』 아닐까요? 당분간 정규 직원, 전문가, 불안정한 프리터 등을 분명하게 구별하고 이를 잘 조합해서 사용하자는 거였죠. 프리터나 파견 사원은 처음부터 만들어져온 겁니다. 그러니 모순이죠. 세상이 필요로 해서 프리터가 늘어나고 있는데, 실제로 프리터가 되면 '너희가 유약해서 그렇게 된 거야'라고 하니 말이죠. 결국 그 모순을 인내하지 못하는 사람들이 있기 마련이고 하나씩 정신적, 신체적으로 무너집니다.

학교에선 프리터가 되지 않기 위한 수업 같은 것도 이루어지고 있는데, 그것도 아주 모순이죠.

그거 초등학교에서도 하고 있는 것 같던데요. 일종의 세뇌 교육이죠. 대단해요. 그런 교육을 받은 아이들은 어떻게 커갈까? 상상할 수도 없습니다. 그런데 어느 시기부터 기업과 정부의 보조가 미묘하게 어긋난다는 느낌이 들어요. 기업으로서는 싼 노동력을 '고용의 안전판'

으로서 유연하게 사용하고 싶지만, 정부 쪽에서는 저출산 고령화나 사회 보장비 문제가 있기 때문에 프리터만 마구 늘어나도 곤란하니까요.

그렇군요. 결국 프리터가 되지 않기 위한 수업을 받더라도 이대로는 무조건 일정한 수는 프리터가 되어버린다는 얘기네요. 그러면 더 힘들겠군요.

은둔형 외톨이나 프리터를 두고 "유약하다"거나 "책임감 없다"는 말들을 하는데, 사고방식이 꽤 보수적인 얘기들입니다. 사람들은 그 속에서 자승자박이 되어버립니다. 현실 속 자기와 이상 속 자기가 점점 멀어지니까.

모든 걸 자기 탓으로 돌리고 마음의 병을 얻은 사람에겐 어떤 말을 해주는 게 좋을까요?

제도나 구조 탓으로 이렇게 된 거다, 그건 자기 책임도 아무것도 아니다, 여러분은 딱히 잘못한 것 없다. 잘못이 하나 있다면 '나만 잘못된 거다'라는 자기만의 생각에 빠지는 것, 자기를 스스로 포기해버리는 것이다. 이런 부분은 분명히 그렇게 지적해도 된다고 생각합니다. 제도로 해결할 수 있는 것은 해결할 수 있어야 하고요. 앞으로도 개개인의 살기 힘듦은 분명 지속될 텐데, 그것만은 평생 자기가 받아들여야 하니까요.

그렇군요. 좀 다른 얘깁니다만 스기타 씨는 지금 어떤 일을 하고 계십니까?

4년 반 전부터 가와사키川崎 시에서 장애인 복지 일을 하고 있습니다. 지금은 이것도 정규 직원 혹은 관리직이라고 합니다. 뭐 조그마한 비영리 법인 같은 데가 종종 그렇지만, 관리직이면 잔업 수당을 주지 않아서 좋죠(웃음). 저는 딱히 옛날부터 장애 문제에 관심이 있었던 것도 아니에요. 대학원을 그만두고 나서 돈이 없었는데 딸 수 있는 자격증이 복지사 자격증밖에 없었어요. 10만 엔 정도 들여 땄습니다. 다른 자격들은 100만 엔 단위로 돈이 들거나 하는 것이라서요. 둘러 봐도 별로 현실적인 선택지가 보이지 않았습니다. 이상에 불타서 복지 일을 시작한 것은 아닙니다. 그런데 주위를 보면 복지 복지 하는 사람보다, 의외로 저 같은 사람 쪽이 일을 오래 해요. 전 지금 정규 직원이지만 연수입은 200만 엔 좀 넘을 정도예요. 진지한 얘길 좀 더 해보면, 반년 후 근무처가 어떻게 될지도 모르고, 또 제 안에서 '프리터 생활은 끝나지 않을 것'이라거나, 이건 이후에도 쭉 계속될 문제라거나 그런 생각이 들곤 합니다. 뭐, 전 그냥 지극히 평범한 빈곤층입니다(웃음).

스기타 씨나 저나 지금 30대 초중반이지만 제 주위에는 옛날에 생각했던 30대 초중반의 평범한 삶 기준에 이른 사람이 한 사람도 없습니다. 최소한 정규식 사원조차 없습니다.

지금 일본은 전후 최대의 호황이라고들 하지만, 몇몇 현이나 정町의 이야기겠죠(웃음). 어용학자들이 "일본의 격차는 그렇게 심각하지 않고, 경제적으로도 안정되고 향상되었다"고 하는데, 그럼 점점 자기 책임 얘기나 하라는 것 아닙니까? "경기가 이렇게 좋아지고 있으니까 일은 찾으면 있을 거다", "그런데도 돈이 없는 건 본인들 책임이다"라고요. 문제를 점점 문제로 보지 않으려 하는 건 좀 잘못된 겁니다.

프리터 자신도 언젠가 어떻게든 될 거다, 누군가가 어떻게든 해줄 거다라는 막연한 기대를 갖고 있는 것 같습니다. 그러나 상황은 역시 절망적입니다. 이런 프리터 당사자들에게는 무슨 말씀을 하고 싶으신가요?

넓고 긴 안목으로 보면 거꾸로 기회 아닌가 하는 생각도 드네요. 인간은 자기 상황이 나쁘면 여러 가지로 진지하게 생각할 수 있으니까. 자신에 대해서도 돌아볼 수 있습니다. 막연하게 그냥 있는다고 살아지거나 하는 건 아니니까. 예를 들면 살기 힘듦의 문제를 철저하게 파헤쳐서 '밑바닥'까지 가면 그걸 매개로 해서 또 다른 사람들과 연결될 수 있을지도 모릅니다. 프리터의 살기 힘듦, 노숙자의 살기 힘듦, 여성 노동자의 살기 힘듦이란, 비슷하면서도 미묘하게 다릅니다. 그렇다고 해도 살기 힘듦이라는 점에서는 공감할 수 있는 지점도 여럿 있을 것이고, 그 공감할 수 있는 지점이 중요하겠죠.

스기타 씨의 책에는 전 세계적으로 젊은이가 빈곤해지고 있다는 이야기가 있던데요. 이 문제에 대해서도 좀 더 말씀해주세요.

선진국 젊은이의 빈곤화 문제는 지금껏 쭉 이야기되고 있습니다. "제3세계의 국내화"라든지 "국내에 블랙홀이 생겼다" 같은 말들을 하곤 하죠.

일본도 그렇게 되어간다고 생각하십니까?

일본의 경우는 빗장 도시gated city● 식의 분명한 격리는 아니지만 구역제zoning●● 같은 방식으로, 왠지 생활권이 달라지고 있다는 느낌이 들어요. 예를 들면 세콤이나 맨션 안은 안전권이지만 그 밖은 위험하다는 식으로 말이죠. 명확하게 눈에는 보이지 않는 형태지만, 생활하는 장소가 모자이크처럼 쪼개진다는 느낌이에요.

예를 들면 만화방에서 살고 있는 젊은이도 있어요.

그런 것 같아요. 지금까지는 노숙자들이 가마가사키釜が崎●●● 나 고토

● 외부 차량이나 외부인의 출입을 엄격히 통제하는 지역.
●● 도시 계획 등으로 각 지역을 용도별로 구획하는 것.
●●● 오사카 시의 간이 숙박소가 많이 모여 있는 곳으로, 2차 대전 후 단신 일용직 노동자들이 모여서 살던 곳.

부키쵸寿町 등의 요세바에 모여 있었지만, 현장의 활동가들에게 들어보면 그게 지금은 꽤 알기 어려워졌다고 해요. 요세바가 교외화하는 것도 이야기되고 있지만, 젊은 홈리스의 경우에는 만화방이나 노래방이라든지 레스트박스에서도 머물러요. 거기에다가 '주말 홈리스'랄까, 친구 집에 며칠 머물고 며칠은 만화방, 며칠은 노숙 현장에 가는 식으로 사는 사람도 늘어나고 있는 것 같습니다. 원래 노숙자들은 이동하면서 살고 있기 때문에 실체를 파악하기 어려웠지만, 지금은 점점 더 파악하기 어려워지고 있습니다. 또한 남성 노숙자 뒤에 숨겨져왔던 여성 노숙자의 실상도 있죠. 여성 노숙자라면 가정 폭력 피해자도 적지 않은 것 같습니다. 가정에서 쫓겨나면 딱히 도망갈 장소가 없기 때문에 그대로 노숙자가 되어버리고, 그렇게 되면 복귀할 수 없는 구조인 거죠.

역시 상황은 비참하네요. 프리터가 혼자 안정되게 살 수 있기 위해선 어떻게 하면 좋을까요?

지금 기본 소득에 대해 진지한 얘기들이 있습니다. 국민에게 무조건 일정한 돈을 주자는 것. 오자와 슈지小沢修司 씨 같은 분 주장에 따르면, 월 8만 엔 정도 지급하면 된다고 해요. 영미에는 베이직 캐피탈이라는 아이디어도 있다고 합니다. 캐피탈 그러니까 자본, 밑천을 제공한다는 얘긴데요, 21세가 되면 모든 성인은 한 사람당 8만 달러 정도를 일률적으로 지급받고, 사망할 때 8만 달러와 그 이자를 국고로 환수할 의무를 진다는 겁니다. 빈곤 가정에서 태어나더라도 그걸 밑천 삼아 자기 힘으로 학교에 갈 수도 있죠. 어떤 사람들의 주장에 따르면 제도 도입 후 50년 정도면 자립적인 운영이 가능하게 될 거라고 합니다. 물론 이건 미국이나 영국같이 경제적 자립 원리가 강한 나라의 사고방식이고, '생의 무조건적 긍정'을 주장하는 기본 소득파에서는 비판도 있는 것 같습니다. 어쨌든 처음에 그것을 확대시킨 필립 판 파레이스**라는 사람은 분배와 규범적 기본 소득을 주장하고 있지만, 최근에는 꽤 실증적인 경제학자가 제도 설계라든지 그 실행 가능성을 세세하게 논의하는 분위기인 것 같습니다. 세세한 이야기는 제 영역이 아니어서 생략하겠지만, 일단 '무료로 살 수 있으니 좋다'는 감각은 중요할지도 모른다고 생각해요. 사실 저도 기본 소득 이야기를 처음 들었을 때는 위화감이 있었습니다. '대학의 무상화'라는 발상에 대해서도 '무료로 살 수 있다거나 무료로 대학 갈 수 있다거나 하는데 그게 가능한가'라고 생각했으니까요. 그런데 국제 기준으로 보면, 대학의 무상화는 선진국은 물론이고, 일본, 르완다, 마다가스카르 이외에서는 기본적으로 승인되고 있는 모양입니다. 과연 그럴 수 있겠다고 생각했어요. 어떤 경위로 내 안에 '일하지 않는 자는 먹지 마라'는 의식이 새겨 있었던 건가라는 생각을 거꾸로 했습니다.

• 1950~1980년대 요코하마의 항만 노동자들이 머물던 쪽방촌으로, 지금은 노인이나 생활 보호 대상자들이 주로 살고 있다.

•• 기본 소득 개념의 대표적 주창자로 벨기에 철학자이자 정치경제학자.

그건 저도 느꼈습니다. 『신자유주의 현대 생활 비판 서설』에도 쓰여 있지만, 많은 유럽 나라들에서는 실제로 대학의 수업료는 무상이고, 일본 정부는 국제 연합에서 고등 교육의 무상화를 종용받고 있다고 하더군요. 일본에서 상식이 되고 있는 것은 늘 의문의 여지가 있네요.

밑천이 없다는 점에서, 경제 격차란 능력의 격차라고 이야기됩니다. 그러나 실제로는 부모의 재산 차이가 핵심이라는 생각이에요. 부모가 부자라면 자식도 부자가 될 거고, 부모가 돈이 없으면 자식은 학교도 다닐 수 없고 능력 형성도 하기 어렵다는 악순환이 확실하게 있죠. 그래서 그 지점을 들여다보면 역시 '고작 돈 문제잖아', '돈 같은 거 분배하면 되는 것 아냐' 하는 생각이 들어요. 분배가 핵심이에요. 돈만이 아니라, 생존의 분배라는 게 중요하겠고요. 생존 자체를 보장하는 분배 제도가 왜 안 되나 하는 지점은 소박하게 짚어가면 되지 않을까 생각합니다.

생존권이 위협받고 있기 때문이군요.

경제적으로 자립할 수 없는 사람은 존재 자체가 부정되어버리기 때문이죠. 은둔형 외톨이나 프리터는 그런 가치관을 내면화하고 있습니다. '자기 안의 우생 사상'인 거죠. 스스로는 존재해서는 안 된다는 생각이 주입된 겁니다.

책에서 자살에 대해서도 다루셨죠. 스스로가 죽음을 선택하는 것이 아니라 선택을 강요받는 셈이라고요. 완전히 동감합니다.

자기 결정, 자기 책임이란 말은 정말로 무서운 말입니다. '자기 결정이라면 자살해도 괜찮다, 그건 자기 책임이지' 하는 선에서 끝나버립니다. 주위의 방치도 정당화됩니다. 아우슈비츠나 유대인 학살과 관련해서 '망각의 구멍'이라는 말이 있는데요, 그건 단지 죽었다는 것뿐 아니라 죽임을 당한 사실 자체를 없었던 걸로 해버립니다. 그건 의외로 우리 일상 여기저기에 있고요. 거기까지 가버리면 존재 자체가 없었던 것이 됩니다. 그런데 생각해보면, 고령자가 병들어 누워 있는 건 그들이 정말 그러고 싶어서 그렇게 된 게 아니잖아요. 많은 자살자들도 역시 그들이 진짜 죽고 싶어서 죽는 게 아니고, 죽음으로 내몰려서 그렇게 된 것 아닌가 하는 생각이 들어요.

맞아요! 저도 스기타 씨의 책을 읽거나 신자유주의 문제를 생각할 때면 진짜로 제 주위의 자살자들이 그런 식으로 죽음에 이른 것 같다는 생각을 했어요. 아니 그러니까, 죽임을 당한 거라는 생각 말이죠. 제도, 구조의 문제는 그들의 자살과 분명히 관계가 있습니다. 일종의 '망각의 구멍'인 셈이죠.

어떤 자살은 자폭 테러 같은 거라고 할까요. 극단까지 궁지에 몰려서 행하는 마지막 행동 같은 것, 그러니까 사는 것 자체에 대한 보이콧인지도 모르는데요, 그런 것조차 자기 책임이라 말하거나, 녀석이 약했기 때문이라고 깨끗이 정리되어버립니다. 죽음을 통한 메시지조차 무화시켜버리는 거죠. 과로사로 죽어도 "고작 일 때문에 죽는다고?", "약해 빠져서 말야" 이런 식으로 비난이나 하죠. 서서히 약해지게 만드는 거면서 말이죠. 업무를 다 해내지 않으면 동료에게 폐를 끼친다거나, 자기의 존재 가치 자체를 잃어버리는 거다라는 식으로요.

정말로 무서운 일입니다.

\\\\\\\\\\\\\\\\\\

가짜 자유가 넘쳐나고 있고 뭔가에 중독되기 쉬운 세상인 것 같습니다. 파칭코나 슬롯머신이란 것도 기묘합니다. 경마 같은 건 나쁘다는 느낌이라도 있죠. 파칭코나 슬롯머신은 무감각하게 일상생활에 이상하게 침투해 있고, 주부층 등이 확실한 타깃이 되고 있습니다. 파칭코 때문에 아이를 차 안에 방치하는 비정한 부모들 얘기가 있지만, 그건 완전히 의존증이나 정신 질환의 영역이 아닌가요? 전부는 아니겠지만요. 빈곤을 비지니스화한 소비자 금융이나 성 풍속도 그럴지도 모르겠는데요, 결국 살기 힘듦을 일시적으로 해소하는 가짜 자유가 바로 그런 것이죠. 이 자유는 세상이나 제도를 변혁하려는 방향으로 가지는 않습니다. 불씨는 있지만 커지기 전에 자꾸 그 불을 끄려고만 합니다. 그러므로 지금 중요한 것은, 별거 아니라 해도 가짜가 아닌 소박한 자유를 찾아내는 거라고 생각합니다.

정말 그렇군요. 잘 알았습니다. 그런데 지금 프리터도 힘들고, 정규직 사원도 힘들고, 일하지 않아도 힘들고, 어떤 삶의 방식을 택해 살더라도 안심할 수 없는데, 이건 어떻게 봐야 할까요?

생존 경쟁, 라이프 스타일 투쟁은 피할 수 없다고 여겨집니다. 예를 들면 지금 프리터가 모두 정규 직원이 된다면 해피엔드, 그것으로 문제 끝, 그런 건 아니잖아요? 경제적인 부분도 물론 크지만 그게 전부는 아닙니다. 다른 삶의 방식이 있습니다. 예를 들어 만일 평생 비정규 고용으로 살더라도 파트너나 아이와 함께 별문제 없이 잘 살아갈 수 있다거나 하는, 그런 라이프 스타일은 어떨까요? 프리터 문제는 항상 가족 문제와 묶어서 이야기되는데요(프리터의 수입으로는 결혼할 수 없다, 아이는 낳을 수 없나 같은 식으로), 프리터 당시지도 35세를 넘겨 '고령화'하고 있어서, 점점 더 프리터 커플의 아이 문제, 재생산 문제에 초점이 맞춰질 거라고 생각됩니다. 그런 것을 본인들이 근본적으로 이야기 나누는 게 좋을 것 같습니다. '맑고 바르고 아름답게' 식의 정신론이 아니라는 것. 당연한 생활을 위한 사회 보장 제도에 대해 당사자의 실감을 바탕으로 생각해야 한다는 거죠.

10년 후, 20년 후, 30년 후 프리터는 어떻게 될까요?

모르겠습니다. 저 자신의 일조차 모르기 때문에 말이죠. 뭐랄까, 그 모르겠다는 것, 상상이 되지 않는다는 것 자체가 일단 문제라는 생각이 들고, 뭐 그래도 굳이 말을 하자면, 그들은 이미 무언가를 박탈당하고 있는지도 모르겠습니다. 최악의 시나리오대로라면, 프리터의 일정한 수가 노숙자가 된다는 사람도 있습니다.

그런데 모두가 노숙자가 되면 일종의 해방구 혹은 혁명 후 세계라는 느낌도 들겠는데요(웃음).

그걸 홈리스 문화라고 하는 분도 있어요. 노숙자를 단지 보호해줘야 할 사람들이라는 소극적인 면으로만 파악하는 것은 이상하다고요. 당사자들이 프리터와 관련해서 '우리에게 자립이란 무엇일까?'라는 문제를 근본적으로 생각하고 이야기를 주고받으면 좋겠습니다. 그 경우라면 1970년대 여성 해방 운동이라든지 장애인 자립 생활 운동 같은 것들을 통해서 배울 것이 많이 있습니다. 다메렌だめ連* 이라든지 프리 스페이스Free Space 운동** 도 있죠. 1980년대 후반에 남성 프리터 증가가 사회 문제가 되었을 때, '보람·꿈'이라는 말이 마침 기업 윤리에 잘 맞아떨어진 면이 있었습니다. '꿈'이 목표이기 때문에 당장은 취직하지 않고 아르바이트를 하더라도 개의치 않는다는 집단 심성이 기업이나 젊은이층 양쪽에게 필요했던 것 같습니다. 지금은 정부 쪽에서 "프리터여도 살기 좋은 사회를"이라는 얘길 하기 시작했는데요. 나쁘진 않은 것 같지만, 이게 한편으론 경제적으로 빈곤한 현실을 방치하고, 프리터는 분수에 맞게 낮은 수준으로 살아가

* 일본의 대표적인 백수 모임.
** 일본의 대안 교육 운동 가운데 하나.

야 한다는 식으로 받아들여질 위험도 있습니다. 당사자 자신이 생활을 개선하는 것을 포기하고 '이대로 좋다', '지금의 나에게 만족한다'고 해버리면 심각한 거죠. 자립 생활 운동이란 그런 의미에서 양날의 검이기도 합니다. 그런데 반대로 말하면 그런 가장 위험한 지점을 잘 빠져나가는 것이 중요하다고 생각합니다. 자립 생활 운동이란 '(사회는 바뀌지 않으니까)스스로의 힘으로 무언가 하자'는 주장뿐 아니라, 사회의 구조나 제도의 존재 방식을 본질적으로 바꾸어가는 것을 동시에 목표로 해야 합니다. 예를 들어, 제대로 된 선택지가 없는 상황에서 자기 결정을 재촉하기만 한다면, 그것은 자유라고 말할 수 없죠. 자기 책임을 밀어붙이는 것 이외에 아무것도 아닙니다. 자기 결정의 소중함에 대해 말하려면, 그와 동시에 선택지의 잠재적이고 다양한 측면이 열려 있어야 하니까요. 그런데 반대로, 자기를 바꾸고 싶다, 바뀌고 싶다는 소망이 없다면, 자립 생활 운동도 불가능하지 않나 싶습니다.

프랑스에서는 폭동이 일어났습니다. 일본에서도 폭동이 일어날 가능성이 있다고 보시나요?

가능성은 있다고 생각합니다. 이제까지도 늘 있었던 거니까요. 1968년 학생 운동이라든지 1990년 가마가사키 폭동 같은 게 있었죠. 단, 이후 폭동은 뭐가 계기가 될지, 전혀 짐작이 가지 않습니다.

그렇군요. 좀 다른 이야기입니다만, 저는 프레카리아트라는 말을 몰랐다면 노동 문제 같은 것에 흥미가 없었을 것 같아요. 그것이 제가 고통받아왔던 자해 문제 같은 것과 연결된다고는 생각지 못했거든요.

\\\\\\\\\\\\\\\\

저는 자살이나 정신 장애뿐 아니라 아토피의 악화라든지 천식 혹은 미묘한 요통이나 경미한 우울증 같은, 신체의 미묘한 징후에 주목하는 게 중요하다고 생각하고 있어요. 그런데 그게 역 앞에서 많이 성업 중인 '테모민'이나 '모미라쿠' 같은 마사지업소에 다니면 상태가 나아지기도 하죠(웃음). 잔업이 많으니까 괜히 몸이 여기저기 아프게 되고, 그러면서 잔업 수당을 마사지 비용으로 지불하며 치료받으러 다닙니다. 그런데 그 순환 속에서 심신은 점점 쇠약해지는 거죠.

치료받는다는 건 완전히 그런 문제로군요. 그런데 스기타 씨는 책에서 "일본인은 내가 낸 세금을 타인이 쓰는 것에 대해 저항감이나 증오심이 있다"고 하셨는데, 거기에 대해서도 좀 더 말씀해주세요.

\\\\\\\\\\\\\\\\

복지 일을 하고 있으니 북유럽의 사회 보장 제도 이야기를 자주 합니다. 이를테면, 북유럽은 나라에 따라서 다르지만, 노르웨이나 스웨덴 같은 곳은 세율이 꽤 높습니다. 그게 좋은 건지 나쁜 건지는 차치하고요. 하지만 자기들이 많은 세금을 내고 나라를 운영해서 재분배한다는 사고방식이 그럭저럭 뿌리를 내리고 있기 때문에 국민은 세금 사용에 대해 잘 감시합니다. 제 생각엔 일본의 경우, 세금은 그저 일률적으로 걷는 것이라는 생각, 거의 자연재해를 대하는 것 같달까,

어쩔 수 없이 낸다는 생각이 강하고, 스스로가 국가를 운영하고 설계한다는 의식이 약하지 않나. 단순화한 말이긴 하지만요.

역시 생활 보호 이야기를 나눌 때면 "자기 세금이 그런 사람을 위해 사용되는 건 싫다"라고 하는 사람이 꽤 많죠.

\\\\\\\\\\\\\\\\\\

세금에 관한 사상은 근대 국가의 최소한의 원칙 아닌가요? 나라는 징세와 재분배로 성립합니다. 아이 양육 분야 같은 게 전형적인 예인데, 일본에선 아이를 사회 전체가 양육한다는 의식이 약합니다. 아이 양육은 그 부모'만'이 하는 것이라는 식이죠. 자녀 양육에까지 세금을 사용한다고 하면 혐오감 때문에 부정적인 면만 강조되죠. 그래서 "이렇게 생활 보호 예산이 헛되이 사용되고 있다"라든지 "장애인 한 사람의 생존 때문에 돈이 이렇게나 사용된다"거나, "자녀 양육 같은 걸 왜 부모가 안 하나" 이런 식의 이야기가 나옵니다. 물론 사용처 문제는 철저하게 논의하면 되지만, 때때로 그 근본 사고방식 자체가 부정되어버립니다. 그건 참 문제 있는 겁니다.

갑자기 날카로워지셨네요.

\\\\\\\\\\\\\\\\\\

바꿔볼게요. 이런 세금 알레르기는 어디에서 온 것일까? 보험료 상승에는 그렇게 저항이 심하지 않은데 세금을 올리면 정치가의 목이 날아갈 정도로 저항이 있습니다. 그렇다면 일본인의 감각은 세금보다 보험 쪽에 더 관대한 건가? 잘 모르겠습니다. 어째서 그런 건지.

우정 사업 민영화의 다음 타깃은 의료 분야라는 이야기도 있죠. 이미 의료 난민 이야기가 돌고 있는데, 사회 보장의 기준이 무너지고 있는 것 같습니다. 그것은 '작은 정부' 이야기와도 관계 있습니다. 사회 보장은 소셜 시큐리티social security지만, '소셜' 부분은 떨어져나가고 '시큐리티' 사회로만 이행하고 있습니다. 시큐리티 이야기는 신자유주의와 밀접하게 연결되어 있습니다. 도둑이 든 것은 방범 체계가 허술했기 때문이라는 식인데요, 이건 보험의 논리 혹은 자기 책임론인 셈이죠. 원래 보험과 세금은 원리가 다른 겁니다만. 세금에 의한 재분배는 사실은 국내에 한해서는 차별이 없는 겁니다. 국민 전체에게 과세하고, 징수된 세금을 국가를 통해 재분배한다는, 근대 국가의 기본 원리 같은 것이에요. 그런데도 세금으로 누군가가 생활을 보장받는다면 "저런 녀석들을 위해 세금을 사용하는 건 문제다"라고 하죠. 물론 사용처의 불공정함 문제는 있을지도 모르지만, 그렇다고 재분배의 사고방식까지 부정해버린다면 가장 기본적인 것까지 쓸려나가게 되기 때문에 조금 위험하달까요.

그렇군요. 그럼 마지막으로 지금도 막연하게 '어쨌든 어떻게든 될 거다'라고 생각하고 있는 젊은이들에게 메시지 부탁드립니다.

어떻게든 되지는 않을 거라고 생각하는 입장입니다만(웃음). 바로 그 점을 다 같이 생각해보자는 말밖에 할 수 없을 것 같습니다.

독자들은 여기까지 읽으면서, 프리터는 야무지지는 못해도 능력이 없지는 않다는 점을 확실히 아셨으리라 생각한다.

프리터는 이 사회에 필요했기 때문에 늘어난 것인데, 막상 그렇게 되고 나니 설교나 듣는 입장이 되어버렸다는 것. 그런 게 프리터 말고 또 뭐가 있을까? 그들은 일본 경제를 저변에서 뒷받침하고 있고, 그들에게 신세 지지 않는 사람은 아무도 없다. 『프리터에게 '자유'란 무엇일까』에서 스기타 씨는 이렇게 쓰고 있다.

"이제 싸움의 주전장은 '존재권'—'생존'이 그 자체로 살아 있음에 더해 존재의 지속을 긍정하는 권리—을 둘러싼 것이 될 것이다."

그저 '살게 해줘!'라고 외치자. 그럼 무조건 옳은 것이다.

이 글을 쓰고 있는 와중에도, 일하는 것이나 사는 것 관련해서 우호적인 상황들은 속수무책으로 파괴되고 있는 것 같다.

정부의 경제재정자문회의는 "노동 빅뱅" 같은 말로 정리 해고를 자유화했고 잔업 수당을 가로챘으며, 위장 청부를 합법화하는 구조를 만들어내고 있다. 또한 후생노동성은 노동 계약법 소안素案에서 프리터, 파견 사원의 정규직 사원화 규정을 삭제했다. 소수의 노동조합 단체 교섭권도 위기에 처해간다. 최후의 안전망이었던 생활 보호비도 삭감되는 형편이다.

그리고 이 글을 쓰고 있는 동안, 수상이 고이즈미에서 아베로 바뀌었다. "재도전" 같은 말을 내건 아베지만, 적어도 프리터 문제에 관해서는 프리터 개인이 아무리 '능력 형성'을 하거나 '인간력'을 높여도 해결될 문제가 아니다. 프리터를 없애고 싶다면, 정부는 기업에 비정규직이 아닌 정규직 사원을 고용하도록 압력을 가하면 되지 않겠는가? 그렇게 하지 않고 개인에게 헛된 노력을 강요하는 것은 아무 의미도 없다. 그 결과, 프리터들 사이의 경쟁은 심해지겠지만, 프리터들이 경쟁하면 할수록 노동 환경이 열악해지거나 시급만 삭감될 뿐이다. 이 모순을 왜 직시하지 않는 것일까? 하긴 태어나면서부터 특권 계급이었던 아베가 "재도전" 따위의 말을 들을 이유는 아예 없었을 것이다. 그는 한 번이라도 시급 8백 엔 정도 받고 일한 적 있었을까?

한편, 이번에 직접 취재, 집필하면서 아주 곤란했던 적이 있다. 여러 기업에 대해 이러저러하게 조사하고 파헤쳤지만, 많은 기업에 정말로 실망했다. 그래서 불매 운동을 혼자서라도 펼쳐가려 했지만 그러면 또 생활이 되지 않는 것이다. 취재 과정에서 기업이 장시간 노동, 과로사의 온상이 되거나 일하는 사람을 배려해주지 않는 것을 지켜보는 것은 힘든 일이었다. 밥을 먹으려 해도 '저 체인점은 노동 문제가……', '저 가게는 잔업 수당을 지급하지 않고……'라는 말이 머릿속을 맴돌았고, 물건을 사러 가면 저임금, 장시간 노동에 혹사당하는 직원들에 대한 생각만 계속 들었다. 집에 돌아와도 텔레비전에서 전자제품 광고 같은 걸 보고 있자니 현란한 화면 너머에서 '이 상품은 위장 청부로 일하는 프리터의 미래를 소진시켜 만든 것입니다' 같은 내레이션이 들리는 듯했다.

이 책에서 쓰고 있듯, 상황은 아주 절망적이다. 그러나 취재 과정에서 많은 희망도 만났다. 우선은 프리터노조를 비롯해서 비정규로 일하는 젊은이들이 "이젠 참을 수 없다!"는 절규를 하고 있고, 그에 따라 노동조합이 점점 결성되고 있다는 것. 또 언제 폭동이 일어나더라도 이상하지 않을 정도로 불만이 쌓여 있고, 니트족, 은둔형 외톨이의 현장에서도 "이제 혁명밖에 없다", "봉기하자!"라는 소리가 높아지고 있다는 것. 이 상황의 가혹함은 자기만의 탓이 아니라는 것을, 많은 젊은이들이 깨닫기 시작하고 있다는 것.

취재를 통해서 나는 많은 동지와 만났다. 뜻을 같이하는 사람과의 만남만큼 기쁜 일은 없다.

그리고 또 하나 기쁜 일은, 매스컴에도 동지라 부를 사람들이 많이 존재하고 있었다는 것이다. 이 취재를 통해서 나 같은 사람보다 훨씬 전부터 제일선에서 싸우고 있는 사람들과 많이 만날 수 있었다. 이것은 대단히 든든한 일이다.

그러나 세상은 내가 생각하는 것과는 반대 방향으로 나아가고 있다. 그래서 결정했다. 이 주제로 나는 이 사회가 바뀔 때까지 취재하고, 집필하고, 운동해가기로. 이 책은 그런 의미에서 일본 사회에 대한 선전 포고다.

내가 하고 싶은 말은 단지 살게 해달라는 것이다. 그저 살아가는 것, 그것이 위협받고 있는 나라에서 도대체 누가 제대로 살아갈 수 있겠는가. 살게 해달라. 가능하면 과로사 같은 것은 하지 않고, 홈리스 되지 않고, 자살하지 않고, 그리고 가능하면 행복하게.

2007년 1월
아마미야 가린

『살게 해줘!』는 2011년에 번역 출간된 『프레카리아트, 21세기 불안
정한 청춘의 노동』의 개정판이다. 일본 내의 프리터, 워킹 푸어, 홈리
스, 과로 자살 등 2000년대 일본 사회가 신자유주의적으로 크게 선
회하면서 심화된, 삶의 불안정함의 문제를 다룬 책이다. 이번 개정판
에서는 원제(生きさせろ!)를 살렸고, 전체적으로 현장감과 가독성을
고려하여 번역문을 교정했다. 그리고 불안정한 노동 현장, 빈곤 현장
의 사람들과 저자가 직접 만난 기록을 생동감 있게 전달하는 데 비
중을 두었다. 무엇보다 이 책이, 에너지 넘치는 저자 아마미야 가린
의 문제의식뿐 아니라, 실제 삶의 구체적인 현장에서 당사자들이 내
는 목소리, 저항의 외침으로 가득 차 있음을 독자들에게 충분히 전하
고 싶었다.

번역 원고를 다시 검토하면서 시간의 흐름 속에서 이 세계가 어떻
게 흘러왔는가에 대해 내내 생각했다. 가령 책 속 당사자들이 증언

하는 일들은 어느 사이엔가 한국 사회에서도 빈번하게 접할 수 있는 일들이 되었고, 지금 2017년 한국 사회에서는 일상적 상황이 되어버렸다. '살기 힘듦'을 이해하는 방식에 있어서도 변화가 있었다. 단순히 노동 양태나 계급 규정에 의지하는 게 아니라, 이제는 삶이나 존재 양식 자체의 '불안정함'을 의미하는 '프레카리아트'란 말과 문제의식이 비교적 널리 공유되고 있다. 젊은 프리터(비정규직)의 문제가 나이 든 빈곤층의 문제로 이행, 접속하고 있다는 것도 우리 사회는 지켜보고 있다.

개인적으로 20대 학생들과 자주 만나면서 실감하는 바지만, 이 책을 처음 번역 출간한 2011년 당시만 해도 아르바이트 근로계약서를 써야 한다는 사실조차 어색하게 여기던 학생들이, 이제는 계약서, 주휴수당, 초과근로수당 등과 관련한 권리를 주장하는 학생들이 되었다. 또한 본인들이 겪는 살기 힘듦과 불안의 문제가 자기 능력 부족으로 환원될 수 없는, 거대한 구조 속에서의 일이라는 것도 잘 알고 있다. 수업에서 이런 주제를 다룰 때면, 학생들은 계몽의 대상이 아니라 서로 토론하고 공감을 이뤄가는 훌륭한 동료이다. 이들은 이전 시대의 어느 젊은 세대보다 확실히 더 많이 알고 있다. 스스로가 어떤 상황에 처해 있는지, 이 세계가 어떻게 움직이고 있는지 잘 알고 있다. 이것은 2010년대 한국 사회를 휩쓴, 사회의 거의 모든 구성원들이 마주해야 했던 '세대론'이 낳은 중요한 결과 중 하나일 것이다. 가장 수탈당하고 억압당하는 집단에 모순이 집중되기 마련이고, 그렇기에 젊은 세대의 목소리는 기득권을 향한 인정 투쟁이기 이전에 생존권을 위한 담론이고 투쟁이었던 것이다.

그런데 한편으로는 이 책의 몇몇 인터뷰이들의 이야기에서도 엿볼 수 있듯, 문제의 원인이 무엇인지 잘 알게 된 사람들이 많아지는 동안에 능력주의나 자기 책임론, 격차를 내면화하는 학생들도 눈에 띄게 많아졌다. 타인의 생존권보다 나의 재산권을 우선시하는 분위기도 강해졌다. '약자는 더 이상 선하거나 옳은 존재가 아니'라는 발언이 강의실이나 인터넷 커뮤니티 같은 젊은 세대의 공론장에서 거리낌 없이 회자된다. 스스로의 문제가 개인 탓으로 전가될 수 없는 구조의 문제임을 알고 있지만, 어떻게 해도 현실이 달라질 리 없다는 체념과 무기력이 동시에 확산되어온 것이다.

이런 순응이나 내면화, 그리고 공동체 내 약자를 향한 기계적 평등의 언설을 경계해야 하는 것은, 정치적 올바름이나 윤리·도덕적 이유 때문이 아니다. 이런 분위기는 기계적 평등의 허구를 공고화하는 동시에, 공동체 내 약자를 혐오-배제-배척하는 논리로 쉽게 연결되기 때문이다. 그렇기에 가령 최근 수년간 한국 사회에서 부상한 '혐오 발화hate speech'의 문제 역시 단순히 개인 취향, 감수성의 문제로만 접근해서는 안 된다. 이것은 공동체 내의 공공 자원을 둘러싼 경쟁이 동등한 조건하에서 이루어진다는 착각, 그리고 약자를 향해 기계적 평등을 강조하며 내가 가진 것을 셈하는 상황에서 시작된다. 그리고 고통을 줄 세우는 와중에, 공동체 내 약자의 문제는 평평해진다. 이렇게 형성된 특정 대상에 대한 혐오의 감정은, 나아가 배제와 배척이라는 폭력으로 연결되기도 한다.

'살기 힘듦'의 문제를 두고 오늘날 이렇게 명백히 갈리는 '항의(비판)'와 '순응(내면화)'의 두 분위기 속에서 이 책은 구체적인 현장의 당사자들 목소리가 얼마나 소중한지 다시 깨닫게 해준다. '을 대 을' 또는 '을 대 병' 구도에 갇혀 서로 갈등하고 남에게 억압을 떠넘기는 게임을 반복할 게 아니라, 공동체 안에서 위계를 세분화하고 공고하게 만드는 세력을 향해 항의해야 한다는 것을 이 책의 목소리들은 일깨운다. 이 시대 우리가 겪는 살기 힘듦의 문제는 결코 개인 수준에서 해결할 수 없고, 구조적, 공동체적 모색을 통해서만 접근할 수 있다고 이 책은 강력히 주장한다. 그리고 이들의 목소리를 갈무리하면서 저자 아마미야 가린이 전하는 메시지는 간명하다. 살아 있다는 것 자체가 긍정될 수 있어야 한다는 것, 그리고 우리 모두는 행복할 권리를 가진 존재라는 것.

그런 의미에서 이 책의 6장 '저항하는 사람들'의 이야기는 중요하다. 6장은, 한국에도 잘 알려진 마쓰모토 하지메 씨와 고엔지의 '아마추어의 반란' 그룹에 대한 이야기이다. 물론 그동안 이들과 한국의 활동가 사이의 연대는 꾸준히 여러 모습으로 모색되어 왔다. 여기에다 2011년 3·11 이후 일본 사회 자체가 변하기도 했지만 그들의 저항의 방식, 내용, 분위기가 많이 달라졌다는 것을 언급해두어야 할 것이다. 그렇지만 6장의 내용은 '운동'의 원리 차원에서나 사례로나 여전히 중요한 의미를 지닌다. 즉, 모든 저항과 연대는 무엇보다도 나 스스로 즐거워야 한다. 이념이나 기율, 도덕, 신념 등의 외적 강요에서 비롯되는 저항과 연대는 그 한계가 너무도 명백하다. 살게 좀 해달라고 요구하는 나의 목소리는 친구들의 목소리와 함께 울릴 때 그 의미도 효과도 증폭되고, 다른 문제의식으로 이행하기도 쉽다. 말하자면 시절이 어려울수록 친구, 우정, 사랑이 중요해진다. 계속 상상하고 고민해야 할 것은, 구체적 상황마다 연결되고 접속되는 우정과 사랑의 네트워크다.

막연히 미래가 두려운 사람들, 열심히 살고는 있지만 불안을 떨치지 못하는 사람들, 스스로 소진되어 버렸다고 여기는 지친 사람들에게 이 책이 구석구석 가 닿으면 좋겠다. 새삼스러운 강조지만 이 책은 아카데믹한 사회학적 분석서가 아니다. 오늘날 살기 힘들고 불안정한 사람들의 구체적인 목소리와 사연들은 무엇보다 우리의 '마음'과 공명할 것이다. 그리고 동시에 사회의 현상 및 그에 대한 차가운 분석의 시각을 제공할 것이다. 2017년 개정판『살게 해줘!』가 오늘날 각자의 자리에서 살기 힘듦과 불안정함을 경험하는 모든 이들에게 때로는 소소한 위로를, 때로는 통쾌함을, 때로는 냉철한 혜안을 건넬 수 있기를 진심으로 바란다.

2017년 7월

김미정

『ミッキーマウスのプロレタリア宣言』平井玄/太田出版

『仕事が終わらない告發・過勞死』しんぶん赤旗國民運動部/新日本出版

『フリーター漂流』松宮健一/旬報社

『フリーターにとって「自由」とは何か』杉田俊介/人文書院

『ネオリベ現代生活批判序説』白石嘉治/大野英士/新評論

『フリーターの法律相談室 本人・家族・雇用者のために』井上幸夫/笹山
　　尚人/平凡社新書

『過勞自殺と企業の責任』川人博/旬報社

『あなたにもできる! 本當に困った人のための生活保護申請マニュアル』
　　湯淺誠/同文碟出版

『分斷される日本』齊藤貴男/角川書店

『機會不平等』齊藤貴男/文春文庫

『勞克克ダンピング―雇用の多樣化の果てに』中野麻美/岩波新書

『「ニート」って言うな!』本田由紀/內藤朝雄/後藤和智/光文社新書

『ハードワーク低賃金で克くということ』ポリー・トインビー/譯・祈田直
　　子/東洋經濟新報社

『自動車絶望工場ある季節工の日記』鎌出慧/講談社文庫

『希望格差社會』山田昌弘/筑摩書房

『若者はなぜ3年で辭めるのか? 年功序列が奪う日本の未來』城繁幸/光文
　　社新書

『ニート』玄田有史/曲沼美惠/幻冬舍

『世界のニート・世界のフリーター歐米の經驗に學ぶ』白川一郎/中公新
　　書ラクレ

『今日, ホームレスになった13のサラリーマン轉落人生』增田明利/新風舍

『教育格差絶望社會』福地誠/洋泉社

『使い捨てられる若者たちアメリカのフリーターと學生アルバイト』スチ
　　ュアート・タノック/譯・大石徹/岩波書店

『脱フリーター社會大人たちにできること』橘木俊詔/東洋經濟新報社

『無産大衆神髓』矢部史郎/山の手綠/河出書房新社

『「死ぬ自由」という名の救いネット心中と精神科醫』今一生/河出書房新社

『しみったれ家族平成新貧乏の正郎』畸人研究會/ミリオン出版

『平成18年版 國民生活白書 多樣な可能性に挑める社會に向けて』內閣府

『インパクション』 151號「特集 万國のプレカリアート!『共謀』せよ!」/青
　　上社

『現代思想』06年8月號「特集ホームレス」靑上社

『ポリティーク』05年10月號「特集 現代日本のワーキングプア」/旬報社

『論座』06年10月號/朝日新聞社

『週刊東洋經濟』06年5月13日號, 9月16日號/東洋經濟新報社

『週刊エコノミスト』06年7月25日號, 9月19日號/每日新聞社

『週刊ダイヤモンド』06年9月16日號/ダイヤモンド社

『週刊金曜日』04年11月19日號, 06年9月29日號, 10月13日號/金曜日

『賃金と社會保障』06年4月下旬號/旬報社

『經濟』06年7月號/新日本出版社

「朝日新聞」02年9月27日, 04年10月23日, 06年3月11日, 5月8日, 5月31日,
　　6月1日, 6月2日, 6月7日, 6月11日, 6月14日, 6月18日, 6月29日, 7月31
　　日, 7月4日, 7月16日, 7月17日, 7月21日, 7月22日, 7月31日, 8月1日, 8
　　月2日, 8月6日, 8月8日夕刊, 8月9日, 8月9日夕刊, 8月10日, 8月12日,
　　8月13日, 8月14日, 8月17日, 8月22日, 8月25日, 8月26日, 9月1日, 9月

24日, 9月30日, 10月4日, 10月5日, 10月13日, 10月15日, 10月20日, 10月22日, 10月28日, 10月29日, 10月31日, 11月1日, 11月2日, 11月11日, 11月22日, 11月25日, 11月30日, 12月1日, 12月6日, 12月7日, 12月9日, 12月13日, 12月15日

「讀賣新聞」03年7月2日, 05年3月13日, 06年7月13日, 9月5日

「每日新聞」04年10月7日, 05年6月7日, 7月4日, 7月28日

「日本經濟新聞」03年8月5日, 06年6月14日, 7月30日

「しんぶん赤旗日曜版」06年8月27日, 9月10日, 9月17日, 10月8日, 10月22日, 12月10日

「しんぶん赤旗」03年7月2日, 05年5月17日, 06年9月5日

「共同通信」06年7月20日, 7月25日

「時事通信」06年9月4日

지은이 아마미야 가린
1975년 일본 홋카이도 출생. 작가이자 반빈곤 운동 활동가. 스무 살 무렵 '살기 힘듦'의 문제에 눈을 뜬 후 처음에는 우익 단체 활동을 통해 사회와 접속했다. 우익 펑크밴드 보컬로 활동하는 등 남다른 이미지 때문에 '미니스커트 우익'이라 불리며 화제를 모으기도 했다. 그러나 이후 일본 헌법 전문을 우연히 읽은 것을 계기로 생각의 방향이 바뀌었다. 26세에 출간한 자전적 에세이 『생지옥 천국』(2000년)이 주목받으면서 본격적으로 작가의 길에 들어섰다. 그리고 이때부터 일본 사회가 외면하는 격차 및 빈곤 문제에 적극 이의를 제기하며, 끈질기게 취재하고 저항하고 책을 썼다. 2007년에 출간한 이 책 『살게 해줘!: 프레카리아트, 21세기 불안정한 청춘의 노동』은 일본저널리스트회의(JCJ)상을 수상했다. 그 외에 『1억 총빈곤 시대』(2017년), 『98%의 미래, 중년파산』(2016년), 『성난 서울』(2009년) 등 40여 권의 책을 썼다. 현재 반빈곤네트워크 간사, 『주간금요일』 편집위원, 프리터전반노조 조합원, '부서진 사람들의 제전' 명예회장, '공정한 세금 제도를 요구하는 시민연락회' 공동대표로 활동하고 있다.

옮긴이 김미정
성균관대 및 동대학원에서 국문학을 전공했고, 도쿄대 총합문화연구과 대학원에서 공부했다. 문학평론을 하고 있고, 플랫폼 〈문학3〉을 만들고 있으며, 대학에서 학생들과 배움을 주고받고 있다. 옮긴 책으로 『군도의 역사사회학』(2017년), 『정동의 힘』(2016년), 『전후라는 이데올로기』(2013년) 등이 있다.

살게 해줘!

발행일	2011년 7월 15일(초판 1쇄)
	2017년 8월 15일(개정판 1쇄)
지은이	아마미야 가린
옮긴이	김미정
펴낸이	이지열
펴낸곳	미지북스
	서울 마포구 성암로 15길 46(상암동 2-120) 201호
	우편번호 03930
	전화 070-7533-1848 팩스 02-713-1848
	mizibooks@naver.com
	출판 등록 2008년 2월 13일 제313-2008-000029호
책임 편집	김대수, 서재왕, 박선미
출력	상지출력센터
인쇄	한영문화사
ISBN	978-89-94142-65-4 03330

값 15,000원

· 블로그 http://mizibooks.tistory.com
· 트위터 http://twitter.com/mizibooks
· 페이스북 http://facebook.com/pub.mizibooks